헌정

이 책을 미래 도시사역의 새로운 리더를 꿈꾸는
한국과 한인 디아스포라의 그리스도인들께 바칩니다.

무너진 곳을 다시 잇는 사람들
– 소셜 네트워크 관점으로 도시사역을 보다

지은이	김에녹
초판발행	2025년 9월 26일

펴낸이	배용하
책임편집	배용하
편집부	윤찬란 최지우 박민서

등록	제364-2008-000013호
펴낸곳	도서출판 대장간
	www.daejanggan.org
등록한곳	충청남도 논산시 가야곡면 매죽헌로1176번길 8-54
대표전화	(041) 742-1424 전송 (0303) 0959-1424
분류	목회 l 도시 l 교회

ISBN	978-89-7071-771-5 03230

이 책의 한국어 저작권은 도서출판 대장간에 있습니다.
기록된 형태의 허락 없이는 무단 전재와 복제를 금합니다.

 값 20,000원

무너진 곳을 다시 잇는 사람들
– 소셜 네트워크 관점으로 도시사역을 보다

김에녹

목차

헌정 • 3

그림 및 도표 목차 • 9

추천사 • 10

감사의 글 • 11

서문 • 14

서론 • 20

1부 • 도시인의 삶과 생활: 낯선 사람들과의 연결과 단절

제1장 • 낯선 사람들과 연결하며 사는 도시인들

 시작하면서   24

 도시인의 트렌드와 행동들   28

 도시인의 마음과 정서: 성공을 위해 역경을 참는 사람들   43

 선교적 고찰   59

제2장 • 연결 능력이 대단한 도시인들: 연결로 기회를 얻음

 시작 하면서   68

 연결에 뛰어난 도시인들   69

 이중 문화 구조   76

 다중카드소지자(MCH)의 등장   78

 선교적 고찰   83

2부 • 도시안의 그룹들- 새로운 이웃과 친구가 생기다

제3장 • 도시인을 만드는 도시형 그룹들

시작하면서	90
도시인의 가족과 친족 그룹	93
도시의 지역성 그룹들: 거리보다 관계로 연결된 사람들	100
도시의 민족 그룹들: 자연히 알게 되며 계속 변하는 사람들	105
사회 경제 정치관련 그룹들	107
또 하나의 도시가 된 온라인 그룹들	110
선교적 고찰: 선한 이웃으로 보냄 받은 우리	112

제4장 • 낡은 가죽 부대로 도시가 변화할 수 있을까?

시작하면서	117
그룹들로 이루어진 도시	118
변화 중인 도시의 그룹들	121
도시형 신 미전도 그룹의 등장	128
선교적 고찰: 새 가죽부대를 위해	131

3부 • 도시의 공간과 시간: 화해하기 위해 낯선 곳을 찾아가다

제5장 • 도시의 사연들을 다시 읽다

시작하면서- 연결하고 단절하는 도시의 시공간	144
확장된 인류로서의 건조환경	146
공동체의 얘기가 쌓여있는 도시의 시간들	150
공동체의 얘기를 만들어낸 도시의 공간들	153
스토리들로 만든 도시의 장소들	156
가상 공간으로 확장한 도시의 얘기들	170
네가 선 곳은 거룩한 땅이니	173
선교적 고찰: 다시 하나되게 하라	175

제6장 • 무너진 담을 지나가는 담대함

시작하면서	181
경계선으로 가득 찬 곳	182
단절의 연속	188
화해를 위해 주신 하나님의 선물들	198
선교적 고찰: 도시 중간지대에서의 용서와 화해	207

4부 • 도시의 플로우들: 도시를 변화시키는 선한 이웃들

제7장 • 뛰지 않으면 실패한다

시작하면서	216
도시의 모든 곳을 연결하는 플로우들	218
계층을 고착시키는 플로우	227
계층에 변화를 주는 플로우	233
달리지 않으면 진다는 생각	240
선교적 고찰	241

제8장 • 회사 앞 큰길에 온 선한 사마리아인

시작하면서	247
도시 플로우의 길목: 선한 자, 악한 자, 불쌍한 자들이 모이는 곳	249
세 명의 선한 이웃들	252
플로우 길목에 온 선한 이웃	255
유사 계층의 타 문화인들에게 선한 이웃 되기	259
B+ 에 만족하는 용기	262
선교적 고찰: 변화의 촉진자인 선한 이웃	264

마무리 • 무너진 곳을 다시 연결하는 도시의 교회와 그리스도인들

소셜 네트워크의 변화가 그리스도인들에게 주는 선교적 도전과 기회들	276
소셜 네트워크의 변화로 인한 교회의 선교적 도전과 기회들	279

참고 및 인용문헌　284

그림 및 도표 목차

⟨그림 1⟩ 텔슨 마을에서 열린 양치기의 축제날 • 24

⟨그림 2⟩ 전 세계 스마트폰 이용자의 증가 추이(2014-2029) • 28

⟨그림 3⟩ 도시, 시골, 교외의 주민들 간 면식도의 비교 • 45

⟨그림 4⟩ 도시, 근교, 시골 간의 범죄율(1000가구당) • 46

⟨그림 5⟩ 도농간 행복도의 비교 추이 • 48

⟨그림 6⟩ 도시와 시골간의 고독감의 비교 • 57

⟨그림 7⟩ 도농인의 주변과 연결 구조 비교 • 70

⟨그림 8⟩ 도농간 2차 네트워크의 비교 • 73

⟨그림 9⟩ 문화의 이중 구조 • 76

⟨그림 10⟩ 다중카드소지자 간 문화격차 스펙트럼 • 82

⟨그림 11⟩ 도시 그룹 변화의 다섯 유형들 • 125

⟨그림 12⟩ 바퀏살 구조의 그룹 세트 • 126

⟨그림 13⟩ 미 여성 노동력의 사회 참여 추이(1955-2005) • 169

⟨그림 14⟩ 교차성과 커뮤니케이션 경로 • 204

⟨그림 15⟩ 교차성을 통한 정보의 확산 • 206

⟨그림 16 도시와 전통사회 개인들의 플로우의 통로 • 250

⟨그림 17⟩ 타문화권 파송과 타 계층으로의 파송 • 260

추천사

    16년간 중국 선교사로서의 풍부한 경험과 다양한 선교단체 활동을 배경으로 풀러 신학교 박사과정의 커뮤니케이션과 선교학 분야를 교수해 왔던 김에녹 박사는 이 책에서 통해 도시 교회와 도시의 그리스도인들에게 소셜 네트워크 이해의 중요성을 알리고 사역 현장과 이론의 이해를 위한 핵심적 통찰력을 보여주었습니다. 그는 도시 교회의 사역이 지속 가능하고 효과적으로 되기 위해서는 사회 인류학적 이해와 성경적 관점 모두에 충실해야 한다고 강조합니다.

    이 책은 도시 사역을 위해 알아야 할 주요 분야로 '도시의 개인', '도시의 그룹', '도시의 시공간', '도시의 플로우와 변혁' 네 가지가 있다고 소개합니다. 김에녹 교수는 도시라는 환경 속에 살아가는 그리스도인들이 견실하고 탄탄한 이론을 갖출 수 있도록 다양한 도표와 개념도, 그리고 통계수치를 제공했습니다. 도시 사역에 헌신한 분이나 사회 인류학적 통찰력과 이해를 갈구하시는 분들은 이 책을 필히 숙독하시기를 권하는 바입니다. 특별히 선교학자, 신학생, 그리고 선교 분야에서 성장을 원하시는 분들은 이 책이 시의적절하고 중요한 지침서가 될 것을 믿기에 적극적으로 추천하는 바입니다.

세바스찬 김창환
로버트 윌레이 공공신학 교수 및 코리안센터 학장
미국 풀러 신학대학원

감사의 글

도시를 이처럼 사랑하사 독생자를 주신 하나님을 찬양합니다.

주니어 교수인 저에게 올바른 학자와 리더로서의 본을 보여주신 풀러 신학교 코리언 센터Korean Studies Center의 김창환Sebastian Kim학장님의 격려와 추천사에 감사를 표합니다. 또한 저술 기간 선교와 신학 대학원School of SMT 학장이셨던 아모스 용Amos Yong께 감사를 드립니다.

기독교 도시 선교학자로서 전략과 영성에 통찰력을 주신 고 하비 칸Harvie M. Conn 박사와 고 마누엘 오티즈Manuel Ortiz교수, 레이 바키Ray Bakke박사, 데이빗 P. 리옹David P. Leong교수, 팀 J. 고링게Tim J. Gorringe교수 그리고 고 로저 S. 그린웨이Roger S. Greenway교수께 감사드립니다. 또한 도시인류학자이신 존 굴릭John Gulick, 에드윈 임스Edwin Eames, 클로드 피셔Claude S. Fischer과 도시사회학자이신 윌리엄 플라나간William G. Flanagan, 마크 고트디너Mark Gottdiener, 리브케 자페Rivke Jaffe 아녹 디 코닝Anouk De Koning, 도날드 M. 노니니Donald M. Nonini, 그리고 세타 로우Setha Low박사님께 감사드립니다. 이러한 학자분들을 통해 전통적 기독교 학자들로부터 제공받지 못한 지식을 서면으로 배울 수가 있었습니다.

저자가 30여 년 넘게 함께 해온 GMFGlobal Missionary Fellowship산하 기관의 여러 리더분들의 성원에 감사드립니다. 이 중에는 HOPEHelping Overseas

Professional Employment 선교회의 서인호 대표와 사무실의 스탭들, KRIM의 홍현철 대표, GMTC의 남경우 원장, GLFocus의 박경선 대표와 스탭들이 계십니다. 저의 삶을 풍성하고 의미 있게 해준 Institute of Asian Mission 선교회의 1대 원장이신 박기호 교수님과 현 동역자 분들, 그리고 Grace Internation US의 리 위에씨李約瑟 목사와 중국인 이사진들께 감사와 사랑을 전합니다. ANC 온누리교회의 김태형 담임목사와 써니 장 Sunny Chang, 김숙기Sooki Kim, 브렌다 오Brenda Oh 님의 기도와 후원에도 많은 감사를 드립니다. 도시의 변화를 위해 의료와 지역 개발 사역으로 삶을 바치는 3C Community Clinic의 김새싱 사장, 닥터 김영욱님과 이사진들에게 감사를 드립니다. 이들과의 동역은 이 책에 영적인 에너지를 더했습니다.

본 집필을 위해 2주간 연구 장소를 제공해 준 찰리스 필리 스테이크Charleys Philly Steaks사의 사장 찰리와 메리 신Charley and Mary Shin에게 감사를 전합니다. 또한 본 서적의 좋은 예화를 제공해 준 아르헨티나 선교사 박성흠 박사, 독일의 손 교훈 박사와 동 교회의 성도인 오토오토 장로님께 감사를 전합니다. 또한 중국에서 서적 제작에 필요한 사진을 보내준 이 초원 선교사에게도 감사를 전합니다.

지난 7년 동안 부족한 원고를 한글과 영어로 표현하는 데 도움을 준 나의 아들 김희승Tim Heeseung Kim과 딸 예인Josephine Kim에게 감사를 표합니다. 저를 낳아 주시고 키워 주신 부모님 김원섭 님과 심해녀 님께 감사드립니다. 제 삶에 의미와 의지를 주는 저의 동반자 고혜란Sarah Ko 선교사와 큰딸 김찬희 Joy Kim에게 사랑과 감사를 전합니다.

본 서적을 출간하기로 하고 복잡한 과정을 신실하게 인도해 주신 도서 출판 대장간의 대표 배용하 목사께 깊은 감사를 드립니다.

도시 안에 지금도 좌우를 분별하지 못하는 사람들을 위해 지금도 쉬지 않고 일하시는 선교의 하나님께서 이 책을 통해 역사하실 일을 기대하며 감사와 영광을 올립니다.

파사네나에서 김에녹

서문

이 책은 하나님이 도시의 교회들에게 선물해 주신 금맥을 찾는데 일조하기 위한 연구자료이다. 정상적인 부모는 어린 자녀가 처음 학교에 가는 날 아무 준비 없이 혼자 보내지 않는다. 하나님도 도시의 교회들에게 아무것도 가르쳐 주지 않은 채 도시선교라는 임무를 부여하지는 않으신다. 하나님은 처음부터 끝까지 선교의 주인이시고 교회의 선교는 하나님의 선교Missio Dei이기 때문이다. 위로자와 변호자 그리고 상담자이신 성령께서는 이미 도시 교회가 무엇을 할지 잘 알고 안내하신다. 그런데 왜 오늘날 도시 교회는 도시라는 거대한 존재 앞에 주눅이 들어 있을까? 포스트모더니즘, 온라인 시대, 세계화, 세속주의 앞에 교회는 왜 자신을 유지하는 것만도 힘들어할까? 교회가 주변 커뮤니티에 대한 부담은 언급하지만, 실제 그들과의 거리는 점점 더 멀어지고 교회가 직접 나서서 하기 힘든 일은 더 늘어나는 것일까?

16년 동안 중국의 무슬림 소수민족을 대상으로 사역하고 또 10여 년 동안 미국 로스앤젤레스에서 아시안 소수민족 교회들을 관찰하면서 나에게는 풀리지 않은 한 가지 의문이 있었다. 그것은 '왜 우리는 도로가 없는 곳으로 차를 운전하듯 사역할까?' 라는 의문이었다. 전도란 복음을 실은 자동차가 소통이라는 도로 위로 달리는 것과 같다.[1] 만약 이 자동차가 만나야 할 사람들이 있는 길로만 다닌다면 그들을 만나는 것은 매우 자연스러운 일이다. 복음 전달도 마찬가지여서 소통방식이 메시지를 듣는 사람들에게 자연스러운 것이

---

1) 찰스 H. 크라프트 저, 박영호 역, 기독교 커뮤니케이션론(서울: 기독교문서선교회, 2001), 207 - 10.

라면 불필요한 노력과 오해를 줄일 수 있다.

물론 미전도 종족 사역처럼 어떤 사역은 광야에 길을, 사막에 강을 내시는 하나님을 따라 힘겹게 개척을 해야겠지만, 사 43:19-20 보통 길이 있는데도 도로 밖으로 운전하는 사역 방식이라면 얼마나 우스운 일인가? 안타깝게도 도시 사역에도 이런 모습은 자주 찾아볼 수가 있다. 이 책은 저자의 다음 세 가지 경험에서 비롯한 것들이다.

첫째는 나는 나의 학생들과의 만남을 통해 도시 내 사역자worker in the city 와 도시 사역자urban worker 사이에 커다란 차이가 있다는 사실을 깨달았다. 한 번은 수업 시간에 '자신이 도시 사역을 한다고 생각하는가?' 이라고 물었을 때 90% 이상이 '예' 라 대답했다. 하지만, 그들은 자신의 교회가 도시에 위치한다는 것 외에는 자신이 왜 도시 사역하는 사람인지를 대답하기를 어려워했다. 도시에서 사역한다고 모두 도시 사역은 아니다. 도시인들을 알고 도시형 사역을 하는 사람이어야 도시 사역자라 말할 수가 있다. 도시에 대한 사회 인류학적인 의식과 성경적 관점이 없이는 도시 내의 사역자는 될지언정 도시 사역자라 하기는 어렵다.

도시 내의 사역자들의 경우 현장 이해에 대한 필요가 높지 않아 객관적 자료나 현상을 관찰해 이 도시를 향하신 하나님의 마음과 비전을 따르기보다는 좋다고 생각하는 프로그램, 메시지, 리더십을 무 비판적으로 사용하기가 쉽다. 이러한 식상한stereotype 접근은 사역을 자기중심적으로 만들고 주변 커뮤니티에 대한 영향력을 감소시킨다. 이 식상한 방식은 주로 사역자가 속해 있던 과거 교회의 문화나 편협한 교회론에 머물러 있기 때문이다. 이 결과로 사역자들의 자동차는 사람들이 다니지 않은 길로 들어서는 결과를 만든다.

두 번째 경험은, 복음은 사람들의 관계망을 통해 흘러가는 현상이 오늘날 현대 도시에서도 여전히 그렇다는 것을 보았기 때문이다. 한번은 중국에서 200여 명의 성도들이 모인 자리에서 내가 '당신에게 복음을 소개해 준 사람은 원래부터 알고 있던 사람이었습니까?' 라고, 물었는데 놀랍게도 거의 모두가 '네' 라며 손을 들었다. 즉 관계망 속에 있던 신뢰라는 것은 복음 앞에 사람의 마음을 여는 결정적인 요소이다. 이는 단지 중국이나 한국처럼 그룹 중심 사회에서만 있는 현상은 아니다.[2] 어떠한 사회라도 중요한 소식은 잘 알고 신뢰하는 사람을 통해 흐르게 되어 있기 때문이다. 도시란 사람과 사람들이 도시적인 성격으로 연결된 사회이다. 하지만 이 연결망의 성격은 전통 사회의 그것과는 현저히 다르다. 만약 사역자가 그 다름을 파악하지 못하면 그만큼 연결망 안으로 들어가지 못하고 그 결과 복음을 실은 자동차는 도로 밖으로 나가게 된다.

셋째로는 목자가 양과 너무나도 다른 네트워크에서 살게 된 현대 도시환경이 기쁜 소식을 실은 자동차를 도로 밖으로 나가게 하는 모습 때문이다. 신학교를 졸업하고 교회에서 부목사assistant pastor를 거쳐 교회의 담임 목사가 되는 20여 년 동안 사역자는 믿지 않는 사람들의 세계와는 너무도 멀어지고 결국 교회 밖과 소통 할 수 있는 분야가 극히 적어진다. 더욱 심각한 것은 목자가 바깥의 양만이 아니라 우리pen안의 양과도 공감대가 줄어든다는 점이다. 목자가 자기 양을 만날 기회는 주로 주말에 잘 차려입고 예의 바르게 예배당에 나타날 때이다. 하지만 양들에게 있어 진정한 삶은 월요일 아침부터 다음 주 말 사이에 일어난다. 그것도 목자가 경험하지도 않고 알기 힘든 환경에서 말이다.

답답한 심정 때문에 '과연 도시 교회에 희망이 있을까? 우리 교회든 도시인들에게 도시형 사역을 할 수가 있을까? 도시 사역이 이전과 같지 않은 이유

---

[2] David R. Bell and Mary Douglas, "Natural Symbols: Explorations in Cosmology," *The Philosophical Quarterly The Philosophical Quarterly* 22, no. 88(1972): 35.

를 단순히 세속주의나 포스트모더니즘 탓으로 돌리기만 하면 될까?, 도시 교회가 약화한다면 그것이 사역자가 열심이 부족해서일까? 한 걸음 더 나아가 '과연 현대 사역자들이 리더가 되기위해 거쳐온 경로는 어떠한가? 그리고 도시의 양들을 양육한다는 것은 어떤 사역을 한다는 말인가?' 라는 질문을 던져본다.

이러한 배경에서 이 책은 현대 기독교 리더들이 수신자 중심적인receptor oriented 도시사역을 하기 위해 집필한 것이다. 환경이 변하면 당연하던 것이 어색해지고, 잘 되던 사역도 비효율적으로 된다. 그러므로 도시 사역에서 변화를 멀리하면 교회는 어느새 사람이 없는 곳으로 다니는 자동차처럼 된다. 이 책은 도시 사역에 다음 몇가지 변화가 일어나기를 기도하면서 집필하였다.

첫째, 도시 사역이 회중 모임 중심에서 도시인들의 삶과 필요에 걸맞은 사역으로 확장하도록1, 2장

둘째, 계층화되고 도시형 신 미전도Neo-unreached 그룹으로 채워지는 도시환경에서 그룹별로 상황화된 사역을 이끌 수 있는 새로운 도시형 기독교 리더들이 등장할 수 있도록3, 4장

셋째 하나님의 주권을 인정하는 것이 모든 도시공간에 일어나며 그 안에 나뉘고 단절된 사람들을 화해와 용서로 연결하는 선교가 일어나도록5, 6장

넷째, 신분 상승을 위해 온 몸을 던지다 강도를 만난 도시인들에게 그리스도인들이 선한 사마리아인으로서 다가서도록 하는 것이다.7, 8장

본 서적은 도시를 네트워크라는 관점으로 읽을 것이다. 그리고 도시형 소셜 네트워크를 이해하는 것은 도시 사역을 이해하고 교회가 도시형 사역을 하

는 데 많은 도움이 될 것이다. 흔히들 도시의 특징을 빌딩이나 지하철같이 가시적인 도시의 환경에서 찾으려 한다. 하지만 도시는 도시 안의 사람과 그들의 사회가 본질이고 가시적인 외형도 그들이 없으면 존재하지 못한다. 그러므로 도시의 변화를 이해하기 위해서는 결국 사람과 사회를 이해해야 하는 숙제를 풀어야만 한다.

사람들은 중요한 정보와 자원을 확보하는 과정에서 새로운 소셜 네트워크를 개척한다. 이는 마치 산위 마을 사람들이 빨래하기 위해 강가로 내려오는 것에 비할 수 있다. 그들은 강물이라는 플로우자원의 흐름를 사용해 깨끗한 세탁물을 얻어낸다. 그런데 사람들이 강가에 오면 빨래만 하지 않고 다른 사람들과 교제도 하고 새로운 정보를 얻어간다. 이처럼 도시인들은 자신이 필요한 것을 얻기 위해 물자, 사람, 아이디어와 같은 도시 플로우7장가 있는 곳으로 모여든다. 그리고 그 자원이 있는 곳에서 나와 같은 관심을 가진 사람들과 사귀고 일도 하고 경쟁도 하는 새로운 네트워크를 만들어 낸다. 바로 이것이 도시이다. 산 마을 사람들이 자원을 찾아 강가로 내려오고 그곳 사람들과 교제하고 동업하고 주말에 함께 테니스 치는 시간이 점점 늘어간다. 즉 자원이 있는 곳에서 도시인들의 소셜 네트워크는 왕성하게 발전한다. 그렇게 되면 산위에 있던 교회는 사람들이 모여있는 강가로 내려오던지 사람들이 집으로 돌아오는 밤시간으로 예배 시간을 옮겨야 할지 모른다. 심지어 산에 있던 교회가 강가로 내려온다고 하더라도 강가 사람들의 삶과 생각을 모른다면 적절한 사역을 하기가 어렵다. 왜냐하면 산에서 내려온 사람들은 이제 이전의 산 사람들과 같지 않기 때문이다.

변화 앞에 놓인 교회는 새로운 가죽 부대가 될 때야 새로운 포도주를 담을 수가 있다. 이 책은 새 가죽 부대new wineskin를 만드는 데 필요한 관점을 나눌 것이다. 새 가죽 부대란 단순히 교회의 프로그램을 바꾸거나 설교자가 정장에서 청바지로 바꿔입는 것 이상을 의미한다. 새 가죽 부대란 질적인 변화를 의미하는 것으로서 새로운 리더십, 신자들의 새로운 정체성, 새로운 교회 구조를 의미한다.

이 책은 기존 교회에 대한 평가도 도시의 위압적인 힘에 관한 것도 아니다. 그보다 독자들은 하나님께서 우리에게 주신 새로운 가능성과 징검다리들에 주목을 할 것이다.

독자들은 도시인들이 얼마나 주도적이면서도 인간미를 가진 사람들인지를 알게 될 것이다. 그리고, 이 시대의 도시 사역을 위해 많은 다중 정체성 multiple identity의 소유자들을 보내신 하나님의 섭리를 알고 기뻐할 것이다. 나아가 독자들은 서로간 불신과 경쟁이 만든 신 계층 사회와 고도의 전문화가 탄생시킨 도시형 미전도 그룹들Neo-Unreached Groups에 주목할 것이다. 그리고 성공만을 향해 질주 하던 중 강도를 만나 쓰러진 이웃에 눈을 뜨면서, 교회는 과거와 비교할 수 없을 정도로 다양해진 기회와 필요로 인해 새로운 열정을 품게 될 것이다.

이 책은 하나님께서 우리 도시에서 행하시는 일을 알고 동참하려는 사람들, 진부하고 굳어진 사역 모델을 탈피하여 도시 상황에 맞는 사역 모델을 모색하는 교회의 리더들, 마켓 플레이스와 사회 단체에서 일하는 성도들, 그리고 도시와 도시 사역을 연구하는 석·박사 과정의 학생들에게 의미 있는 도구가 될 것이다.

서론

　이 책은 도시인들과 삶, 도시의 그룹들, 도시의 시공간, 그리고 도시의 플로우와 변혁이라는 네 가지 주제로 구성되어 있다. 각 주제들에는 두 개의 장들이 한 쌍씩 들어 있다. 앞 장에서 독자들은 해당 주제를 해석하는 데 필요한 주요 이슈와 개념들을 도시 인류학적 관점을 사용해 학습할 것이다. 이러한 관점은 독자들로 하여금 도시의 기독교인들과 도시 교회들에게 부여하신 존재감을 선교적 관점으로 성찰하도록 이끌 것이다. 각 쌍의 두 번째 장에서는 해당 주제의 이슈들에서 성경적인 변화를 유도하는 데에 필요한 핵심 요소와 이론을 학습할 것이다. 그리고 이러한 변화를 유도하기 위해 도시의 기독교인들과 도시 교회들이 해야 할 실천적 행동들을 정리할 것이다. 그 결과 교회는 내가 선택한 사역이 아니라 하나님이 이미 하고 계신 사역에 동참해야 한다는 인식전환을 가질 것이다. 이러한 인식 변화로 교회는 도시 곳곳에 준비해 주신 하나님의 선교적 기회를 발견하고 기쁨으로 그의 사역에 동참 할 수 있을 것이다. 네 가지 주제와 그 아래 두 개의 장들의 내용은 다음과 같다.

　1부의 주제는 도시인들과 그들의 삶에 관한 것이다. 여기서는 도시인의 삶을 더욱 객관적으로 이해하려는 목적이 있다. 이런 객관화 작업은 도시와 도시 사역을 대하는 데 가장 기본적인 이해는 물론 도시의 기독교인과 도시 교회의 존재와 사역에 대한 개념적 정리를 하는 데 도움이 될 것이다.

　제1장에서는 도시인의 행동과 감정에 대한 우리의 고정관념과 실재를 파악 할 것이다. 도시인들은 낯선 사람들과 만연한 비인간성, 소비주의와 높은 스트레스, 일탈, 고립과 무력감으로 고통스러워하지만 도시는 여전히 그들에

게 익숙한 장소이다. 도시인들은 도덕적 질서와 열정을 갖고 있으며 '우리' 와 사생활을 중요시한다. 본 장은 독자들에게 도시의 성도에 대한 문제의식과 도시의 등대처럼 존재해야 하는 교회의 역할에 대하여 생각해 보도록 초대할 것이다. 제2장에서는 도시인들의 연결성이 어떠한지를 공부할 것이다. 이들은 전통적 경계를 넘어 다양한 관계망에 연결할 수 있지만, 충성도는 제한적인 사람들이다. 그들은 더 성공하기 위해 여러 사회에서 활동하기 좋도록 여러 멤버십을 보유한다. 선교학적인 성찰 부문은 독자들로 하여금 이들 도시인들이 부여받은 놀라운 선교적 잠재력에 눈을 뜨도록 할 것이다.

    2부는 도시 안의 집단에 대한 것이다. 사람들은 집단 안에서 생활하고 형성되며, 집단은 친구와 이웃을 만드는 장소이기도 하다.

    먼저 3장에서는 도시인들이 속한 그룹들의 유형과 개념을 이해하고 그룹을 어떻게 대하는지를 살펴볼 것이다. 독자들은 오늘의 나는 그동안 내가 속했던 그룹들에 의해 형성이 되었다는 사실과 그들과의 만남에는 하나님의 섭리가 있었음을 알게 될 것이다. 제4장에서는 도시 그룹들의 변화 양태를 몇가지 패턴으로 나누어 소개를 할 것이다. 모든 도시인들은 나를 중심으로 한 그룹들의 패킷을 만든다. 신 미전도 그룹이라는 새로운 개념을 소개하면서 전통적인 방식으로는 이렇게 새로이 부상하는 필요를 채우기는 어려움을 밝힐 것이다. 이런 필요를 해결하기 위해, 본 장은 우리는 선교적인 마음으로 다른 그룹에 찾아갈 새로운 가죽 부대에 대하여 논할 것이다.

    3부의 주제는 도시의 공간과 시간, 그리고 그 의미에 관한 것이다. 시공간이 갖는 의미는 처음부터 있던 것이 아니라 그와 관련된 사람들이 부여한 것이다. 그러므로 도시의 시공간에는 관련된 사람들과 사연이 있으며 사람들이 부여한 의미와 가치가 들어 있다.

    먼저 5장은 도시의 시공간을 이해하기 위해 알아야 할 핵심 개념과 관점들을 소개한다. 그리고 도시의 시공간이 가진 의미는 항상 사람들에 관한 이야기가 들어 있으므로 사회 공간적, 사회 시간적임을 알게 될 것이다. 사람들이 서로를 나누고 차별하기 때문에 도시 공간도 끊임없이 경계선을 만든다. 그러나 하나님은 모든 공간의 주인이시기에 공간 틀을 분열이 아니라 거룩함으로 대하기 원하신다. 제6장은 인간들이 나눈 도시의 시공간을 선교적 시각으로 읽는다. 공간의 분할은 그 공간에 속한 사람들에게 가치를 부여하고, 이는 다시 한번 그 장소를 분할하게 만든다. 비록 예수님은 막힌 담을 허물었지만, 화해를 위해 벽을 넘어야 하는 것은 그리스도인과 교회라는 점을 강조할 것이다.

4부는 도시의 플로우에 관한 것이다. 7장과 8장에서는 뛰지 않으면 패자가 된다는 도시인들의 생각에 대하여 언급할 것이다. 경쟁과 불안과 기회는 신분 상승 욕구를 강하게 자극하고 사람들은 도시의 플로우를 통해 성공하면서도 자신을 잠시도 쉬지 못하게 채근한다. 회사 앞 큰길에 등장한 선한 사마리아인을 비유로 8장에서는 도시의 플로우 장소에서 선한 이웃이 되어야 할 것을 도전할 것이다. 비록 전통적인 선교는 아닐지라도 앞으로 새로운 선교적 기회를 위해서는 미래형 리더십이라 할 수 있는 티셔츠 입은 성도Saint with T-Shirt를 주목하고 이들의 사역 구조와 리더십 모델을 제안한다.

이 여덟 개의 장들을 통해 독자들은 선교의 하나님께서 이미 우리 가운데 주신 선교적 선물과 방향성에 눈을 뜨게 될 것이다. 이런 자각은 우리의 교회를 도시 안의 교회church in the city에서 벗어나 도시 교회urban church로 변혁하도록 열정과 희망을 품게 할 것이라 믿는다.

1부

도시인의 삶과 생활: 낯선 사람들과의 연결과 단절

제1장
낯선 사람들과 연결하며 사는 도시인들

시작하면서

아이린은 도시 생활에 익숙해지면서 점차 텔슨 마을에서 살던 시절의 자신과는 다른 사람으로 변해 간다. 그녀는 옷차림과 생활 방식도, 만나는 사람이나 듣는 소식도, 꿈꾸는 희망도 이제 고향의 텔슨 마을 사람들과는 전혀 달

아이린 핀냐(Ailen Peña)의 가족은 아르헨티나의 시골 텔슨(Telsen)에 산다. 주민이 1,000여 명 되는 텔슨 마을은 전통적인 가톨릭 마을이다. 아일린의 부모

〈그림 1〉 텔슨 마을에서 열린 양치기의 축제날
(텔슨, 아르헨티나, 2020, 사진ⓒ카를로스 박성흠)

호세(Jose)와 마리아(Maria)는 뚜렷한 직업은 없지만, 이웃의 양 떼를 돌보고 가게나 밭일을 도와주면서 생활한다. 대부분 바깥 소식은 마을의 식품점과 정육점에서 일할 때 찾아온 마을 사람을 통해 듣는다. 추운 겨울에는 마을회관에 나가 동네 사람들과 하루 종일 시시콜콜한 얘기를 하다 돌아온다. 마을의 여름은 축제와 파티가 많은 계절이다. 그중에도 양치기의 날(the day of shepherd)에는 마을의 모든 사람들이 모인다.

아이린은 취업을 위해 고등학교 졸업 후 홀로 부에노스아이레스(Buenos Aires)주의 수도인 라 플라타(La Plata)로 올라왔다. 몇 년 후 그녀는 일본으로 양털을 수출하는 무역회사에

라졌다. 아이린은 좀 빨리 도시 사람도 되고 직장 상사에게 인정도 받고 싶어 어떻게든 주변의 도시 아가씨들을 따라 하려 한다. 그녀가 따라 하고 싶어한다는 그 도시인들이란 과연 어떤 사람들일까?

도시에는 수없이 다양한 사람들이 산다. 어떤 사람은 도시의 교외권 subur-취직했다. 처음 그녀는 낯선 사람들과 부대껴야 하고 범죄가 많은 도시 생활 속에서 외로움과 무력감에 많이 힘들어했다. 그러나 같은 동네에 사는 실비아(Silvia)가 회사에 입사한 뒤로 아이린의 생활은 많이 변하게 되었다. 실비아는 라 플라타에서 평생 살아온 도시 여자인데 아이린은 실비아를 통해 좋은 친구들도 많이 알고 그들과 다양한 취미활동을 시작할 수 있었다. 새 친구들과의 교제는 고독하고 각박하기만 하던 아이린의 삶을 오히려 활기차고 새로운 세계로 들어가도록 했다.

아이린은 만원 버스로 출퇴근하지만, 이어폰으로 듣는 일본어 공부와 클래식 음악은 복잡한 버스 안에서도 자기만의 세계를 갖도록 해준다. 직장 분위기가 좋기는 하지만, 극소수를 제외하고는 상대방의 가족이나 개인적 관심분야에 관해서는 거의 아는 바가 없다. 아이린은 한 주에도 여러 다른 그룹들과 만나야 한다. 아이린은 수출입 업무로 매주 월요일 수출입관리소에서 만나는 일본인 직원을, 화요일 농구 동호회에서 만나는 우루과이 친구들, 주일날 교회에서 만나는 신도들, 실비아의 친구들과 하는 뜨개질 모임에도 간다. 아이린은 이런 모임에 갈 때면 시골의 촌티도 내지 않으려 하고 옷이나 머리 모양에 투자도 좀 한다.

아이린은 회사에서 인정 받기 위해 일본어 인터넷 동호회에서도 활동한다. 그녀는 동호회에서 알게 된 도시 친구들이 고향 텔슨에서 들어본 그것보다 훨씬 보수적이라는 점과, 일본 유학을 준비할 만큼 진취적이고 창의적인 점에 놀랐다.

도시 생활은 아이린의 많은 것을 바꾸었다. 시골에서는 문을 열어 놓고 살았으나 매일 일어나는 절도 사건들 때문에 그녀는 아파트 대문에 자물쇠를 여러 개 설치했다. 거리에서는 다른 사람의 눈을 의식하지도 않을 만큼 독립적으로 되었다. 또 텔슨의 가족을 부양하고 입신양명해야 한다는 절박감은 그녀를 열심히 살게 만드는 동력이면서 또 낯선 곳의 두려움을 이기는 힘이 되었다. 아이러니하게도 아이린은 명절 때에 고향에 가는 것도 기대하지만, 시간이 갈수록 도시로 다시 돌아올 때면 더 기대하게 된다.

〈아이린(Ailen)은 아르헨티나 선교사인 카를로스 박성흠박사가 동역하는 현지인 가정의 식구이고 카를로스 선교사의 허락을 받아 기재했다.〉

ban에 살면서 자가용으로 출퇴근하고 또 어떤 사람은 버스로 건설 현장에 출근해 낯선 외국인들과 하루 종일 얘기 한마디 없이 묵묵히 일한다. 도시 재개발로 인해 그곳에 원래부터 살아오던 사람은 더욱더 가난한 지역으로 이사를 나가야 한다. 반면, 경제력을 가진 어떤 사람은 이제 깨끗이 재개발 된 지역으로 이사를 들어온다. 어떤 사람은 아침에 지하철로 출근하고 점심 식사후 커피숍에 들러 테이크아웃 커피를 들고 오후 근무를 한다. 또, 아침에 아파트 촌 앞에서 초등학생 아들을 학교에 보내고 주말에는 일주일 먹을 포장된 식품을 한꺼번에 구입하는 주부도 역시 도시인이다. 이처럼, 도시인들은 수없이 다양한 계층과 그룹에 속해서 자신들의 문화와 패턴 속에서 살아간다. 이렇게 다양한 사람들을 모두 다 도시인이라 부를 수 있는 이유는 분명 도시인들 속에는 공통으로 뭔가 도시인 다운 특징이 있기 때문이다. 다시 말해 도시는 그 안의 사람들이 도시인다운 성격과 특징 등을 갖게 만드는 환경인 셈이다. 결과 도시인들은 그들의 행동, 감정, 일, 가치, 관계 등에서 뭔가 더 도시인들만의 공통적 특징을 갖는다.

도시의 주인이신 하나님은 그 성안의 모든 백성이 구원받고 자신들에게 부여하신 하나님의 형상을 발견하고 그 자녀로 살아가기를 원하신다. 도시는 큰 성읍이면서 그 안에 좌우를 분별하시 못하는 수십만의 영혼들과 많은 가축들이 살아가는 곳이기 때문에 하나님은 도시를, 아니 도시 안의 그들을 아낄 수밖에 없다. 욘 4:11 그러므로 하나님의 마음에 합당한 도시 사역이 되기 위해서는 도시인에 대한 이해가 반드시 필요하다.

도시 사역을 올바르게 하려는 교회는 먼저 자신이 도시인을 얼마나 알고 또 자신의 사역이 얼마나 도시인들에게 적절한지를 검토해 보아야 한다. 만약 자신의 교회가 단지 도시에 위치한다는 이유만으로 자신을 도시 사역자라 생각한다면 그것은 정말 단순한 생각이다. 폴 히버트와 엘로이스 메네시스

Paul G. Hiebert and Eloise Hiebert Meneses는 이런 자기 착각적인 도시 사역을 우려하면서 "…. 도시 교회의 개척이 농촌교회를 개척하는 방식으로 시작되는 경우가 너무 많다. 이 결과 교회가 도시 거주민에게 제대로 접근하지 못한다."[1] 라며 우려했다.

이런 의미에서 본 장은 도시인 이해의 첫걸음으로 개인들의 경향과 행동, 도시인들의 감정적 특징을 소셜 네트워크 이론이라는 렌즈를 통해 읽어 볼 것이다. 다음 두 가지 질문을 통해 본 장이 이해하고자 하는 내용을 살펴보도록 하겠다.

- 도시인들의 트렌드와 행동은 어떤 특징이 있고 그동안 교회가 오해해왔던 것들은 무엇이 있는가?
- 도시인의 마음과 정서는 어떤 특징이 있고 그동안 교회가 잘못 알고 있던 것들은 무엇인가?

본 장이 끝날 즈음 우리는 도시인들 속에 서로를 연결connect하려는 열망이 얼마나 강한지 깨닫고 놀라게 될 것이다. 그들은 외롭지만 고독하지 않게 살 수 있고 어려움 속에서도 열정을 놓치지 않은 야심 많은 사람들이라는 것을 알게 될 것이다. 이들은 낯선 사람들 가운데에서 힘들게 살아가지만, 여전히 익숙한 공간과 '우리'라 부를 수 있는 친근한 사람들과 함께 하면서 비교적 지속 가능한 감정 상태를 갖고 살고 있다는 것도 알게 될 것이다. 이를 기초로 이번 장의 마지막 부분에서 우리는 도시인을 향하신 하나님의 선교적 계획을 재발견할 것이다. 마지막에는 하나님의 마음에 부합 하기위해 도시의

---

1) 폴 히버트와 메네시스 엘로이스 히버트저, 이대헌과 안영권 공역, 『성육신적 선교사역: 교회사역을 위한 선교현장 이해』(기독교 문서선교회, 1998), 364.

교회와 그리스도인은 어떤 존재Being가 되어야 하는지를 고찰할 것이다.

도시인의 트렌드와 행동들

도시의 풍속도가 바뀌고 있다. 그 도시를 대표하는 사람들의 분포가 바뀌기 때문이다. 미국 도시의 경우 2000년대에 11%를 차지하던 65세 이상 고령 인구가 16년 후에는 13%로 증가했다. 그리고 도시의 백인 비율은 51%에서 44%로 급감했다.[2] 커뮤니케이션 스타일은 미국 도시뿐 아니라 전 세계 도시인들의 소통방식을 바꾸고 있다. 예를 들어 모바일 기기같은 소셜 미디어 사용이 폭증해 2025년 현재 전 세계에 53억 7천여만 개의 스마트폰이 사용되고 있다.[3]

〈그림 2〉[4] 전 세계 스마트폰 이용자의 증가 추이(2014-2029)[5]

이렇게 끊임없이 변하는 도시의 트렌드는 자연히 '도대체 도시인의 삶이

---

2) Kim Parker, Kim Parker, Juliana Menasce Horowitz, Anno Brown, Richard Fry, D'vera Cohn and Ruth Igielnik, "1. Demographic and economic trends in urban, suburban and rural communities" in *What Unites and Divides Urban, Suburban and Rural Communities*(2018), Pew Research Center, Social & Demographic Trends. https://www.pewsocialtrends.org/2018/05/22/demographic-and-economic-trends-in-urban-suburban-and-rural-communities/

3) J. Degenhard, "Statista," *Number of Smartphone Users Worldwide from 2014-2029*(blog), December 12, 2024, https://www.statista.com/forecasts/1143723/smartphone-users-in-the-world.

4) Ibid.

5) 단위:10억 대

란 무엇인가?'라는 질문을 만들어 낸다. 도시인의 삶은 너무나 다양하고 복잡하므로 도시 학자들은 도시인의 삶을 정의하기 보다는 그들의 문화적 특징을 정리해 왔다. 도시인의 문화적 특징을 이해하기 위해 본 서적에서는 전통적인 문화 인류학적 방식을 사용하기보다는 사회 인류학적 방식을 사용할 것이다. 왜냐하면 개인들의 세계관과 행동에 초점이 많은 문화인류학은 보다 도시인들의 세계관 구조, 소비문화, 인간미, 일탈과 도덕성 등의 트렌드를 이해하는 데에는 사회 인류학적 접근이 더 적절하다고 판단했기 때문이다.

본문에서 우리는 도시인들이 생각보다 훨씬 더 창조적이고 활기차게 살고 있다는 사실을 알게 될 것 이다. 이런 긍정적 현상은 도시를 부정적으로 평가해 왔던 과거의 결정론적 도시학자deterministic urbanologists의 관점과 정면으로 충돌할 것이다.[6] 이들 결정론자들은 도시라는 환경이 사회적으로는 무질서를 야기하고, 개인적으로는 병리적 현상을 일으킨다고 믿었다.[7] 나아가 도시는 인간적 관계를 발전시키기가 너무 어렵기 때문에 사람들 간의 관계는 나뉘고, 깊이가 없고, 쉽게 변한다고 생각했다.[8] 하지만 근래의 연구들은 도시인들이 부정적이고 단절된 상황에 그냥 머물지 않는 모습들을 찾아냈다. 아

---

[6] 일반적으로, 결정론이라는 용어는 특정 사회 구조로 인해 개인의 자유와 성격이 축소되거나 제한되는 현상을 정의하는 데 사용하는 용어이다. 도시 사회학에서 결정론은 도시 내의 여러 소규모 집단이 도시의 더 큰 상위 구조로 인해 성격과 안정성을 잃는다는 관점으로 사용을 한다. Nicholas Abercrombie, Stephen Hill, and S. Bryan Turner, "Dictionary of Sociology," in *Dictionary of Sociology*(London: Penguin Reference, 2006), 105; Enoch Jinsik Kim, *Mission Strategy in the City: Cultivation of Inter-Ethnic Common Grounds*(Eugene OR: Pickwick Publication, 2017), 67.

[7] Eric O. Jacobsen, *Sidewalks in the Kingdom: New Urbanism and the Christian Faith*, The Christian Practice of Everyday Life(Grand Rapids, MI: Brazos Press, 2003), 36.

[8] 결정론의 발전에 크게 기여한 사람들은 조지 지멜(Georg Simmel), 로버트 에즈라 파(Robert Ezra Par), 루이스 워스(Louis Wirth)를 포함한 시카고 학파의 학자들이었다. 그들은 도시학에서 도시 자체가 아닌 도시 거주자의 심리적 상태를 연구한 최초의 도시학자들이다. Richard Sennett, *Classic Essays on the Culture of Cities*(New York: Appleton-Century-Crofts, 1969); Robert Ezra Park and E. W. Burgess, *Introduction to the Science of Sociology Including the Original Index to Basic Sociological Concepts*(Chicago: University of Chicago Press, 1969); Georg Simmel, "The Metropolis and Mental Life," in *Classic Essays of the Culture of Cities*, ed. Richard Sennett(New York: Appleton-Century-Crofts, 1965), 47-60; Louis Wirth, "Urbanism as a Way of Life," *American Journal of Sociology* 44, no. 1(1938): 1-24.

무리 단절되었다 하더라도 도시인들은 상호 작용과 존엄성, 창의성과 질서를 유지하기 위해 새로운 연결망을 개척한다. 이제 도시인의 트렌드와 행동에 영향을 미치는 네 가지 영역을 알아보겠다.

세계관 조각들을 모아 모자이크를 만드는 사람들

모든 사회에는 그들만의 세계관이 있다. 이 세계관은 생활과 관계와 같이 개인들 간의 삶과 경제와 정치, 종교 생활과 같은 사회적 삶이 통합되고 작동하는 데 가장 기초적인 체계와 같은 것이다.[9] 세계관은 그것을 소유한 사람들의 특징을 만들어 낸다. 도시와 전통 사회의 사람들이 서로 다른 삶을 살아가는 이유도 각자의 세계관이 고유한 특징을 형성하기 때문이다. 그러므로 도시인들이 도시인답게 되는 것은 높이 솟은 건물이나 거대함이라기보다는 그들 속에 그러한 환경과 시설을 건축하려는 도시적인 생각과 세계관이 있기 때문이다. 도시의 환경도 역으로 도시인들의 세계관에 영향을 주어 도시인다운 세계관을 강화하도록 만든다. 이처럼 도시의 환경과 도시인의 세계관은 마주한 탁구 선수처럼 서로 영향을 주고받는다.

인류학에서 세계관이란 그 자체로 하나의 통합된 체계이다. 세계관 안에는 자체적으로는 서로 충돌하는 모순이 거의 없다는 뜻이다.[10] 그러므로 같은 세계관을 가진 사람들끼리는 사고 방식과 삶이 상당히 균질한homogeneous 편이고 상대방에 대한 예측도 상당 부분 가능하다. 이에 반하여 다중 문화적 환경에서 살아가는 사람들의 세계관은 균질한 하나의 체계라기보다 여러 종류의 세계관들을 일부씩만 가져와 그것들을 마치 하나인 것처럼 사용한다.

---

9) Paul G. Hiebert, *Anthropological Insights for Missionaries*(Grand Rapids, Mich.: Baker Book House, 1985), 43, 45.
10) 폴 히버트, 선교와 문화인류학, trans. 김동화, 이종도, 이현모, 정흥호(서울: 죠이 선교회 출판부, 1996), 66-68.

비비 레이놀드Bibby Reginald는 현대인은 마치 한 사람이 여러 개의 세계관들을 몇 조각 씩 모은 후 그사이에 난 미로를 오가는 것과 같이 살아간다고 했다. 레이놀즈는 이러한 다중 문화권에서의 삶을 조각난 미로mazeways and fragmented worldviews 사이를 오가는 삶이라 했다.11 레이놀드보다 앞서 앤서니 F. C. 월리스Anthony F. C. Wallace도 다중 문화권 자들의 사고 체계를 이 조각난 미로를 빗대어 설명하였는데, 월레스는 이 다중 문화권의 미로란 "자신의 내부와 외적 환경, 기술과 가치의 특성을 인지하는 지식을 모아 뇌를 체계적이고 조직화하는 활동"이라 하였다.12 조각난 미로는 전체가 하나의 균질한 시스템으로 움직이는 전통 사회에서의 세계관이 아닌 다중 문화권에 익숙한 도시인들의 생각과 세계관에 어울리는 모델이다.

조각난 미로의 비유는 한 사람이 복수의 세계관들을 사용해 상황마다 다른 방식으로 살더라도 삶 전체는 통합적으로 영위될 수 있음을 설명한다. 예를 들어 카를로스Carlos는 엘살바도르 공화국República de El Salvador의 수도 산살 바도르San Salvador에서 자랐고 후에 미국으로 유학을 왔다. 그 후 같은 산살바도르 출신 여성과 가정을 이루고 미국에 정착했다. 평소 그는 엘살바도르에서 커피와 설탕을 수입하는 미국 회사에서 일하고, 퇴근 후에는 가정에서 엘살바도르식으로 시간을 보내며 주말은 동네의 아시아 사람들과 배드민턴 클럽에서 시간을 보낸다. 그는 회사에서는 미국의 경영 방식으로 직원들을 대하고, 가정에서는 전형적인 엘살바도르의 가장이 되며, 배드민턴 클럽에서는 연령에 맞게 다른 사람들을 대할 줄 안다. 카를로스의 세계관 속에는 이 세 가지가 모두 들어 있는데 이들은 서로 그리 큰 모순을 일으키지도 않고 오히려 더 다양한 삶을 살 수 있는 장점이 된다. 카를로스는 회사에서는 남성 위주의

---

11) Bibby Reginald, Fragmented Gods(Toronto: Irwin, 1987)
12) Anthony F. Wallace C., *Revitalizations and Mazeway: Essays on Culture Change*, ed. Robert S. Grumet(University of Nebraska Press, 2003), 170.

남미 습관이나 연장자 우선의 아시아적 사고를 드러내지 않고 개방적이고 평등한 미국적 관계에서 일하려 노력한다. 비록 카를로스만큼 다중문화권적이지는 않더라도 현대의 도시인들은 다양한 배경을 가진 사람들과 함께 살아가야 하다 보니 여러 다른 세계관을 흡수하며 살 수밖에 없다.

도시인들이 여러 개의 세계관들을 소유한다는 특징은 그들이 여러 종류의 네트워크를 갖는 데 유리하고 이는 자연히 다양한 이질적인 그룹에도 속할 수 있음을 의미한다. 즉 도시인들은 과거에 비해 훨씬 더 여러 곳에 연결 connected하며 살아간다. 이런 다중적 연결성으로 인해 도시인들은 다양한 조각으로 구성된 나를 만들어 낸다. 앞의 예에서 본 아이린 역시 시골 텔슨 마을에서 습득한 세계관을 필두로 라 플라타 도시에서 만난 무역회사, 뜨개질 동호회, 교회, 우루과이 농구팀, 일본어 인터넷 동호회 등을 통해 조금씩 그들의 세계관들worldviews을 얻어낸 후 그 모두를 합해 결국 자신만의 세계관 WORLDVIEW을 만들어 낸 것이다. 이런 점에서 도시인들의 세계관은 체계적이고 유일하면서 여러 세계관들의 통합된 꾸러미packet라 할 수 있다.

사회적 소속감을 형성하는 소비 문화

도시는 소비하는 장소이다. 전통적으로 소비 행위란 물실을 생산하고 분배하고 소비하는 행위 자체를 의미했었다. 그러나 물자도 풍부해지고 또 소비 행위와 사회간의 인과관계도 알게 되면서, 도시 인류학은 점차 소비행위의 의미와 소비주체의 변화에 관심을 두게 되었다.[13] 즉 소비란 개인의 취향이나 물질의 이동만이 아닌 경제적 가치economic value와 정서적 가치emotional value를 충족하기 위한 사회, 문화, 경제, 정치적인 행위이다. 사람들은 소비를 통

---

13) Appadurai Arjun, "Disjuncture and Difference in the Global Cultural Economy," *Theory, Culture and Economy* 7, no.2(1986): 295-310.

해 사회적 지위를 나타내고 특정 그룹에 소속감을 느끼고 그 안에서 인간관계를 넓히며 자기 정체성을 확보한다. 그러므로 도시인들에게 있어 소비란 하나의 세계관이요 생존 행위며 문화 정치적 활동을 하는 일종의 종합적인 활동이라 하겠다.14 즉 도시인에게 있어 소비란 단순한 소비 행위를 넘어 소비주의 Consumerism라는 하나의 문화적 흐름이 된 것이다.15 그 문화적 흐름의 의미는 다음과 같다.

첫째, 도시인들의 소비 행위는 사회적 신분과 소속감을 만드는 하나의 연결 행위이다. 소비 행위 안에는 소비자의 문화적 욕구와 사회적 능력이 들어있다.16 도시인들이 소비하고 창조하는 지식이나 기술, 제품과 기회들은 그들에게 있어서는 하나의 문화적 자본cultural capital 이 되며 사람들은 이 자원을 사용해 특정한 계층 안에 진입하고 신분을 유지한다.17 특정한 음식을 먹고 문화 활동을 하고, 또 회원권과 같이 특정한 계층만이 사용할 수 있는 물건과 장소를 사용하면서 사람들은 그것에 가까운 계층과 그룹에 소속감을 느낀다.18 예를 들어 사람들이 사용하는 자동차, 살고 있는 집과 동네, 또는 공짜 음식 쿠폰 등은 그들이 어떤 신분이고 사회적 능력이 어느 정도인지를 말해준다. 상자 A의 아이린이 도시인들과 어울리기 위해 옷도 바꾸고 머리도 치장하고 말투나 에티켓도 도시인처럼 하려는 것은 단순히 외모를 세련되게 하는 것을 넘어 도시 안의 젊은 직장인이라는 신분에 진입하려는 노력이라 하겠다.

---

14) Anthony F. Wallace C., Revitalizations and Mazeway: Essays on Culture Change, ed. Robert S. Grumet(University of Nebraska Press, 2003)
15) Zygmunt Bauman, *Consuming Life*, First Edition(Cambridge; Malden, MA: Polity Press, 2007), 25-28.
16) Pierre Bourdieu, "Distinction: A Social Critique of the Judgment of Taste," in *Handbook of Theory and Research for the Sociology of Education*, trans. Richard Nice(New York: Greenwood Press, 1986), 243.
17) Jaffe and Koning, *Introducing Urban Anthropology*, 88-90.
18) Edwin Eames and Judith Goode, Anthropology of the City: An Introduction to Urban Anthropology, Prentice-Hall Series in Anthropology(Englewood Cliffs N J: Prentice-Hall, 1977), 198; E. E. Lemasters, Blue Collar Aristocrats: Life-Styles at a Working-Class at a Tavern(Madison: University of Wisconsin Press, 1976) Goode,

이처럼 소비문화는 도시인들의 "소속감과 정체성은 물론 도시의 일반적 트렌드와 구별되거나 심지어 척지는 커뮤니티에 속해 있음을" 어필하는 모습이라 할 수 있는 것이다.[19]

둘째 도시인의 소비 행위는 레저 문화leisure culture를 발전시키고 이는 자연히 서로를 연결하는 환경을 만들어 낸다. 도시에서는 소비가 하나의 문화가 되다 보니 도시의 소비는 자연히 주택, 자동차, 커피와 같은 생활의 추세 안에 레저 요소가 들어오고 이는 하나의 레저 문화로 발전하여 결국은 다시 소비주의를 자극한다.[20] 이런 레저 문화는 자연스럽게 도시의 공간을 바꾼다. 오래된 주택가를 없애고 새로운 상가와 백화점이 들어오면서 쇼핑과 오락이라는 문화 행위가 들어온다. 사람들은 영화관 앞에 줄을 서고 주말에는 가족과 함께 공원과 음식점을 찾는다. 도로변에 새로 생긴 세계적인 커피숍 체인점에서 여유롭게 앉아 친구와 새롭게 유행하는 커피를 마신다.

도시의 레저 문화는 대중 문화popular culture를 만들어 낸다. 대중음악은 물론이고 운동화, 스마트폰, 가맹점, 저녁에 커피숍에서 공부하는 풍속도들이 모두 레저 문화가 만든 대중 문화의 일종이다. 사람들은 레저 문화를 중심으로 일종의 하부 문화subculture와 계층을 만들어 낸다.[21] 이처럼 레저 문화란 단순히 즐거운 시간을 갖는 시설뿐만 아니라 사람들의 문화적 정체성을 만들고 표현하는 통로이고 신분 간의 독특성과 우열을 보이며 저변에는 기업과 문화의 권력 경쟁power game이 깔린 종합적인 트렌드라 하겠다.[22] 이처럼 레저와 대중 문화는 도시인들이 서로 연결할 수 있는 환경을 제공한다.

셋째, 도시의 소비문화는 그 도시의 문화와 이미지를 자리매김place mak-

---

19) 해당 문장은 김에녹이 한글로 번역함. Jaffe and Koning, *Introducing Urban Anthropology*, 99-100.
20) Ibid., 91.
21) Andy Bennett and Richard A. Peterson, eds., *Music Scenes: Local, Translocal and Virtual* (Nashville, TN: Vanderbilt University Press, 2004)
22) Jaffe and Koning, *Introducing Urban Anthropology*, 95.

ing하도록 만든다. 그 도시의 분위기와 시민의 일상 풍속 안에는 그들의 소비 문화가 드러나게 되어 있고 그 소비문화는 나아가 대중의 문화에 중요한 한 부분을 차지한다.[23] 소비문화가 만들어 낸 도시의 대중 문화는 그 도시 공간의 이미지까지 만들어 결국 사람들은 그 도시는 어떠한 곳이라는 장소 매김 place making을 한다.[24] 예를 들어 약국이 많은 거리는 약을 공급하고 소비하는 사람들이 많이 오가고 그에 걸맞는 시설과 경제의 흐름을 보이기 때문에 사람들의 마음속에는 그곳을 약국 동네라고 자리매김하는 것이다. 이처럼 도시의 소비문화는 한 공간에서 관련자와 관심 자들이 연결하도록 함으로써 그들만의 하위문화 subculture를 창조하도록 한다.

지금까지 본 것처럼 도시의 소비 행위는 단순한 상업 행위를 넘어 사람들에게 소속감과 신분 매김 status making을 하게 하고 레저와 대중 문화를 만들며 장소들에게 장소 매김이라는 이미지까지 만들어 낸다. 소비 행위가 주는 이런 연결력은 낯선 사람들 사이에 살아야 하는 도시인들에게 단절을 뛰어넘고 새로운 관계들을 만드는 통로로 작용한다.

각박함 속에서도 친절이 살아있는 사람들

보통 사람들의 생각 속에 도시인들은 전통적 사회의 사람들에 비하여 타인들에게 냉담하고 무심할 impersonal 것으로 생각한다.[25] 이런 무심함은 큰 길가 건널목에서 신호를 기다리는 사람들의 표정에서도 금방 나타난다. 버스 옆에 앉은 사람에게는 별 관심도 없고 친절하게 할 필요도 없고, 또 상대방이 친절할 것을 기대하지도 않는다. 도시인들은 건널목뿐 아니라 쇼핑몰이나 주

---

23) Ibid.
24) Ibid., 23, 25.
25) Impersonality is defined as 'absence of human character, reduction of concern for individual needs, lack of emotional involvement' in Collins Dictionary. https://www.collinsdictionary.com/dictionary/english/impersonality

차장에서 항상 낯선 사람들 사이에서 살아간다. 심지어 매일 밝게 인사하는 직장동료라 하더라도 다른 부서 사람들에 대하여서 아는 것이 거의 없다. 이러한 낯선 사람들과의 무덤덤한 분위기는 전원의 삶이나 전통 사회에 대한 막연한 동경심을 키워내고 결과 사람들은 도시를 각박한 사회라 한 번 더 확신한다.

그렇다면 전통 사회나 전원 사회의 사람은 도시인보다 정말로 타인에게 더 관심을 두고 친절할까? 우리는 보통 시골 사람들은 정겹고 친절하며 상대방에게 시간도 여유 있게 내줄 것으로 생각한다. 하지만 만약 시골 사람들은 도시인들 보다 갑자기 등장한 낯선 사람에게도 정말 친절할까? 시골이나 전통 사회에서 내부인들 끼리는 네트워크가 입체적이며 복합적으로 구성이 되어 서로 반복해서 만날 일이 많다. 결과 이런 두터운 내부 네트워크는 오히려 외부인에 대하여 더 낯설어하고 경계를 강하게 만든다. 시골은 범죄율도 비교적 낮고 시간적으로도 더 여유가 있어 내부인끼리는 친숙할지 모르나 오히려 이것이 공공장소public space의 낯선 사람에게는 더욱 경계와 거리감으로 작용한다.

도시에서는 사람들이 서로 불신하고 경계하는 장면들을 종종 볼 수 있다. 이는 단순히 도시인들이 특별히 너 불친절하기나 낯선 사람을 경계한다기보다는 타인에게 관심을 주기 힘들 수 밖에 없는 다음 몇가지 이유들이 있기 때문이다.

먼저, 도시의 높은 범죄율이 타인에게 냉담하고 무관심하게 만든다.[26] 높은 도시 범죄율은 남을 돕기를 꺼리고 모르는 사람을 두려워하며 벽을 높이고, 상대방을 쉽게 믿지 못하게 만든다. 더군다나 개인 위주의 활동과 성취를

---

26) J.P. Gibbs, "Suicide," in *Contemporary Social Problems*, ed. R. K. Merton and R. Nisbet(N.Y.: Harcourt Brace Jovanovich, 1971), 271-312; L. Dublin, *Suicide*(N.Y.: Roland, 1963), 188.

하도록 부추기는 도시의 분위기도 타인에게 냉담하게 만드는 요인이다.[27] 도시인들은 많은 곳에서 익명anonymity으로 활동하고 개인 혼자서 해야 하는 생활도 상대적으로 많다. 이뿐 아니라 도시에서의 성취는 민족과 신분적 배경을 통하는 것이 아니라 개인의 노력과 능력을 통해 상당 부분 가능하다. 이러한 자유로움과 가능성 그리고 개인주의는 도시인들을 더욱 출세와 신분 상승에 몰입하도록 만든다.

시간 중심적인 삶과 경쟁적 분위기 역시 도시인이 타인에게 무관심하게 만들고 동료들을 경쟁 대상으로 보게 만든다. 경쟁적인 분위기는 생존과 신분 상승과 성공에 절박한 도시인들 사이에 만연해 있다. 이는 자연히 시간을 자원으로 여기고 또 시간 중심적인 사회를 만들어 낸다. 시간이라는 자원은 너무나도 값져서 도시인들은 심지어는 심야나 명절처럼 이전에는 일하지 않던 시간대까지 개척해서 사용한다.[28]

마지막으로, 기술의 발달은 도시인들을 더더욱 주변 사람들에게 무관심하게 만들었다. 자동화 기술은 최소한의 접촉만으로도 충분히 거래와 소통을 할 수 있게 만들었다. 이러한 높은 범죄율과 개인주의, 시간 중심적 생활과 기술의 발달, 새로운 가능성과 기회는 도시인들의 관심을 과도하게 자신에게 집중하게 했고 이는 도시사회를 각박하게 만든 요소이다.

그렇다면 도시인은 정말 무관심하고 냉담한 사람들일까? 정도의 차이는 있으나 도시인 역시 나름 우정을 나누고 긍휼히 여기고 도우며 산다. 도시인들 역시 친구나 교회의 같은 그룹원들에게, 자녀의 친구 부모들에게는 친절하고 남다르게 대해준다. 즉 관계있는 사람이나 아는 사람들에게는 도시인들 역시 누구 못지않게 친절할 수 있다. 마치 상자 A의 아이린의 회사 사람들이

---

27) 폴 히버트와 메네시스 엘로이스 히버트저, 이대헌과 안영권 공역, 성육신적 선교사역: 교회사역을 위한 선교현장 이해, 355.
28) Ibid., 358.

서로 좋은 분위기를 유지할 수 있는 것은 개인의 어떠함보다 먼저 같은 회사라는 하나의 단위 안에 동질감을 가졌기 때문이다. 같은 커뮤니티에 있으므로 그들은 서로에게 예의를 지키고 질서를 지키려 노력하는 것이다.

아이러니하게도, 무관심과 냉담할 줄 알았던 도시인들이 낯선 사람을 돕는 것은 상대적으로 더 적극적이다. 재미있게도 도시인들은 길에서 보는 낯선 사람들에게는 관심이 없지만 TV에서 본 지구 반대편의 고아와 가난한 사람들을 위해서는 시골 사람 못지않은 관심을 표한다.[29] 강한 공동체의 유대감으로 인해 전통 사회에서는 우리와 남 사이의 벽이 매우 두터운 데에 비해 도시인들은 매일 낯선 사람들을 접하다 보니 타인과 남을 대하는 부담이 상대적으로 적다. 더군다나 도시인은 어려서부터 받은 공공교육과 매일 접하는 세계의 뉴스, 그리고 매일 타인들과 동고동락하는 삶을 살기 때문에 비록 개인적으로는 거리가 멀지만, 함께 살아가고 도와야 한다는 생각에는 쉽게 동의하는 셈이다. 이런 모습을 두고 클라우드 S. 피셔Claude S. Fischer 는 다음과 같은 말을 했다. "….믿을만한 정보에 근거한 결과 도시인이라 해서 다른 사람들보다 더 무관심도 냉담하다고 볼 수는 없겠다."[30]

도시인들은 커뮤니티의 규모, 사건의 중대성, 네트워크의 문화적 특성, 사회 안전망의 수준 등에 의해 타인에 관한 관심과 배려가 크게 좌우된다. 먼저 도시인은 작은 커뮤니티에 속할수록 또 사건이 중대할수록 주변 사람을 더 잘 돕는 것으로 나타났다.[31] 그러므로 같은 민족이나, 같은 회사 사람이나 학교 동문처럼 어떻게든 자신과 연결된 사람에게는 더 적극적으로 돕는 것이다. 나아가 커뮤니티가 극단적으로 작아서 내가 돕지 않으면 큰일이 발생한

---

29) R. R. Alford, "Critical Evaluation of the Principles of City Classification," in *City Classification Handbook: Methods and Applications*, ed. Brian J. L. Berry (N.Y.: John Wiley, 1972), 349.
30) Claude S. Fischer, *The Urban Experience*, 2nd ed. (San Diego: Harcourt Brace Jovanovich, 1984), 212.
31) Ibid., 207.

다고 판단이 되면 대단히 적극적으로 된다.[32] 예를 들어 나 혼자 지나는 골목에서 다쳐 고통스러워하는 사람을 보면 아무렇지 않게 지나가기는 어렵다. 사건의 중대성 역시 도우려는 행동에 영향을 미친다. 근처에서 비명소리가 들릴 때, 굶어서 쓰러진 사람을 볼 때, 조금만 도와줘도 큰 도움이 될 때 사람들은 적극적으로 남을 돕게 되어 있다. 이와 반대로 커뮤니티 규모가 너무 크면 사람들은 남을 돕는 데 소극적으로 된다. 큰 광장에서 여러 사람들과 함께 있던지, 경찰처럼 나보다 더 잘하는 사람이 옆에 있을 때는 곤란에 빠진 사람들 선뜻 도우려 하지 않는다.

문화와 네트워크의 특성도 타인에 관한 관심을 좌우하는 요소이다. 개인주의보다 그룹 중심적인 사회collective society에서는 서로를 돕는 것이 훨씬 더 자연스럽다. 하지만 이들은 바깥 사람들에게는 개인주의 자들보다 더 거리를 둔다.[33]

사회적 안전 제도 역시 개인들이 돕는 일에 영향을 미친다. 만약 복지 시설과 경찰, 병원 응급시설들이 잘 된 경우 사람들은 신고 전화 한 통을 해주는 것으로 할 일을 다 했다고 생각한다. 반대로 이런 시설이 없다면 사람들은 선한 사마리아인처럼 훨씬 더 적극적으로 도와줘야 한다고 생각하는 것으로 나타났다.[34]

이처럼 도시인은 도시인이기 때문에 불친절하고 무관심하다기보다는 사람들을 주로 공공장소에서 만날 일이 많고 또 이들은 모두 깊이 연결되지 않은 사람들이기 때문에 굳이 친절해야 할 필요를 느끼지 않는 것이다. 그리고 도시의 공공장소는 워낙 커뮤니티의 규모가 크고 낯선 사람들이 많고 범죄

---

32) B. Latane and J. M. Darley, "Bystander 'apathy'," *American Scientist* 58(1969):244-68.
33) Joel Wallach and Gale Metcalf, *Working with American: A Practical Guide to Business Success for Asian Managers*(McGwor-Hill Book Co Ltd., 1995), 165-71.
34) Fischer, *The Urban Experience*, 211.

율이 높으므로 사람들은 일정 조건이 갖춰질 때까지 선행 베풀기를 머뭇거린다. 이처럼 선행을 베풀 조건이 까다로운 도시의 공간에서는 사람들로부터 쉽게 불쾌한 경험을 당하고 이런 경험은 또다시 도시란 냉정 하다는 자기 확신을 강화하는 것이다.

도시와 농촌의 특징을 극단적으로 양분화해서 보는 이른바 양극적 관점 bipolaristic view은 도시의 각박함을 필요 이상으로 크게 보도록 일조했다.[35] 이 양극적 관점은 초기 시카고 학파의 주류 관점인 결정론Determinism에서 출발했는데 이 결정론 자들은 인간미 넘쳤던 사람들이 도시라는 용광로 앞에서 개성도 미덕도 잃어버리고 오직 경쟁과 번영의 노예로 녹아들어 간다고 생각했다.[36] 이러한 극단적인 이분적 접근은 후에 발흥한 구성주의Compositionalism 또는 하위문화주의Subculturalism 이론가들에게 인간성 유실을 필요 이상으로 과대평가했다는 지적 받았다.

지금까지 살펴보았듯이 도시인들은 전통 사회 못지않게 인간으로서 기본적인 성품과 관계들을 유지하며 살아간다. 도시인들도 실상은 어떤 환경이 조성되면 전통 사회에서 못지않게 남을 돕기도 하고 서로 간 정겨운 관계도 맺고 지구 반대편의 불쌍한 사람들이나 사회적 약자들에 대하여서도 높은 관심을 둔다. 왜냐하면 도시인들도 여전히 하나님의 성품과 존귀함dignity을 부여받았고 서로의 관심과 교류와 네트워킹이 없이는 살아갈 수 없는 존재이기 때문이다.

---

35) Sennett, *Classic Essays on the Culture of Cities*; Park and Burgess, *Introduction to the Science of Sociology, Including the Original Index to Basic Sociological Concepts*; Simmel, "The Metropolis and Mental Life"; Fischer, *The Urban Experience*, 25.
36) 용광로라는 용어는 1908년 이스라엘 장윌(Israel Zangwill)이 쓴 브로드웨이(Broadway) 드라마의 제목으로, 러시아계 유대인과 코사크족 사이의 러브 스토리를 담고 있다.

일탈과 질서 사이를 유지하는 사람들

모든 도시에는 자신들만의 거대한 문화들이 있다. 결정론자들은 이 도시의 거대한 문화가 개인들의 개성과 특성을 살리기보다는 사람들을 획일화된 교육과 경쟁으로 내몰고, 계층 간, 지역 간, 문화간, 민족 간의 특성을 잃어버리게 한다고 생각한다. 이를 근거로 결정론자들은 도시인들은 가깝고 신뢰할 수 있는 관계들은 점점 소멸하고, 일만 함께하는 낯선 계약자들과만 살아가게 될 것이라고 생각했다.37) 이런 생각이 어느 정도 설득력이 있는 이유는 길에서 마주치는 낯선 사람들에게 우리는 굳이 체면도 선행도 유지할 이유가 없다 생각하기 때문이다. 도시의 거대함과 낯선 관계는 사람들로 하여금 체면이나 도덕성보다 일탈과 개인적 이익을 우선하도록 만든다. 이러한 분위기로 인해 도시는 높은 범죄율을 보이고 타인에게 쉽게 사나워진다. 이처럼 도시사회의 거대함은 작은 사회에서 지켜지던 도덕적 질서를moral order 파괴하는 큰 원인이라 할 수 있다.

사회의 도덕성이 파괴되고 소그룹들이 소멸할 것이라는 결정론자들의 주장이 일부는 입증되었지만 도시 안에는 여전히 강력한 도덕적 질서를 유지하는 그룹들로 가득 있다. 예를 들어 종교 기관이나 취미 동호회, 회사나 노조, 취미 생활이나 향우회 같은 모임에서 사람들은 자신들의 질서를 정연하게 지켜야 하고 또 그렇게 하므로 회원들 간의 관계도 잘 유지한다. 상자 A의 아이린은 일본어 동호회에서 만난 도시 사람들이 고향에서 듣던 것보다 훨씬 보수적이라는 사실에 놀랐다. 그 이유는 아무리 자유분방한 도시라 하더라도 그들 역시 엄격한 부모를 통해 또 학교 교육과 사회 생활권에서 '바른 사람'이 되는 것을 오랫동안 배우고 실천해 왔기 때문이다.

---

37) 결정론은 주로 초기 시카고 학파가 발전시킨 도시관점이다. 그들은 도시가 사람들을 지적, 기술적으로 발전시키는 반면 개인주의와 자유에 대한 열망으로 인해 도시가 고독을 증가시키고 관계를 단절시킬 수 있다고 주장했다. Sennett, *Classic Essays on the Culture of Cities*.

사람들은 광장처럼 모르는 사람이 많은 곳과 달리 아는 사람들이 모인 작은 그룹에서는 훨씬 예의바르게 행동한다. 시골 사람들이 동네에서는 사회적 압력 때문에 함부로 일탈하지 못하듯이 도시의 작은 사회에도 이와 유사한 압력이 작용하는 것이다. [38]

도시 커뮤니티 안의 이런 도덕적 기준은 구성원의 정체성과 회원들의 행동 규칙에서 비롯된다. [39] 이는 모든 회원들이 알고 있는 형식적이고 무형식적인 사회적 기준social norm을 말한다. [40] 만약 누군가 이러한 기준을 어기면 구성원들은 자체적으로 다양한 힘을 사용해 일탈을 저지하고 자신들의 사회를 유지하려 한다. [41]

한편 도시의 낯섦은 인간의 창의성을 높여주기도 한다. 낯선 사람들로 둘러싸였기 때문에 도시인들은 사회적 압력social pressure이 줄고 삶이 자유로운 편이다. 결과 그들은 관습적인 삶을 벗고 일탈과 새로운 시도를 해볼 여유를 갖는다. 이런 비관습적 분위기는 새로운 유행이나 삶의 질서를 만들어 내고 다양한 창의적 활동을 만드는 토양이 된다. 상대적으로 젊은이와 고학력자 그리고 미혼자가 많다 보니 도시의 비 관습성은 무궁한 창의력을 만들고 새로운 상품과 유행이 생겨난다. [42] 이처럼 낯섦이 가득한 사회적 환경은 비인

---

[38] Fischer, *The Urban Experience*, 218-19.
[39] Alan Smart and Filippo M. Zerilli, "Extralegality," in *A Companion to Urban Anthropology*, ed. Donald Macon Nonini(Chichester, West Sussex: Wiley-Blackwell, 2014), 236-38.
[40] Cristina Bicchieri, *Norms in the Wild : How to Diagnose, Measure, and Change Social Norms*(New York, NY: Oxford University Press, 2017); Rachel T. A. Capra, Mary L. Rigdon, and Tanya S. Rosenblat, eds., "Game-Theoretic Accounts of Social Norms," in *Handbook of Experimental Game Theory*(Cheltenham: Edward Elgar Publishing, 2020)
[41] 다니엘 R. 쇼우(Daniel R. Shaw)는 모든 커뮤니티에는 자신들의 질서를 유지하는 힘들이 있는데 그 중에는 험담(gossip), 채벌(punishment), 고소 등이 있다 하였다. Daniel R. Shaw, *Transculturation: The Cultural Factor in Translation and Other Communication Tasks*(Pasadena Calif: William Carey Library, 1988), Chapter 7; Gary P. Ferraro, *Cultural Anthropology : An Applied Perspective*(Minneapolis/St. Paul: West, 1995), 250-59.
[42] Kim Parker, Juliana Menasce Horowitz, Anna Brown, Richard Fry, D'Vera Cohn, and Ruth Igielnik, "Demographic and economic trends in urban, suburban, and rural communities.," Pew

간성과 폭력성을 키우기도 하면서 또 도시인들을 자유롭고 창의적이 되게도 한다.

이처럼 도시인들은 연결됨과 낯섦을 적절히 사용해 가면서 자기 삶과 꿈을 만들어 간다. 도시인이 전통적 질서에 매이지 않고 일탈을 쉽게 할 수 있는 것은 도시라는 거대한 사회가 주변의 눈을 의식하지 않고 본인이 원하는 것을 실행해 볼 수 있는 환경이라는 이유가 크다. 그러면서도 그들이 남을 의식하고 체면과 남을 배려 하는 품격 있는 삶을 살 수 있는 것은 그들이 여러 개의 작은 사회들에 속해 있기 때문이다. 그러므로 이들 작은 사회는 도시인의 인간성을 유지해 주고 도덕적 품격을 가질 수 있도록 해주는 좋은 모판이라 하겠다.

도시인의 마음과 정서: 성공을 위해 역경을 참는 사람들

도시의 환경과 사회는 도시인들의 심리 상태에 많은 영향을 끼쳐왔다. 예를 들어 클리나드 M. B.Clinard, M. B.와 같은 초기 도시학자들은 도시의 발전은 사회적 질서를 파괴하고 도시는 무질서한 사회가 될 것으로 생각했다. 그리고 도시의 익명성anonymousness, 고독, 무심함impersonality, 일탈성unconventionality, 복잡성crowdness 등으로 사람들은 각종 심리적 무질서와 질병에 시달릴 것으로 생각했다.[43] 그러나 우리는 도시인의 마음과 정서가 반드시 부정적이기만 한 것은 아니라는 것을 잘 알고 있다. 만약 도시인의 삶이 그렇게 부정적인 것뿐이라면 사람들이 도시에 찾아오고 또 평생을 도시에서 사는지 설명하기 어렵다.

Research Center: Social & Demographic Trends https://www.pewsocialtrends.org/2018/05/22/demographic-and-economic-trends-in-urban-suburban-and-rural-communities/

43) M.B.Clinard, "Deviation Behavior: Urban-Rural Contrasts," in *Metropolis : Values in Conflict.*, ed. C. E. Elias, J. Gillies, and S. Reimer(Belmont CA: Wadsworth Pub., 1964), 237-44.

도시의 삶이 어떠한지 알기 위해 가장 기본적이고 확실한 질문은 '도시인은 행복한가?'일 것이다. 초기 도시 학자들처럼 도시의 삶을 부정적으로 보는 시각은, 우리가 행복을 지나치게 이상화하거나 관찰 방식을 단편적으로 설정했기 때문에 도시인들의 실제 행복을 간과했을 가능성이 있다. 이러한 주관적 관찰을 피하고 도시인들의 삶을 더 객관적으로 이해하기 위해서는, 다양한 도시 상황에서 그들의 행복 정도를 살펴볼 필요가 있다. 이에 이번 부문에서는 낯선 사람들 사이에서, 스트레스와 혼돈 속에서, 부대낌 속에서, 무력감과 고립감 속에서 도시인들의 심리 상태는 어떠하고 또 삶이 얼마나 행복한지를 알아보도록 하겠다.

낯선 사람들속에도 우리들을 만들어냄

도시인들은 평소에 많은 시간을 혼자서 보낸다. 그들은 하루의 많은 시간을 낯선 군중 사이에서 걷고, 친하지 않은 사람들과 협력을 한다. 이들에게는 동네 이웃은 물론 아파트의 옆집 사람조차도 낯선 사람이다. 〈그림 3〉[44]은 미국의 주민들이 아웃과 얼마나 알고 지내는지를 도시와 시골로 나누어 비교한 도표이다. 시골 주민들중 주변 이웃을 모두 또는 거의 다 알고 지낸다고 응답한 사람이 40%인 반면, 도시는 24%에 불과했다.[45] 이처럼 도시인들은 시골에 비해 낯선 이웃의 비율이 훨씬 높다.

---

44) Global Attitudes & Trends : What Unites and Divides Urban, Suburban and Rural Communities'(May 22 2018), By Kim Parker, Juliana Menasce Horowitz, Anno Brown, Richard Fry, D'vera Cohn and Ruth Igielnik, Pew Research Center:
https://www.pewsocialtrends.org/2018/05/22/what-unites-and-divides-urban-suburban-and-rural-communities/ Accessed, Feb 20, 2020.

45) Global Attitudes & Trends : What Unites and Divides Urban, Suburban and Rural Communities'(May 22 2018), By Kim Parker, Juliana Menasce Horowitz, Anno Brown, Richard Fry, D'vera Cohn and Ruth Igielnik, Pew Research Center:
https://www.pewsocialtrends.org/2018/05/22/what-unites-and-divides-urban-suburban-and-rural-communities/ Accessed, Feb 20, 2020.

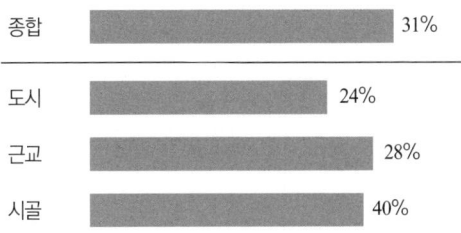

〈그림 3〉 도시, 시골, 교외의 주민들 간 면식도의 비교

도시인들은 아파트의 엘리베이터 안에서도, 집 앞의 상점이나 버스 정류장에서도 만나는 사람이 거의 낯선 사람들이다. 심지어 회사 안에는 오랜 시간을 함께해 왔는데도 낯선 사람들이 많다. 즉 도시인은 익숙하지만 낯선 사람들familiar strangers과 오랜시간을 보낸다. 회사 사람들은 극히 몇 사람을 제외하고 내가 어떤 종교를 가졌는지 자녀가 몇 명인지 알지를 못한다. 따라서 도시인들에게 낯선 사람은 외지인이라기보다는 "개인적으로 잘 모르고, 자주 만나지 않으며, 친숙하지 않고 어색한 사람"이 어울린다.[46]

그렇다면 도시인들은 정말 주변과 연결되지 않고disconnected서 외로이 일만 하며 살아가는 사람들인가? 사실 도시인은 전통 사회 사람보다 훨씬 더 다양한 사람들과 연결되어 살아간다. 그들은 상자 A의 아이린처럼 교회에서, 농구 클럽에서, 회사에서, 온라인 커뮤니티에서, 취미 클럽에서 끊임없이 친근한 사람들을 사귀어 연결망을 확장한다. 이들 모임은 비록 도시에 온 후에서야 시작했지만, 그 안에는 옛 고향의 친구 못지않게 가깝고 신뢰하는 사람들도 생겼다. 이는 도시인의 네트워크가 배경이나 출신보다는, 자주 만나고 같은 관심을 가진 사람들과 친근하게 연결되기 때문이다.

이처럼 도시의 작은 공동체에는 여전히 신뢰하고 정보와 감정을 나눌 수 있는 사람들이 있다. 버스 정류장이나 회사의 다른 부서처럼 큰 규모의 커뮤

---

46) Fischer, *The Urban Experience*, 95.

니티에서는 서로가 낯선 사람들이지만 도시인들은 가족은 물론 교회나 취미 그룹, 회사나 동창회처럼 여러 개의 작은 공동체에서 여전히 연결된 삶을 살아간다.

이처럼 도시인들은 연결됨과 단절됨을 적절히 사용하며 심리적 안정과 적극적인 사회생활을 도모한다. 도시 생활에 잘 적응하게 된 아이린은 지금도 낯선 사람들만 있는 도시의 길거리를 외로이 걸어야 하고 또 옆집에 도둑이 들었다는 소식을 들으면 불안에 떤다. 반면 작은 모임에 가서는 그녀도 소속감도 느끼고 또 새로운 친구들과도 고향 친구 못지않게 따뜻하고 친절한 관계를 즐긴다.

스트레스와 무질서 속에서도 인생은 견딜만한 것

도시는 전통 사회에 비해 범죄율이 높은 편이다. 예를 들어 1995년부터 2013년까지 미국은 빈집 털이와 절도 비율에서 도시가 시골이나 근교보다 더 심각하다.〈그림 4〉 빈집 털이도 전체적으로는 약간 호전이 되었지만 2006-2010년쯤을 제외하고는 여전히 도시의 범죄율이 가장 높다.

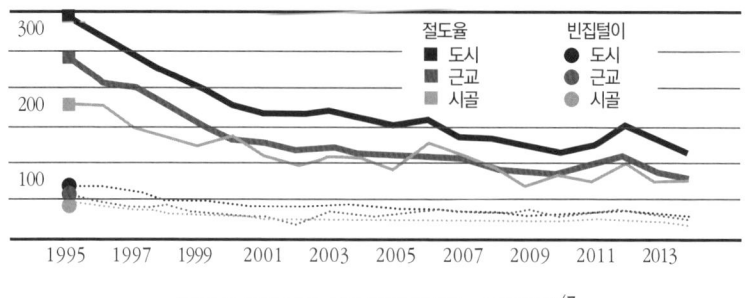

〈그림 4〉 도시, 근교, 시골 간의 범죄율(1000가구당)[47]

---

47) "Urban and Rural Victimization," 2017 National Crime Victims' Rights Week Resource Guide: Crime and Victimization Fact Sheets(Washington, DC.: Office for Victims of Crime, the Office of Justice Programs, U.S. Department of Justice, 2017), 1, https://www.ncjrs.gov/ovc_archives/ncvrw/2017/index.html.

도시의 높은 스트레스는 질병 발생에도 큰 영향을 미친다. 올리버 그룹너 Oliver Gruebner와 그 동료들은 여러나라의 정신적 질병 상황을 조사한 결과 도시 스트레스와 질병 간의 관계를 다음과 같이 정리했다.

도시는 불안증, 정신이상, 감정이나 중독 장애 같은 주요 정신적인 병리의 발병률이 더 높은 곳이다. 라틴 아메리카와 아시아 국가들은 도시에서 염려 질환anxiety disorder이 시골에 비해 더 심각했다. 독일의 대도시와 중국에서의 심리적 질병도 이와 같은 현상을 보였다. 그리고 덴마크의 경우 첫 15년 간의 도시 생활을 해온 사람들이 시골 사람보다 정신병 발병률이 두 배가 더 높았다.[48]

한마디로 도시는 스트레스로 인한 질병이 매우 많은 곳이다. 이처럼 관계망의 단절은 도시인들을 인간성과 도덕적 질서에서 멀어지게 만들고 스트레스를 높인다.

현장 조사를 한 결과 모두 도시의 행복도가 시골보다 낮은 것으로 나왔고 그 주범은 도시의 높은 스트레스와 범죄율, 그리고 무질서였다. 예를 들어 캐나다의 행복 연구가들이 발표한 보고서에는 작은 마을과 시골에 사는 사람이 도시인보다 더 행복한 것으로 나타났다.[49] 1976년부터 2018년까지 미국의 도농 거주자 간을 대상으로 행했던 행복도 조사 역시 이를 뒷받침한다. 〈그림 5〉 조사 결과 대도시 사람이 느끼는 행복도는 시골에 비해 낮다. 특이한 점은 2000년도에 들어서면서 시골과 중소 도시의 행복도는 줄어드나 인구 25만

---

48) Oliver Gruebner et al., "Cities and Mental Health," *Deutsches Arzteblatt International* 114, no. 8(2017): 121-27.
49) John F. Helliwell et al., *How Happy Are Your Neighbours?: Variation in Life Satisfaction among 1200 Canadian Neighbourhoods and Communities*, NBER Working Paper Series; No. 24592(Cambridge, Mass.: National Bureau of Economic Research, 2018)

이상의 대도시는 오히려 행복도가 증가했다. 이러한 변화는 2018년에 와서는 네 곳 모두가 거의 비슷한 정도로 수렴한다.[50]

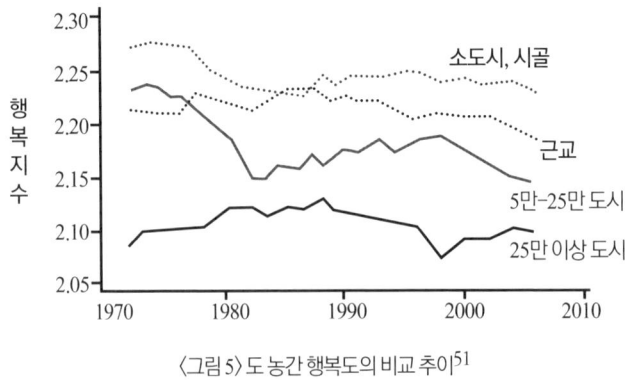

〈그림 5〉 도 농간 행복도의 비교 추이[51]

결정론을 주장하던 도시학 자들은 도시가 높은 범죄율을 보이는 원인으로 도시 안에 규범의 부재normlessness라는 특징이 있기 때문이라 생각했다. 이 규범의 부재란 사람들이 지켜야 할 도덕적 규범이나 사회적 규범social norm이 무너져서 사람들이 방종하고 또 어떤 규칙을 지켜야 할지 또 무엇을 지켜야 할지도 모르는 도덕의식의 부재 상태를 말한다.[52] 규범이 부족한 사회에서는 목적이 수단을 정당화하며, 개인이 좋다고 판단하면 어떤 방법과 수단도 자유롭게 사용할 수 있다. 결정론 자들은 이러한 규범이 부재한 사회에서는 사람들 사이에 스트레스 지수가 높고 무질서하므로 범죄율은 자연히 높아진다고 생각했다. 실제로 19세기의 도시는 시골에 비하여 자살률과 알코올 중독

---

50) The General Social Survey http://gss.norc.org/, Accessed May 30, 2022.
51) Brian J. L. Berry and Adam Okulicz-Kozaryn, "An Urban-Rural Happiness Gradient," *Urban Geography* 32, no. 6(2011): 875.
52) R. K. Merton, "Social Structure and Anomi," in *Social Theory and Social Structure*(N.Y.: Free Press, 1980), 185-214; Clinard, "Deviation Behavior: Urban-Rural Contrasts."

률이 높았다.53) 높은 범죄율과 긴장된 분위기는 도시인들간의 관계에도 해로운 영향을 주었다. 사람들은 자신을 지키기 위해서 서로를 의심하고 이용당하지 않도록 주의하고 타인에게 깊은 정을 주는데 주저한다.54)

도시의 범죄율이 높은 이유는 도시인 개인의 성품만으로는 설득력 있는 설명이 되지 못한다. 그보다는 도시사회에는 다른 사회보다 범죄적 요인들이 많다고 보는 것이 더 타당하다.55) 이러한 가설은 하위 그룹이론subcultural theory이 등장하면서 어느 정도 설득력이 있게 되었다. 도시의 범죄율은 단순히 도시 안에 나쁜 사람들이 많아서가 아니라 도시가 갖고 있는 인구와 사회의 규모 그리고 네트워크의 성격이 큰 원인이라는 점이 드러났기 때문이다.56) 예를 들어 도시가 높은 익명 사회라는 점은 범죄율을 높이는 중요한 요인이다. 사람들은 나를 알아보지 못하는 사람들 앞에서는 타인 의식하지도 않고 뻔뻔해지며 감시가 소홀하면 쉽게 범죄로도 이어진다. 마찬가지로 시골이 범죄율이 낮은 이유로는 단지 그들이 순수하고 착하다기보다는 워낙 서로를 잘 알고 그 사람에 대한 정보를 훨씬 다양한 경로를 통해 접할 수 있기 때문이다. 이런 곳에서는 범죄자가 쉽게 노출될 뿐 아니라 그 결과는 개인은 물론 식구 모두에게 엄청난 사회적 압력으로 작용한다.

도시는 그 안의 커다란 스트레스와 무질서를 방치만 하는 것이 아니라 오히려 그것들을 상쇄하고 이길 수 있는 힘도 만들어 낸다. 만약 그렇지 않다면 오늘날 세계 인구의 50% 이상이 도시에 그것도 평생을 살아간다는 것은 이해하기 어려운 일이다. 사람들은 여전히 꿈과 희망을 품고 도시로 몰려온다. 만

---

53) Gibbs, "Suicide," 188.
54) James S. House and Sharon Wolf, "Effects of Urban Residence on Interpersonal Trust and Helping Behavior," *Journal of Personality and Social Psychology* 36, no. 9(1978): 1029-43.
55) "Urban and Rural Victimization," 1.
56) Eames and Goode, *Anthropology of the City*; John Gulick, *The Humanity of Cities: An Introduction to Urban Societies*(Granby Mass: Bergin & Garvey, 1989); Fischer, *The Urban Experience*.

약 도시 거주의 이유가 단순히 경제적 성공과 교육 기회 때문이라면, 성공한 사람들은 도시를 떠나야 하겠지만 실제로는 그렇지 않다. 왜냐하면 행복도를 올리는 요소는 각자의 주관적인 느낌뿐 아니라 물질적인 풍요나 편리함, 타인과의 비교, 주변 환경, 친구와 신뢰할 수 있는 사람들 그리고 이상을 실현할 수 있는 여건 등이 모두 작용을 하기 때문이다. 즉, 도시가 제공하는 기회와 가능성과 효율성은 당연히 행복도를 높여주는 요소이다. 예를 들어 개발도상국에서는 오히려 캐나다와 미국과 달리 도시의 거주자들이 더 행복한 것으로 나타났다. 제3세계의 이주자들 역시 도시 생활에 대한 만족도가 높이 나타났다.[57] 이주자들은 새롭게 쌓아야 하는 삶의 기초, 재정립해야 하는 가정 문제와 부부간 역할들[58], 자녀 교육[59] 등으로 매일 고달프고 지쳐 살아간다. 그런데도 도시 이주민들은 새로운 도시의 삶을 대단히 만족하는 것으로 나타났다.[60] 예를 들어 중국의 이주자들의 경우에는 겨우 3%만 이주 국가에서의 시골이 더 좋다고 보고했다.[61]

도시의 스트레스와 무질서를 이겨내는 첫 번째 힘은 곳곳에서 세운 사회

---

57) Cantril, The Pattern of Human Concerns.
58) 이민자 여성의 변화된 지위와 역할에 대한 연구로 다음과 같은 논문들이 있다. Thanh-Dam Truong and Des Gasper, "Trans-Local Livelihoods and Connections," Gender, Technology and Development 12, no. 3(2008): 285-302; Nana Oishi, Women in Motion : Globalization, State Policies, and Labor Migration in Asia, 1 online resource(xviii, 238 pages) : illustrations vols.(Stanford, Calif. : Stanford University Press, 2005); Sarah J. Mahler and Patricia R. Pessar, "Gender Matters: Ethnographers Bring Gender from the Periphery toward the Core of Migration Studies," IMRE International Migration Review 40, no. 1(2006): 27-63; Nicola Piper and Mina Roces, Wife or Worker? : Asian Women and Migration(Lanham, Md. : Rowman & Littlefield Publishers, 2003).
59) Michael P. Todaro, "Urbanization in Developing Nations: Trends, Prospects, and Policies.," in Urban Development in the Third World, ed. Pradip K. Ghosh(Westport, Conn.: Greenwood Press, 1979), 7-26.
60) Joan M. Nelson, Access to Power : Politics and the Urban Poor in Developing Nations(Princeton, NJ : Princeton University Press, 2017).
61) John Knight and Ramani Gunatilaka, "Rural-Urban Migration and Happiness in China," in World Happiness Report 2018, ed. Richard Lavard, John F. Helliwell, and Jeffrey Sachs(New York, NY : Sustainable Development Solutions Network, 2018), Chapter 4.

적 기준들과 시민의식이다. 도시의 강력한 공권력과 사회적 질서에 합의한 시민의식은 도시의 사회적 기준들을 유지하고 범죄 발생의 상당량을 사전에 억제한다. 이들 사회적 기준은 사람들이 무질서에 머물기보다는 삶을 생산적이고 질서 있게 하도록 동기를 부여한다. 예를 들어 매일 늦잠을 자던 대학생이 취직하고서는 반듯하게 차려입고 일찍 출근한다. 아무리 집에서 마음대로 살던 사람도 사회의 일원이 되기 위해서는 사회가 세워놓은 질서를 지켜야 하기 때문이다. 사회적 기준과 시민의식은 도시의 스트레스와 무질서를 자체적으로 정화할 수 있는 강력한 힘이다.

도시의 무질서를 이겨내고 질서를 유지해 주는 두 번째 힘은 도시의 수많은 작은 사회들에서 나온다. 도시의 모든 하위문화 그룹 안에는 자신들의 사회적 합의social norm가 있다. 교회에서, 공원에서, 학교에서 활동하고 시설을 이용하기 위해서 사람들은 그곳의 질서를 지켜야 한다. 특히 작은 그룹에는 서로에 대하여 잘 알고 함께 '우리' 라는 의식이 있다. 이 '우리' 라는 의식은 마치 작은 마을처럼 강력한 동료 간의 감시peer pressure로 작용하기 때문에 사람들은 예의를 차리고 질서에 맞게 행동한다.

도시 전체가 만드는 스트레스와 무질서가 행복도를 떨어뜨릴 수는 있겠지만 도시인들은 작은 커뮤니티들을 통해 여전히 우정과 신뢰, 즐거움과 열정을 전통 사회 못지않게 나눈다. 여기에 자기 정체성을 만들어 주는 일터와, 도시의 편리함과 기회는 많은 도시인은 지금도 역경을 잘 견디며 역동적으로 살아가는 중이다. 상자 A에 나온 라 플라타는 대도시답게 범죄율도 높고 만원 버스로 피곤하고 낯선 사람들 투성이었지만 여전히 아이린에게는 즐기고 정이 들고 또 열심히 살고 싶도록 동기부여를 하기에도 충분했다. 친구, 교회, 성공, 취미, 도시의 편리함은 아이린을 도시에서 떠나지 못하도록 만든다. 그렇기에 명절날 시골 부모님 댁에 갈 때도 즐겁지만 아이린은 도시 자기 집으로 돌아올 때가 더 즐거운 것이다.

이처럼 도시의 단절성disconnectedness은 높은 스트레스와 무질서를 초래하지만, 시민들은 도시의 조각들을 재연결reconnecting하며 건강하고 인간적인 환경을 유지하고 있다.

부대낌 속에서도 나의 삶을 누림

흔히들 도시는 군중들로 가득 차 있는 복잡한 곳이고 나는 그들 사이를 걸어 다니는 외로운 사람으로 묘사된다.

이러한 생각으로 다니엘 스토콜스Daniel Stokols 나 S. D. 코헨S. D. Cohen과 같은 학자들은 복잡하고 붐비는 사회에서는 사람 간의 번잡함interference과 자원의 부족으로 인한 경쟁이 심화한다는 혼잡 이론Crowding theory을 소개했다.[62] 혼잡 이론에서는 쥐 감옥rat cage같이 좁은 공간의 사례가 자주 등장하는데 사람들은 이런 열악한 공간에서 부족한 자원과 기회를 쟁취하기 위해 매진을 하면서 삶은 자연히 정신적 스트레스와 육체적인 소진을 동반한다는 것이다.[63] 결과 도시인들은 개인 공간도 부족하고 삶의 여유도 없어져 건설적인 생각을 잃어버린다고 보았다. 초기 혼잡 이론은 도시를 비관적으로 본 결정론 학자들의 지지를 받았으나, 시간이 지나며 설득력을 상실하였다.

첫째 도시는 부대낌이 많은 것은 사실이지만 그것을 완화할 수 있는 시설도 많이 있다. 사람들은 보통 농촌에는 드넓은 들과 밭 그리고 산과강들이 있어서 여유가 많고 사람들의 마음이 넓을 것이라 생각 한다. 하지만 정작 그들

---

62) Daniel Stokols, "The Experience of Crowding in Primary and Secondary Environments," *Environment and Behavior* 8, no. 1(1976): 49-86; S. D. Cohen, "Environmental Load and the Allocation of Attention," in *Advances in Environmental Psychology. Volume 1, The Urban Environment*, ed. Andrew. Baum and Jerome E. Singer, 3rd ed.(Hillsdale, N.J.: Erlbaum, 1978), Chapter 2.

63) John B. Calhoun, "Population Density and Social Pathology," *Scientific American* 206, no. 2(1962): 139-49.

이 주거하는 지역은 밭의 한쪽 귀퉁이에 수십, 수백 세대가 함께 살아간다. 즉 사람이 사는 곳만 보면 농촌은 상당히 인구 밀도가 높다. 또한 시골은 도시에서는 쉽게 구할 수 있는 물자와 기회가 늘 부족하다. 이는 쉽게 경쟁과 갈등을 유발하기 때문에 오히려 시골이 혼잡 이론에서 말하는 상황이 발생하기 쉽다. 반대로 도시의 고층 빌딩, 대형 아파트나 사무용 건물은 좁은 공간에도 사람들이 필요로 하는 공간과 여백을 효율적으로 제공을 한다. 비록 많은 사람들로 복잡하지만, 승객을 대량으로 실어 나를 수 있는 교통 수단들 역시 발달해 많은 사람들을 효율적으로 이동 시켜준다. 도시는 출퇴근 시간을 제외하면 10분마다 오는 버스에 모두가 앉아서 편히 갈 수 있다. 특별히 자가용은 나만의 세계를 만들어 주는 공간이다. 반면, 제3세계의 농촌은 하루에 두번만 들어오는 마을버스에 끼워 타야 한다.

둘째 도시에는 독립적으로 살 수 있는 문화와 환경이 발전했기 때문에 혼잡 이론이 설득력을 잃었다. 물리적 공간은 물론 도시의 네트워크와 문화에는 개인정보와 사생활을 보호해야 한다는 의식이 강하다. 도시인들은 네트워크 속에서도 본인이 원하는 만큼만 노출하고 남은 부분은 사생활 영역으로 만들어 낼 수가 있다. 반면 집단 중심collective society 사회나 전통 사회는 개인들의 공간이 적고 사생활 보장이 상대적으로 빈약하다. 한정된 사람들과 반복하면서 함께 일하고, 취미활동을 하고 또 함께 먹고 살아가다 보니 주변 사람들은 나에 대하여 너무나 잘 수밖에 없다.[64] 그뿐만 아니라 집단 중심 사회에서는 개인의 독특한 의견보다는 리더와 전체의 의견에 개인을 맞추는 데 익숙하다. 결과 전통적 사회는 우리의 선입견과 달리 오히려 물리적으로나 관계적으로 더 혼잡한 환경에서 살아간다고 할 수 있다.

---

64) Ronald. Frankenberg, *Communities in Britain : Social Life in Town and Country*, Modern Revivals in Sociology.(Aldershot:Gregg Revivals, 1994), 244.

셋째, 생활 방식마다 다르겠지만 도시인들이 하루 중 혼잡한 상황에 노출되는 시간이 생각보다는 그렇게 많지 않기 때문에 혼잡 이론의 설득력이 약해졌다. 보통 사람들이 혼잡함을 느끼는 것은 도시 전체의 밀도가 높아서라기보다는 개인들이 살아가는 미시환경micro-environment에서 받는 복잡하고 피곤했던 경험 때문이다. 예를 들어 E. 선드스톰E. Sundstorm은 "복잡함 그 자체가 부정적 경험을 주는 것은 아니지만 복잡함과 함께 때때로 발생하는 혐오스러운 사건이 부정적 후유증을 가져다준다."고 했다.[65] 실제로 도시인들은 버스나 길거리처럼 복잡한 곳에 있는 시간보다 훨씬 더 많은 시간을 일터에서 10여 명의 동료들과 보내고 업무의 대부분은 혼자서 내가 맡은 일에 집중하면서 보낸다. 퇴근 후나 주말에는 본인이 원하는 곳에서 시간을 보낸다. 상자 A의 아이린처럼 동네는 많은 사람들로 복잡하지만 정작 집안에 들어서면 편안하게 휴식을 취하고, 출퇴근하는 만원 버스 안에서도 이어폰으로 혼자만의 공간을 만들어 낸다. 이처럼 사무실에서는 자신에게 맡겨진 일을 묵묵히 하고 주말에는 친구들과 취미 생활을 한다면 정말로 혼잡하다고 느끼는 시간은 실제로 몇 시간이나 될까?

지금까지 살펴본 대로 사람은 혼잡한 사회에 산다고 해서 무조건 다 부대낌crowd ness을 느끼는 것이 아니라, 자신이 실제로 혼잡함을 반복적으로 체험하고 나서야 자신이 부대낀다고 생각한다. 도시인들이 복잡함을 느끼는 것은 수치적인 인구 밀도 보다는 복잡한 출퇴근 시간 때나 민족 간의 갈등이 심화할 때, 또는 귀찮게 하는 동료에게 시달리는 것 처럼 내가 직접 체험한 부대낌이 뇌리에 많이 남아 있기 때문이다. 이처럼 다수의 도시인들은 사적 공간이 비교적 확보되어 있고 혼자 알아서 일하고 경쟁을 위해 많은 시간을 혼자 달

---

[65] E. Sundstorm, "Crowding as a Sequential Process: Review of Research on the Effects of Population Density on Humans," in *Human Responses to Crowding*, ed. A. Baum and Y. M. Epstein (Hillsdale, N.J.: Lawrence Erlbaum, 1978), 61.

린다. 결국 도시는 부대낌 속에서도 나만의 삶을 살아가는 가는 곳이라 하겠다.

종합적으로, 단절된disconnectedness 사람들의 성가심으로 인해 도시인들은 부대낌을 호소한다. 하지만 연결된 사람들과 나누는 인간미와 친근함은 도시의 부대낌을 상쇄할 수 있는 긍정적 힘이다. 여기에 도시의 개인 친화적 환경과 시민의식은 상당히 많은 시간을 개인 주도적으로 사용할 수 있는 여유가 된다.

무력감과 고립감 속에서도 식지 않는 열정

도시의 엄청난 규모와 복잡한 환경, 무한한 경쟁과 기회, 그리고 쏟아지는 신상품과 눈부신 유행들은 도시인의 삶을 압도하고도 남는다. 미디어에서 보는 어마어마한 부자와 아름다운 배우들은 일반인들을 초라하고 무력하게 만든다.[66]

도시는 더욱 열심히 살아서 신분 상승과 성공을 하라고 사람들을 자극한다. 여기에 도시가 제공하는 사회 시설, 복지제도, 교육 기회는 이러한 성공이 실현 가능해지도록 하는 기반이 되어준다. 도시는 이주자들에게도 엄청난 열정을 불러일으킨다. 이주자들은 주류사회인들 보다 훨씬 더 많은 스트레스와 혼돈 속에서 생존을 해내야 한다. 동시에 도시는 과거에 자신을 얽매던 신분과 관습을 벗어버리고 새 출발을 할 기회를 제공하므로 이주자들은 이 기회를 놓치지 않기 위해 온 힘을 다한다. 상자 A에서 아이린은 일본어 동호회 친구들이 일본까지 유학을 가려 한다는 용기에 놀랐다. 아이린의 고향 텔슨 마

---

66) 연구에 따르면 페이스북과 인스타그램에 더 많은 시간을 할애할수록 사람들은 자신을 사회적으로 더 많이 비교하는 것으로 나타났다. 이러한 비교는 더 높은 사회적 불안과 낮은 자존감과 관련이 있다. Kathi Diel, Sonja Grelle, and Wilhelm Hofmann, "A Motivational Framework of Social Comparison," *Journal of Personality and Social Psychology* 120(2021): 1415-30, https://doi.org/10.1037/pspa0000204.

을 사람들에게 외국 유학은 상상도 할 수 없는 일이지만 도시의 환경과 분위기는 이런 창의적이고 진취적인 사람들을 만들어 낸 것이다.

실상 무력감은 도시보다 전통 사회에서 더 편재한 것처럼 보인다. 전통 사회는 감정적으로 안정감을 얻을 수는 있으나 보통 숙명론fatalism이나 신분적 한계, 전통 종교와 보수적 세계관, 또 얽혀 있는 인간관계나 사회 관습 등으로 인해 개인의 힘만으로는 자신의 운명과 신분을 바꾸기는 매우 어렵다. 실제로 이탈리아 남부의 농민이나 멕시코 농민들을 대상으로 했던 조사 보고서에서 학자들은 그들이 대단히 숙명적이라고 했다.[67] 반대로, 도시로 이주한 농민들은 초기 정착기간이 지난 후부터는 오히려 농촌에서 가졌던 두려움과 고독감들이 줄어들었다고 했다.[68] 이는 결정론 학자들이 도시인의 무력감을 강조하는 것과 반대되는 결과라 할 수 있다.

지금까지 본 것처럼 도시인들은 무력감과 성공을 향한 열정을 함께 갖고 있다. 실제 도시인들은 도시의 거대함에 압도되고 미디어속 영웅들 앞에서 한없이 작아진다. 그 결과 그들은 높은 정신 질환율과 고립과 부대낌으로 고통스러워 한다. 그러면서도 도시인들은 여전히 도시의 기회를 차지하고 경쟁과 신분 상승에서 승리하기 위해 열정적으로 뛰는 사람들이다. 상자 A의 아이린이 도시로 온 후부터 무역회사에서도 열심히 일하고 또 개인 시간을 내어 일본어도 배우려는 것처럼 말이다.

무력감 말고도 도시인들은 고립감feeling of loneliness이라는 감정으로 고통스러워한다. 이 고립감이란 사람들이 주변과 차단됨이 고통으로 다가올 때 생겨난다. 그러니, 고립감은 단절에서 나온 느낌이다. 실제로 사회적 보장과

---

67) E.C.Banfield, *THe Moral Basis of a Backward Society*(New York: Free Press, 1958); G.M.Foster, "Interpersonal Relations In Peasant Society," *Human Organization* 19(61 1960): 174-84.
68) D.Butterworth, "A Study of the Urbanization Process Among Mixtec Migrants from Tilantongo to Mexico City," in *Peasnats in Cities*, ed. W.Magnin, Reprinted(Boston: Houghton Mifflin, 1970), 98-113.

혼자서 살 수 있는 시설이 늘어나고 매체들이 발달하면서 도시인들은 혼자서 보내는 시간이 많아졌다. 직장에서는 일단 일이 주어지면 남은 시간 동안은 혼자서 일한다. 가족과 식사 후에도 많은 시간을 혼자서 보내고 심지어는 취미와 정서 생활도 혼자서 하는 것들이 많다. 사회 보장제도가 발달하면서, 친척의 간호 없이도 병원 입원이 가능하며, 노년에도 자녀 집에서 살 필요를 느끼지 않는다. 이처럼 도시인들은 자의든 타의든 간에 오랜 시간을 혼자서 살아간다.

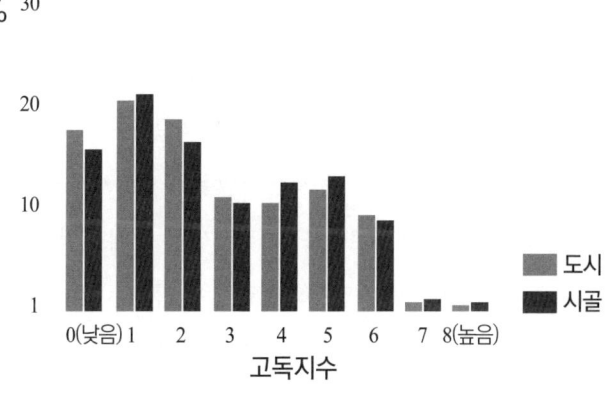

〈그림 6〉 도시와 시골간의 고독감의 비교

도시인들이 많은 시간을 주변과 단절된 채 지내는 것 같지만 사실 그들의 환경은 서로를 연결할 수 있는 연결망과 시설로 충만해 있다. 스마트폰의 등장으로 사람들은 24시간 연결이 가능해졌고 모바일 앱mobile app은 이전에 단절되었던 친척이나 동문들을 다시 연결시켜 준다.[69] 발달한 교통은 도시 반대

---

69) Barry Wellman, *Networks in the Global Village: Life in Contemporary Communities*(Boulder Colo: Westview Press, 1999), 355.

편의 친구들을 쉽게 만나도록 해준다. 이런 기술의 발전은 서로를 끊임없이 연결해 주어 취미나 종교활동, 사회와 업무 활동을 어느 때보다도 활성화해 놓았다.

그렇다면 전통 사회는 얼마나 연결된 사회인가? 오랫동안 우리는 전통 사회가 더 잘 연결이 되고 인간미가 넘칠 것으로 생각해 왔다. 만약 그렇다면 사람들이 전통 사회에서 느끼는 고립감도 적어야 한다. 이를 확인하기 위해 캐나다의 민속학 자들ethnographers은 고독감의 척도 중 하나인 서로의 신뢰 상태를 조사했다. 결과 서로의 신뢰도는 도농 간에 그리 큰 차이를 보이지 않았고 심지어 농촌 인들이 같은 마을 사람을 더 신뢰하지 않는다는 결과도 나왔다.[70] 〈그림 6〉은 캐나다 마니토바Manitobans지역의 도시와 시골의 주민 간에 느끼는 외로운 감정을 비교한 도표이다.[71] 약한 외로움은 도시인들이 많이 갖지만, 시골은 강한 외로움을 느끼는 사람이 많은 것으로 나타났다. 즉 도시인들은 평소에 대체로 약간의 외로움을 갖고 살지만, 삶에 심각한 영향을 미칠 정도의 외로움은 오히려 시골 사람들의 삶에서 더 많다는 것이다.

보통 사람들은 소그룹보다는 큰 그룹이나 가깝지 않은 사람들과의 관계에서 고독과 소외감을 잘 느낀다. 예를 들어 화려한 쇼에서 사람들과 환호를 지르더라도 친구가 없다면 금방 고독해 한다. 반대로 작은 규모이면서 지속되는 관계에서는 더 신뢰하고 외로움을 잊는다. 그러므로 주변의 작고 다양한 그룹들에 연결이 된 사람들은 고독감을 극복하고 열심히 살려는 동기를 부여받는다. 비록 가까운 곳에 친척이나 동창은 살지 않더라도 도시인들은 다른 형태의 친구와 이웃을 만들 수가 있어 계속 연결된 상태로 살 수가 있는 것

---

70) Laurence 1909-1995. Wylie, *Village in the Vaucluse,* 2d ed., enl.(Cambridge: Harvard University Press, 1964), 204-5.
71) Betty. Havens et al., "Social Isolation and Loneliness: Differences between Older Rural and Urban Manitobans," *Canadian Journal on Aging* 23, no. 2(Sum 2004): 129-40.

이다.

　이처럼 도시인은 도시 곳곳에서 단절감과 열등감과 소외감을 자극하므로 무력감의 위험에 노출되어 있다. 여기에 도시의 거대함과 낯선 사람들 사이에서 살아가는 현실도 도시인들이 고독감의 위험에도 노출하게 만든다. 그러면서도 연결된 사람들과의 관계와 격려는 도시의 무력감과 고독감을 이길 뿐 아니라 도시의 기회를 성취해 내려는 열정을 만들어 내는 것이다.

선교적 고찰

　지금까지 살펴본 바 도시인들은 단절된 환경 속에서도 끊임없이 다양한 연결을 만들어 낸다. 이러한 연결성으로 인해 먼저 도시인들은 여러 개의 세계관 조각들을 모아 통합하고, 같은 관심자들과 어울리며 낯선 사람들과 소그룹을 만들고 새로운 연결됨과 인간미까지 추구할 수 있다. 소그룹 안에서 연결됨은 일탈이 만연한 도시 문화를 거스르고 서로를 감독하게 하여 도덕성과 인간성을 유지하는 환경이 된다. 서로를 긍정적으로 감독하던 전통적 커뮤니티의 소멸은 도시를 각박하고 범죄율이 높은 곳으로 만들었다. 이런 단절된 환경은 자기 발전과 성공을 위한 계기도 되지만 주변 사람들에게 자기 이미지를 조작하거나 과도한 성공주의의 노예가 되게도 한다.

　그렇다면 주님은 지금 어디에서 어떤 일을 하고 계시는가? 지금까지 찾아본 도시인의 특성을 본바 우리는 주님의 시각으로 도시를 읽고 또 주님의 마음을 가져야 할 것이다. 이를 위해 우리가 가져야 할 성경적이고 선교학적인 정체성being에 대하여 돌아보도록 하겠다.

도시 그리스도인들의 생각: 도시의 성자로 살기

　우리가 하나님이 보시듯이 도시를 읽고 하나님이 하시는 일에 동역하려면 가장 먼저 우리는 하나님의 마음을 가져야 한다. 이런 사람은 끊임없이 변화하는 도시환경 속에서도 하나님을 우선하고 하나님 중심적으로 사고하는 도시 안의 성자the urban saint인 셈이다. 도시의 성자는 하나님의 눈과 마음에 관심을 갖는 사람이다. 도시 안의 성자는 도시의 일원으로서 도시와 더불어 살 줄 알면서도 도시의 조류와 타협하기보다는 용서받은 죄인이면서 성경적으로 살아가려는 사람이다. 지금까지 살펴본 도시인의 특징을 생각 하면서 그럼 우리는 어떻게 도시 안의 성자처럼 살아갈 수가 있을까?

먼저 도시의 성자는 세속주의와 성공주의success ism를 거절하고 일상을 만족하고 주변 사람에게 감사할 수 있어야 한다. 우리는 쉽게 도시의 복지 환경과 기회를 당연하게 여기고 더 부유하고 유능한 사람들과 비교하면서 쉽게 불행해 한다. 그러나 실상 자족하는 마음은 우리를 경건으로 이끌 수가 있다. 딤전 6:6 그리스도인들은 나의 나 됨, 가족, 이웃, 동료, 도시의 환경과 지도자 들에게 감사할 수 있어야 한다. 감사와 자족하는 마음이야말로 본문에서 본 도시인의 만성적인 낮은 행복도와 불안함을 딛고 일어나 다른 사람을 섬길 에너지를 확보하는 첫걸음이다. 그리고 도시의 성자는 성공의 노예가 되면서 찾아오는 허무함과 무력감을 주의해야 한다. 그 허무함은 다시 한번 목마름을 궁극적으로 채우실 분은 예수님 밖에 없음을 보여준다. 사실 많은 도시인들은 이미 성공의 한계를 맛보고 또 성공에 지쳐있다. 이들은 진정한 성공이 무엇인지를 본으로 보여줄설명이 아닌 도시의 성자를 기다리는 중이다.

둘째로 도시의 성자는 환원주의적인 관점을 극복하고 창조의 원리로 자신의 도시를 읽을 수 있어야 한다. 환원주의Reductionism는 하나의 관점으로만 사물을 해석하거나 지엽적인 원리를 무리하게 전체에 확대 적용하려는 시도이다.[72] 도시에 대한 환원주의적 관점 역시 일부에서 보이는 현상을 무리하게

---

72) Hans Rytger 1942-Kricheldorf, *Getting It Right in Science and Medicine : Can Science Progress*

도시 전체에 적용하는 행위이다. 예를 들어 자끄 엘룰Jacques Ellul은 도시를 주로 악이 만연한 곳으로 묘사한다. 그는 가인의 자손들이 세운 에녹 성, 하나님을 대항했던 바벨, 그리고 소돔, 고모라, 바벨론 등을 예로 들면서 "도시란 인간들의 죄성이 어떠한지를 보여주는 상징적인 곳"이라 했다.[73] 에릭 제이 콥슨Eric O Jacobsen 역시 미국의 현대 도시인들이 중요시하는 개인주의, 독립성, 자유 등을 거짓 신이라 말하며 도시의 부정적인 면을 부각하였다.[74] 반대로 하비 콕스Harvey Cox는 도시는 매우 희망과 자유를 주는 곳으로 생각한다. 그는 전통 사회가 개인들의 자유를 억압하고 신분의 변화를 경직시킨 것과 달리 도시사회의 자유로움과 투명성은 하나님의 창조성과 개인들의 존엄성이 살아나는 곳으로 본 것이다.[75] '도시의 승리Triumph of the City'를 예찬한 에드워드 글레이지어Esward Glaeser 역시 시종일관 도시란 기나긴 전통 사회와의 경쟁에서 승리를 거두고 인류에게 창조성과 풍요로움, 기회와 인간성의 회복을 제공하는 곳이라는 시각을 유지한다.[76] 하지만 도시를 단순히 긍정 혹은 부정적인 시각으로 본다면 우리는 도시 전체가 갖고 있는 복잡한 사회 현상을 극히 일부밖에 설명하지 못할 것이다.

셋째, 도시의 성자는 창조의 원리로 도시를 읽어야 한다. 창조의 원리는 환원주의적 접근reductionistic approach과 달리 하나님의 피조물인 도시를 보다 종합적이고 객관적으로 볼 수 있도록 해준다. 만물이 하나님으로부터 창조가 되었듯이 도시 역시 그 창조의 주인은 하나님이시다. 도시란 천지 창조 때에

---

through Errors? Fallacies and Facts(Switzerland: Springer, 2016), 63.
73) Jacques 1912-1994. Ellul and Jacques 1912-1994. Ellul, *The Meaning of the City*(Grand Rapids, MI.: Eerdmans, 1970)
74) Jacobsen, *Sidewalks in the Kingdom*, 21-28.
75) 하비 콕스저, 이상률 역, 『세속도시』(서울: 문예출판, 2010)
76) 에드워드 글레이저(Edward Glaeser), 이진원 역, 도시의 승리: 도시는 어떻게 인간을 더 풍요롭고 더 행복하게 만들었나?(서울: 해냄, 2021)

하나님께서 "보시기에 좋았더라창1" 라고 하셨던 창조물을 재료 삼아 만든 곳이다. 여기에다 도시는 하나님의 형상과 지혜를 가진 인간들이 함께 만들어 낸 작품이다. 그러므로, 도시의 그 어떤 곳도 하나님께 영광을 돌리지 않아도 되는 곳은 없는 것이다. 이처럼 창조론 적 관점은 도시를 어떤 한쪽 측면만을 보는 것이 아니라 하나님이 창조하신 곳으로 볼 수 있도록 해준다. 창조론 적 관점은 우리에게 도시란 하나님의 형상을 가진 사람들의 네트워크이며 도시인들은 자유와 열정, 협력과 창조적 능력을 통해 이 땅에서 생육하고 번영하며 땅을 가꿔야 할 사람들로 볼 수 있는 관점을 갖게 만든다. 이뿐 아니라 도시는 천국 가기 전에 잠시 머무르는 공간의 일부라는 생각을 뛰어넘을 수 있도록 돕는다. 도시는 인간의 죄악과 부패로 허물어지는 곳이면서 동시에 그곳은 하나님의 생명의 원리가 충만하도록 관리하고 가꾸어야 할 대상인 것이다.[77]

넷째로 도시의 성자는 자신을 연결자로 볼 수 있어야 한다. 창조론 적 관점은 그리스도인들이 관심을 선교적 재연결missional reconnecting 에 가도록 만든다. 하나님은 단절된 사람들을 서로 연결함으로써 하나님을 아는 마음이 확산하기를 원하신다. 오랫동안 분열하고 무관심하던 사람들이라도 도시에 와서는 어쩔 수 없이 서로 만나야 하고 연결해야 한다. 전혀 다른 민족들이 같은 교실과 회사에서 매일 만나야 하고 부자와 가난한 자가 같은 축구팀을 응원하는 곳이 도시이기 때문이다. 도시는 편견과 증오를 야기했던 서로 간의 다름을 이제는 서로를 배우고 씨너지를 낼 수 있는 자원으로 승화할 수 있는 곳이

---

[77] 생명의 원리란 도시 생태학(urban ecology)에서 말 하듯이 사회를 지속 가능(sustainable) 하고 회복(remediation)할 수 있는 곳으로 만들려는 노력과 관련이 있다. Tim Ingold, "Toward an Ecology of Materials," *Annual Review of Anthropology* 41(2012): 427-42; Peter Newman, *Cities as Sustainable Ecosystems : Principles and Practices*(Washington DC: Island Press, 2008); D. Torsello, *The New Environmentalism? Civil Society and Corruption in the Enlarged EU.*(Farnham: Ashgate, 2012); Cressida Jervis Read, "Urban Pollution: Cultural Meanings, Social Practices - Edited by Eveline Dürr & Rivke Jaffe," *Journal of the Royal Anthropological Institute* 18, no. 2(2012)

다. 이러한 씨너지는 사람들이 도시 사이 사이에 주신 창조의 원리와 하나님을 알만한 지식을 찾아낼 수 있도록 한다. 이러한 하나님의 원리로 인해 도시는 예술, 창조, 지식, 풍요로움, 정의, 절제와 미덕이 충만한 곳이 될 수 있다.

주님은 암탉이 병아리를 모으듯이 패역한 예루살렘 도시를 끌어안으시려 했다. 마23:37 이처럼 주님은 미움과 편견으로 나누어진 우리를 도시라는 환경으로 모으시고 그의 품 안에 모으려 하신다. 그러므로 도시의 성자는 미움과 편견으로 나뉜 많은 그룹들을 연결하고 하나님의 품 안으로 들어올 수 있도록 재결합을 시키는 하나님의 대사인 것이다. 이처럼 도시 사역이란 교회 안의 프로그램보다 훨씬 큰 것이다. 비록 교회의 프로젝트는 아니라 할지라도 이웃과 동네와 같이 자신과 연결된 커뮤니티를 섬기고 생명력을 불어넣는 일을 선교적이며 창조의 원리에 합한 행위라 하지 않을 수 있겠는가?

도시 교회의 생각

본문에서 살펴본 도시인들의 트렌드와 행동과 정서 상태는 도시 교회들에게 어떠한 정체성을 갖도록 요구하는가? 도시의 교회는 도시에 맞는 정체성을 갖고 도시인에게 맞는 사역을 해야 한다. 만약 교회가 그 도시인과 그들의 상황을 이해하기보다는 과거의 사역 방식과 메시지를 단순히 답습한다면, 이는 부분적으로 타당할 수 있으나 도시인과 도시 사회를 위해 준비된 교회라고 보기는 어렵다. 그러면 도시의 교회는 먼저 도시인들을 위한 교회로 탈바꿈해야 할 것이다.

도시인에 어울리는 교회

교회가 도시인들의 상황에 적합하게 되기 위해서는 첫째 도시의 교회들이 교회로서 주신 기본적인 사명에 충실해야 한다. 교회는 머릿돌 되신 그리스도를 기초로 성령의 인도하심을 받아 회중들이 공동체를 이루고 정기적인 예배와 성례가 있는 곳이다. 교회는 서로를 받아주는 가정처럼, 치유가 일어나는 병원처럼, 그리스도를 알아가는 학교처럼, 악한 세력과 싸워 이기는 군대와 같은 기능을 해야 한다. 교회는 성도들을 온전하게 하여 그리스도를 닮도록 양육해야 하며 지역사회와 타 문화권 선교에 헌신해야 한다. 이들은 모든 교회가 동일하게 가져야 할 기본적인 정체성이다.

둘째로, 교회는 사역하는 환경에 적절히 상황화가 되어야 한다. 상황화 contextualization란 처한 주변과 구성원의 상황에 적합함을 의미하기 때문에 엄밀히 따지면 이 땅의 어떤 교회도 동일한 교회는 없다. 상황화됨은 교회가 주변 사람을 도울 준비가 되어 있고 주변 사람들도 교회에 거는 기대가 있음을 의미한다.

교회는 주변인들에게 등대와 같은 역할을 한다. 등대는 평소에 큰 존재감이 없지만 폭풍 속의 배에게는 생명을 구하는 은인이다. 이처럼 도시 교회는 사람들이 평소에는 별 관심이 없다가도 일단 어려움에 빠지면 먼저 찾을 수 있는 곳이어야 한다. 도시의 교회가 등대가 되기 위해서는 평소 주변인들과 신뢰 형성을 위해 노력을 해야 한다. 그 결과 사람들에게 교회에는 나의 문제를 해결할 수 있는 무언가가 있을 것이라는 기대를 갖도록 해야 한다. 본문에서 보았듯이 도시인은 항시 높은 불안과 스트레스에 노출되어 도시적인 역기능과 질병을 안고 살게 만든다.[78] 특히 이주자들에게는 이러한 등대가 더욱 절실하다. 왜냐하면 그들은 "단순히 도심지 그 자체만으로도 사회적으로 소외"감을 느끼기 때문이다.[79]

---

78) Sennett, *Classic Essays on the Culture of Cities*; Park and Burgess, *Introduction to the Science of Sociology, Including the Original Index to Basic Sociological Concepts*; Simmel, "The Metropolis and Mental Life."

79) Bob Hitching, *McDonalds, Minarets and Modernity : The Anatomy of the Emerging Secular Muslim World*(Sevenoaks Kent U K : Spear Publications, 1996), 14.

셋째로, 도시의 교회는 성스러움urban sacredness을 회복하는 일에 힘써야 한다. 이는 외부와 차단 하고 우리끼리만 좋게 지내는 것과는 다른 얘기이다.[80] 그 성스러움이란 더러운 연못에서도 아름다운 꽃이 자라는 것과 흡사한 것이다. 뿌리는 더러운 물속에서 살아가면서도 아름다운 꽃을 만들어 낸다. 이런 꽃이 연못의 자랑거리가 되는 것은 꽃의 아름다움 보다는 그것이 더러운 물에서도 꽃을 키운다는 것 때문이다. 이것이 바로 성스러움을 지켜내는 우리 도시 교회의 모습이라 하겠다.

하나님의 마음을 품은 교회

교회가 하나님의 도시 사역에 동참하는 첫걸음은 바로 하나님의 마음을 품는 것이다. 이를 위해서 교회는 먼저 도시의 큰 그림을 읽을 수 있어야 한다. 큰 그림이란 지도를 보거나 통계 수치 이해를 넘어 하나님의 시각과 마음으로 도시를 읽는 것을 의미한다. 이를 위해 교회는 하나님은 지금 우리 도시에서 어떤 일을 하시는지에 관심을 기울여야 한다. 특히 도시 전체적인 트렌드와 현상, 객관적인 자료와 과거의 역사, 사람들에게 큰 관심을 받는 일들은 바로 이 도시를 향한 하나님의 마음을 알게 하는 신호이다. 교회는 해오던 사역을 무비판적으로 답습하기보다 먼저 이러한 큰 그림을 파악해야 한다. 도시의 큰 그림을 이해하는 데 도움을 줄 수 있는 몇가지 자료 제공처들은 다음과 같다.

먼저 그 도시의 과거와 현재는 그 도시의 의미와 그 안의 사람들이 누구인지 알려준다. 지금 눈앞의 도시는 단순히 겉옷에 불과하며 이 도시는 수천 년 동안 수십 겹의 옷을 겹쳐 입어왔다. 하나님께서는 그 도시의 갈등과 전쟁과 굶주렸던 역사를 기억하시고 그곳의 백성들에게 위로와 회복을 주기 원하

---

80) Ibid., 68-76.

신다. 또 번영하고 찬란했던 문화를 기념하고 그들의 업적을 축하하기를 원하신다.[81] 둘째로 사상과 조류의 변화, 새로운 정부, 경제 수준의 변화, 민족과 계급 간에 갈등, 오염이나 범죄율처럼 당면한 사회적 현상은 지금의 도시인들을 이해하는 중요한 단서들이다. 셋째, 도시의 환경과 형태도 그 도시의 어떠함을 말해준다. 도시의 자연환경과 건축 양식은 당시 사람들의 관심과 세계관을 말해주는 표시이다.[82] 도시의 인프라와 시설 설계는 그 도시가 권위적인지 평등적인지, 효율 중심적인지 인간 중심적인지, 강자 중심적인지 약자를 배려하는지를 드러낸다. 만약 술집, 공장, 아니면 농기구 상점이 많은 도시라면 이들은 그 도시가 어떤 곳인지 설명을 해준다. 도시 속에는 그 도시가 갖고 있는 문화적 유산과 특징, 그리고 주민들의 가치와 신념을 알 수 있는 것으로 가득차 있다.[83] 예를 들어 도시의 고층 아파트 숲, 써핑 보드 가게가 줄지어 선 바닷가 도시, 부자들은 다 나가고 슬럼으로 변한 다운타운도 그곳 사람들의 마음을 읽을 표식과 상징들이다.

사람들이 중요하게 여기는 것들은 그들의 가치관에 대하여 말해주는 신호이다. 개인주의 문화에서는 개인의 개성을 존중하고 사적인 공간과 시간을 존중한다. 또 시간을 돈처럼 여기는 문화에서는 어떻게든 시간을 아끼도록 사회적 약속과 구조가 발달하게 되어 있다.[84] 이처럼 돈과 권력, 예술품처럼 희소한 자원이나 유독 중요시하는 것들은 그들의 가치와 헌신을 알 수 있도록 해준다. 그 도시가 추구하는 이상, 자랑스러움, 아름다움과 미덕 virtue도 그

---

81) 보다 자세한 이론과 예시는 이 책 5장의 'Urban Times: Made of Sociotemporal Narratives'를 참조할 것.
82) Donald K. Smith, *Creating Understanding: A Handbook for Christian Communication across Cultural Landscapes*(Grand Rapids, Mich.: Zondervan, 1992), 234-67.
83) 자세한 이론과 예시는 이 책의 5장의 'Built Environment as Extensions of People'을 참조할 것.
84) 폴 히버트와 메네시스 엘로이스 히버트저, 이대현과 안영권 공역, 성육신적 선교사역: 교회사역을 위한 선교현장 이해, 355-57; 358.

도시의 어떠함을 보이는 표시들이다. 사람들이 아름답다고 생각하는 대상, 자랑스러운 예술 작품, 성공한 사람, 따라 하려는 삶의 모델들은 사람들 속의 열망을 알 수 있도록 해준다. 그들 속의 창의성과 자유로움, 정의로움과 시민의식 등은 교회가 그 도시인들의 내면을 이해할 수 있도록 해 준다.

도시 교회는 주관적인 사역 철학과 과도한 개교회 중심적 사고를 뛰어넘고 하나님의 눈으로 도시를 읽어야 한다. 다음 장에서는 선교의 하나님께서 이미 우리 도시인들 가운데에 해 놓으신 일들을 찾아볼 것이다. 우리는 도시 곳곳에 좋은 것이 흐를 수 있도록 일하시는 하나님의 열심을 확인할 뿐 아니라 지금도 하나님의 선교Missio Dei는 여전히 진행 중인 것을 확인 할 것이다.

제2장

연결 능력이 대단한 도시인들: 연결로 기회를 얻음

시작 하면서

도시는 사람을 변하게 만든다. 앞 장에 소개한 아이린도 라 플라타 시로 간 뒤로 많이 변했다. 도시는 어떤 힘이 있기에 사람들을 그렇게 변화시킬 수가 있을까? 사람들은 연결망을 통해 가치, 능력, 관계, 지식을 주고받으면서 변화한다. 그러므로 관계망과 정보채널을 아는 것은 사람의 변화 원인을 이해하는 지름길이다.

복음은 기쁜 소식이다. 이 기쁜 소식은 그 말 그대로 하나의 소식이다. 그러므로 복음에는 소식이라는 성격이 포함된 것이다. 모든 소식은 그 특성상 사람들 사이에 뭔가 연결점이 있어야 흘러갈 수가 있다. 복음은 사람들 사이에 형성된 관계망, 즉 휴먼 네트워크를 타고 흐른다.[85] 그러므로, 도시의 연결망의 특징을 이해하는 것은 도시형 사역과 복음 전달을 위해 매우 중요한 지식이다. 이번 장에서는 도시인들이 가진 대단한 연결 능력에 대하여 살펴보도록 하겠다. 이를 위한 질문은 다음과 같다.

- 전통 사회와 비교하여 도시인들의 소셜 네트워크는 어떤 특징을 갖고 있는가?

---

85) Smith, *Creating Understanding*, 144-80.

- 도시의 문화체계는 도시인들간의 연결망 형성에 어떤 영향을 미치는가?
- 다양하고 확장하는 도시인의 네트워크는 복음을 접촉하는데 어떤 역할을 하는가?
- 다중카드소지자Multiple Card Holders는 누구이고 그들이 갖는 선교적 가치는 어떠한가?

본장 마지막에서는 도시 그리스도인들에게 다중 정체성을 선물로 주신 하나님의 뜻을 이해하고 또 이를 통해 주시는 선교적 기회와 책임에 대하여 고찰할 것이다.

연결에 뛰어난 도시인들

도시인의 네트워크를 이해하면 사람들의 사회관계나 가치관, 권력관계 등을 파악할 수 있다. 네트워크란 사람 간에 교류되는 정보, 자원, 감정의 도로와 같기 때문이다.[86] 네트워크의 성격에는 그 사회의 모습이 투영되어 있다. 그러므로, 도시인들의 네트워크는 전통 사회 사람들의 것에 비하여 당연히 다른 성격을 갖고 있다.

원하는 만큼만 노출할 수 있는 연결망

도시인들은 한쪽 그룹에서 만나는 사람을 다른 그룹에서 또 만나는 일이 흔하지 않다. 도시인의 네트워크는 다양한 집단으로 분산이 되어 있으면서, 서로 중첩되지 않는 경향을 보인다. 도시인은 한 사람이 활동하는 범위가 매

---

86) J. Grosser Travis, Lopez-Kidwell Virginie, and Labianca Giuseppe, "A Social Network Analysis of Positive and Negative Gossip in Organizational Life," *Group & Organization Management* 35, no. 2(2010): 177-212; Jeremy Boissevain, *Friends of Friends; Networks, Manipulators and Coalitions*, Pavilion Series Social Anthropology(Oxford: Blackwell, 1974), 47.

우 넓고 관계하는 그룹들도 다양하다. 그러면서도 활동 멤버들이 서로에 대한 이해의 폭은 극히 제한되어 있다.87 반면 시골에서는 한 사람의 네트워크와 다른 사람의 네트워크가 잘 겹친다. 다른 그룹에서도 같은 사람을 다시 만나기 쉽다는 것이다.

윌리엄 G. 플라나간William G. Flanagan은 도시인과 시골인들의 네트워크 유형을 도표로 비교해 소개하였다.〈그림7〉

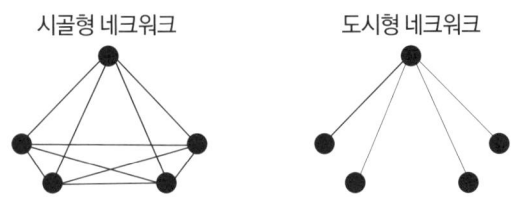

〈그림 7〉 도농인의 주변과 연결 구조 비교88

왼쪽 그림은 시골의 네트워크 모형인데 사람들아랫 점들은 서로 잘 연결이 되어 있어서 한 사람윗 점에 대한 정보를 서로 공유한다. 윗 사람과 아래 사람들은 서로 이웃이며, 동료이며, 동호회 회원들이기 때문에 이들은 다른 모임에서 다시 반복적으로 만난다. 결과 한 사람에게만 보여준 모습도 잠시 후에는 모두가 알게 되어 있다. 이처럼 시골 사회에서는 자신의 여러 가지 면을 각기 다른 그룹의 사람들에게 노출을 하지만 사람들은 자신들 끼리도 서로 연결이 되어 있으므로 그들끼리도 나에 대한 정보를 주고받는다. 그 결과 왼쪽의 윗 사람은 모두에게 자신을 노출하기 때문에 개인의 영역은 줄어들지만 모든 사람과 의 관계가 깊고 끈끈하다. 좋은 예로 상자 A에 나온 아이린의 부

---

87) Ulf Hannerz, *Exploring the City: Inquiries toward an Urban Anthropology*(New York: Columbia University Press, 1980), 232.
88) William G.Flanagan, *Urban Sociology : Images and Structure*, 2nd ed.(Boston:Allyn and Bacon, 2002), 111; William G.Flanagan, *Urban Sociology: Images and Structure*, 5th ed.(Rowman & Littlefield Publisher, 2010), 111.

모는 시골 텔슨 마을에서 다른 사람의 양 떼를 돌보고 가게나 밭일을 도우면서, 마을 회관이나 축제에서도 많은 사람들의 정보를 받는다. 엄마는 엄마대로 여러 여성 들과의 활동을 통해 정보를 받는다. 분업화나 전문화가 되지 않은 시골에서는 아이린의 부모처럼 모든 사람들이 모든 일과 관련한다. 그러다 보니 이들은 일은 여러 가지를 하지만 실제로는 거의 같은 사람들이 다시 만나서 그 일들을 함께 하는 것이다. 결과 아이린의 부모는 이웃집 사람의 사정을 다차원적으로 들을 수가 있다. 그러므로 시골에서는 한 사람 한 사람에 대하여 자세하고, 개인적인 것까지 쉽게 파악하게 한다. 그뿐만 아니라, 마을 사람들은 그 한 사람의 친척과 식구들은 물론이고 그의 어린 시절과 그의 아버지, 할아버지의 옛날 얘기들 까지 기억한다. 마치 한국인의 표현을 빌리자면 '그 집안의 숟가락 개수도 알고 있는' 관계라 할 수 있다. 비단 시골만이 아니라 도시의 빈민촌이나 민속촌에서도 이와 유사한 네트워크 구조를 쉽게 볼 수 있다. 이들은 사회적 자원이 부족하다 보니 대부분의 활동을 같은 사람들과 한다. 결과 이들의 네트워크는 도시 안의 시골과 유사해지는 것이다.

〈그림 7〉의 오른쪽 도표는 도시인 네트워크의 개념도이다. 도시인은 전통 사회보다 훨씬 더 여러 종류의 네트워크에 연결이 되어 있다. 하지만, 아랫부분에 있는 사람들은 서로 연결이 되어 있지 않아 그들은 서로 나에 대한 정보 교환이 어렵다. 그뿐만 아니라 아랫부분의 사람들이 위에 있는 사람을 상대할 때면 그 사람의 종합적인 면이 아니라 업무할 때 보여주는 면만 보면서 일을 하게 되어 있다. 그리고 다른 네트워크에서는 어떤 얼굴을 하고 있는지를 알 수가 없다. 그러므로 도시인들은 자신의 일부만을 사용해 사람들을 상대한다. 울프 해너즈Ulf Hannerz는 말하기를 "도시환경에서는 매번 상대자가 다르다. 자신이 얼마만큼 알려지는지는 상황마다 다르다"라고 하였다.[89] 상

---

89) Hannerz, *Exploring the City*, 232.

자 A의 아이린이 그 좋은 예이다. 그녀는 여러 그룹에서 활동하지만, 각 그룹의 구성원들은 서로 겹치지를 않는다. 그렇기 때문에 마음만 먹으면 서로 다른 곳에서 전혀 다른 얼굴을 갖고도 살아갈 수가 있는 것이다.

이처럼 도시인들은 자신의 네트워크를 자신이 원하는 사람에게 원하는 만큼만 노출 할 수 있다.

경계선을 뛰어넘는 연결력

사회 학자들은 사람들의 네트워크를 1차와 2차로 구분한다. 먼저 1차 네트워크는 선천적이거나 그의 배경을 통해 주어진 관계를 말한다. 1차 네트워크는 대표적으로 혈연관계를 들 수가 있는데[90] 예를 들면 가족과 친속kinship 관계가 여기에 해당한다.[91] 이와 달리 2차 네트워크는 친구나 동료처럼 사회생활을 하면서 연결된 관계망을 뜻한다. 1차 네트워크에 비하여 2차 네트워크는 때에 따라 그 범위가 매우 다양한 곳으로 뻗어 갈 수 있는 특성이 있다.[92]

〈그림 8〉은 이러한 전통사회와 도시인의 2차 네트워크를 표시한 개념도이다.[93] 왼쪽은 전통 사회의 한 개인이 갖고 있는 네트워크인데 활동 범위가 주로 마을이나 민족 안에 머물러 있다. 이들은 주로 친인척이나 자신과 배경이 비슷한 사람들을 신뢰하고 서로 사회활동을 공유한다. 그러므로 그들의 2차 네트워크는 가까운 곳에 두텁게 형성이 되어 있다. 이들 네트워크가 두터운 이유는 앞에서 언급했듯이 전통 사회 사람들은 서로의 관계를 다중적으로 교류하고 또 한 사람이 여러 사람에게 중복적으로 노출되어 있기 때문이다.

---

90) Eames and Goode, *Anthropology of the City*, Chapter 4.
91) Paul Bohannan, *Social Anthropology* (New York: Holt Rinehart and Winston, 1963), 55.
92) 이임스(Eames)는 도시의 소셜 네트워크가 훨씬더 선택의 폭이 다양하다 했다. Eames and Goode, *Anthropology of the City*, 157.
93) Boissevain, *Friends of Friends*, 24; Flanagan, *Urban Sociology*, 2002, 22; Eames and Goode, *Anthropology of the City*, 157.

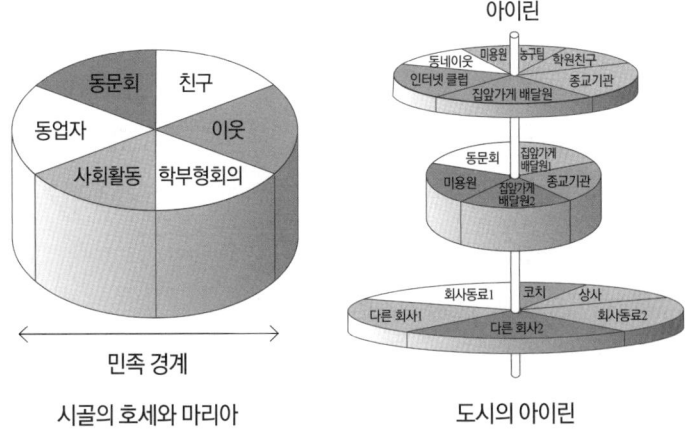

〈그림 8〉 도농간 2차 네트워크의 비교

즉 그들은 관계하는 사람만 반복적으로 만나서 한정된 2차 네트워크를 다중적으로 사용한다. 이러한 네트워크 체계를 가진 사람들은 굳이 멀리 가거나 여러 낯선 그룹들을 상대할 필요 없이 내부에서 모든 것을 해결해 왔다. 상자 A의 텔슨 마을에 사는 아이린의 부모, 호세와 마리아의 네트워크가 바로 여기에 해당한다. 그들은 대부분의 삶을 마을 사람들 위주로 함께 하며 그들과 다양한 일에 중복적으로 연결되어 있다.

오른쪽 그림은 도시인 한 개인이 갖는 2차 네트워크의 개념도이다. 한 사람의 네트워크는 그가 상대하는 문화나 계층별로 여러 개의 원반들로 나눌 수가 있다. 라 플라타 시로 이주해 시간이 지나면서 아이린의 네트워크도 왼쪽에서 오른쪽 유형으로 이동한다. 아이린의 경우 이웃이나 취미 같은 사회생활, 같은 도시의 동향 사람들, 그리고 회사와 업무 관계에서 맺어진 네트워크들이 서로 전혀 다른 세계들이기에 그녀의 2차 네트워크는 세 개의 원반들로 나눌 수가 있는 것이다.[94] 아이린은 이 세 가지 원반 들을 따로 상대하는 반면

---

94) 아이린의 경우 세개의 원반으로 나눴지만 다른 사람은 다른 기준을 적용해 여러개의 원반으로 나눌

각 원반의 멤버들은 다른 원반에 속한 사람들은 아이린에 대한 얘기를 나누지 못한다. 이들 원반의 지름과 두께는 해당 세계와 아이린 간의 관계를 알려주는 메시지가 포함되어 있다. 지름이 큰 것은 네트워크가 멀리까지 확장되었다는 뜻이고 얇다는 것은 관계가 깊은 관계가 아니라는 것을 말한다. 예를 들어 가운데 원반은 톈슨 마을 출신들 간의 관계인데 그것이 좀 더 두텁고 좁다. 이는 그녀가 업무적이지 않고 정서가 잘 통하는 동향 출신 사람들과는 반복적이고 강한 유대감으로 교제한다는 것을 말해준다.

재미있는 것은 다른 디스크에도 같은 역할을 하는 사람들이 있다는 사실이다. 예를 들면 첫째와 둘째 원반 모두 미용원이 들어 있다. 이 둘 중에 언제 어디를 선택할지는 아이린이 정한다. 평소에는 같은 동네에 사는 톈슨 마을 출신의 미용사(둘째 원반)에게 머리 손질을 맡기다가도 중요한 행사를 앞두고서는 더 전문적인 미용사(첫째 원반) 찾는다. 이처럼 각 원반 안에는 아이린이 연결해 놓은 각종 사회관계들이 있고 아이린은 그때 마다 어떤 원반안의 누구와 어떻게 관계할지를 정한다. 이런 이유로 아이린은 직장을 구하거나 인터넷 클럽활동을 할 때 굳이 같은 톈슨 마을 출신을 찾을 필요도 없고 동일한 사회 계층 안에서만 찾을 필요도 없다.

이처럼 도시인의 소셜 네트워크는 태생적인 공통점보다는 사회적인 이익과 공통 관심이 매개되면서 발전한다. 이들은 다음과 같은 특징을 갖는다.

첫째로 도시인의 네트워크는 전통 사회보다 매우 다양하다. 이는 단순히 도시가 넓고 규모가 커서가 아니라 각자의 삶이 다르기 때문이다. 이들은 사회생활에서 굳이 고향 친구나 같은 배경의 사람들과만 관계해야 한다고 생각하지 않는다.[95] 서로 이익 관계가 성립되고 공통의 목표가 있다면 배경이 다른

수가 있다.

95) Xiaowei Zang, Jonathan N. Lipman, and Matthew McKeever, "Ethnicity and Urban Life in China: A Comparative Study of Hui Muslims and Han Chinese," *The China Journal*, no.60(2008):205.

사람과 일 하는 것이 그리 큰 어려움은 아니다. 오히려 외부에서 가져오는 신선한 정보로 인해 내부 세계에서는 영웅이 될 수도 있다.

둘째로 이들의 네트워크에는 강한 확장성이 있다. 도시의 연결성은 도시인이 다양한 사회적 조각을 연결할 수 있게 만들었다. 여기에 교통과 통신의 발달은 이들의 관계망을 쉽게 확장할 수 있도록 한다. 결과 그들은 서로 간의 물리적 거리감을 극복하고 먼 곳에 있는 사람들과도 활동할 수가 있다. 취미나 종교 생활을 위해 멀리까지 다녀오고, 도시 반대편에 사는 사람과 직장동료가 된다. 기술의 발전은 시간적 제약도 극복하게 하였다. 예를 들어 이메일이나 문서 중심의 업무는 비동시 협업을 가능하게 하여, 개인이 가능한 시간대에 소통과 업무를 수행할 수 있게 한다.

셋째로 도시는 개인들이 주도적으로 네트워킹을 하도록 만든다. 교육의 기회와 신분을 상승할 수 있게 하는 기회와 복지 시설은 사람들이 과거 신분과 배경을 탈피하고 노력과 선택만으로도 자신의 미래를 만들 수 있다는 희망을 품게 한다. 이러한 희망과 가능성은 사람들이 자신의 삶을 주도적으로 설계하고 이끌어 가도록 하는 원동력이 된다.

이렇듯 도시형 네트워크는 다양성, 확장성, 그리고 개인의 주도성이라는 특징을 갖는다. 이러한 성격의 네트워크에 도시의 다양한 기회들과 도시의 사회적 욕구 그리고 그것들이 실제로 가능하게 해주는 기술과 재정적 뒷받침 덧붙여지면서 도시인들은 사회적 기동성social mobility을 갖춘다. 아이린이 도시에서 자라온 실비아를 만난 후로 여러 새로운 사람들을 소개받고 또 다양한 그룹에서 활동할 수 있었던 것은 새로운 네트워크로 인한 사회적 기동력이 이전과는 비교할 수 없이 강해졌기 때문이다.

이중 문화 구조

도시인들의 문화적 체계cultural setting는 어떠한 특징을 갖고 있을까? 모든 사람들은 태어나고 성장하는 동안 가까운 사람들로부터 그들의 문화를 흡수한다. 이는 일종의 내부 문화 체계the cultural setting of inside로서 가장 기본적인 세계관과 삶의 원리가 포함되어 있다. 나중 사회생활을 하면서 그들은 점차 사회 즉, 외부 문화 체계the cultural setting of outside도 습득을 한다. 이처럼 사람은 항상 내부와 외부라는 이중 문화 체계를 지녀야 정상적인 삶을 영위할 수 있다. 〈그림 9〉는 한 사람 안에 있는 이 이중 문화 체계를 표시한 개념도이다.

〈그림 9〉 문화의 이중 구조[96]

만약 사회적 변화가 적고 단일적인 문화를 가진 세계라면 내부와 외부 간의 질적 차이가 크지 않다. 이 경우는 내부의 원이 매우 크고 외부 원이 얇아지게 되어 있다. 반면 항상 변화와 경쟁이 심하고 다문화적인 환경을 가진 도시의 경우 바깥 원은 두껍게 자라고 내부 원은 상대적으로 줄어든다. 현대 도시인들은 항상 변화에 노출되어 있다. 심지어 타 문화권과 무관한 일을 하는 사람들이더라도 도시의 영향력은 사람들의 외부 문화 체계를 강력하게 키운다. 이 결과 도시인들의 외부 원이 점차 두터워지면서 사람들은 기본적으로 두개

---

96) Kim, "Ministry to Hui Muslims in China" in *Margins of Islam* 97.

이상의 사회적 정체성 사이를 오가며 살아간다.[97]

이중 문화 구조는 특히 이주자들의 삶에서 극명하게 나타난다. 새로 정착한 곳에서 이주민들은 엄청난 문화적 차이를 경험한다. 이주민들의 삶이 고달픈 이유는 외부 층이 충분히 준비되지 않은 사람인데도 사회는 강력하게 바깥원의 능력을 요구하기 때문이다.

〈그림 9〉에서 외부층은 도시사회 공통의 질서와 가치에 대한 한 사람의 처세에 관한 것이다. 나아가서 이 외부층은 나와 다른 배경의 사람들과도 교류할 수 있는 공감 능력과 업무적 역량으로 기능한다. 문화적 배경이 다르더라도 바깥층이 유사하면 사람들은 충분히 공감과 소통을 할 수 있다. 상자 A의 아이린이 일본인 비즈니스맨들과 일을 하고, 우루과이 사람과 농구를 하고, 도시 출신들과 취미생활도 할 수 있는 것도 그들의 외부층간에 공통점과 소통 경로가 확보 되었기 때문이다.[98] 확대된 소통 경로는 이전에 없던 갈등을 만들어 내기도 한다. 왜냐하면 이들 새롭게 만나게 된 사람들은 과거에는 접촉이 없었으나 이제는 가까이 일을 해야 하는 관계가 되었기 때문이다. 이처럼 갈등이든 공통점이든 이는 모두 각자의 바깥층이 서로 연결되기 때문에 가능 한 것이다.[99]

도시인들에게 있어서 내부의 원은 여전히 살아 있을 뿐 아니라 때에 따라서는 강력한 힘도 발휘한다. 보통은 어려서부터 도시에서 살아왔거나 전통적 문화의 영향을 적게 받은 사람들은 내부와 외부 간의 질적 경계선도 약할뿐더러 외부 원의 지름이 길다. 하지만 아무리 사회적 영향을 많이 받은 사람일지

---

[97] 김에녹은 2009년 중국도시의 무슬림 이주자를 대상으로 실시한 현장조사에서 이중적 문화 패턴을 발견하였고 개념화하였다. Enoch Jinsik Kim, *Receptor-Oriented Communication for Hui Muslims in China: With Special Reference to Church Planting*, vol. 34, American Society of Missiology Monograph Series(Eugene OR: Pickwick Publication, 2018), 61-79.

[98] Smith, 『마음으로 만나는 문화간 소통』. p. 31-56

[99] Enoch J. Kim, "A New Entrance Gate in Urban Minorities: Chinese Muslim Minority, the Hui People Case," *Missiology: An International Review* 39, no. 3(2011): 363-65.

라도 내부의 원은 그 뿌리가 여전히 깊이 박혀 있어 이들의 삶 구석구석에 남아 있다. 민족의 절기를 지낼 때, 어렸을 때 먹던 음식을 먹거나 음악을 들을 때, 그들 깊은 곳에 있던 정서적 뿌리는 언제라도 되 살아날 수가 있다. 적게는 축구 응원을 하다가도, 크게는 자신이 속한 그룹이 종교나 정치적으로 핍박을 받기라도 하면 얼마 남지 않았던 민족성에 다시 한 번 강하게 고양된다. 그러므로 아이린이 아무리 도시에 온지 오래되었어도 도시 사람들이 그녀의 고향인 텔슨 마을 사람들을 비하한다면 그것은 그녀에게 그리 유쾌한 일은 아니다.

이주자들에 있어 세대 간의 차이란 바로 이 이중 문화 구조에서의 차이이다. 이주 첫 세대는 거의 내부 문화층이 전부인 것처럼 살아간다. 반면 자녀든 세대가 거듭되면서 그들의 원 문화는 점점 줄어들게 되어 있다. 그렇다고 해서 자녀들이 현지인과 완전히 같아지는 것은 아니다. 왜냐하면 내부층은 아무리 작더라도 어떤 환경이 있으면 다시 새로운 모습으로 부흥을 할 수 있기 때문이다.

이 문화적 이층 구조는 이주민만이 아니라 현대 도시에서 거의 모든 사람들이 갖고 있는 구조이다. 사회와 정보는 계속 바뀌고 사람들은 끊임없이 새로운 기술과 경쟁력으로 자신을 만들어 가기 때문에 이 외각 층이 변하는 현상은 그 누구도 예외가 될 수는 없는 것이다.

다중카드소지자MCH의 등장

어느 사회건, 사람들은 한 개인이 여러 가지 역할과 신분을 갖고 살아간다. 예를 들어 같은 사람인데도 약국의 직원이면서 집에서는 엄마이고 교회에서는 피아니스트이다. 도시의 복잡한 사회구조는 사람들이 더 다양한 역할과 위치를 소유하도록 만든다. 높아진 성공에 대한 열망과 자아실현 욕구로 인해 도시인들은 끊임없이 여러 그룹들을 접하고 필요한 자원을 얻어야 한다. 이처럼 다양한 그룹을 상대하기 위해서는 그만큼 더 여러 종류의 정체성을 가져야 활동이 가능하다.

다중 정체성multiple identity에 관한 연구는 이미 여러 학계에서 연구를 해 왔다. 이 다중 정체성이라는 단어는 학계마다 상당히 상이한 관점에서 접근되어 왔다 예를 들어 심리학과 정신 건강학계에서는 다중 인격적인 질병multiple-personality disorder을 연구할때 많이 언급해왔다. 이들이 말하는 다중 인격적인 질병은 한 사람 안에 여러 주인들이owners 있어 자기 통제가 어려운 사람을 가리키는 경우가 많다.

다중 정체성에 관한 연구는 사회학자, 역사학자, 민족학 분야에서도 활발히 일어나는 중이다.[100] 하지만 이들이 생각하는 다중 정체성은 병리학적 접근과는 완전히 다른 개념으로서 이들의 초점은 문화적응cultural acculturation을 중심으로 한 사회활동과 문화적 정체성에 가 있다. 문화적응 관련 학자들은 이주자들이 새로 정착하는 과정에서 과거의 정체성을 일부 포기하고 새로운 정체성을 받아들여야 하고 이 과정에서 여러 개의 문화와 사회적 정체성을 가질 수밖에 없다는 점에 주안점을 두었다. 모든 사람이 어느 정도는 다중 정체성을 갖고 있지만 이민자, 타 문화권, 다중 문화 사회에서 살아가는 사람들에게 있어서 이 다중 정체성을 소유하는 것은 생존에 필요한 일이기 때문이

---

100) 다중 정체성 소유자들에 관한 연구는 사회학, 역사학등 여러 분야에서 관심을 보였는데 관련한 학자들은 자신만의 특징을 부여한 유사한 단어들을 만들어 소개 하였다. 그중에는 이국적 주체자(transnational subjectivities), 이주적 지위자(translocational positionalities) 소속하려는 노력(doing belonging), 기능적 민족(instrumental ethnicity) 등이 있다. Rastas, Anna, "Ethnic Identities and Transnational Subjectivities," in *Multiple Identities: Migrants, Ethnicity, and Membership*, ed. Spickard, Paul(Bloomington, IN: Indiana University Press, n.d.), 45-49; Serine Gunnarsson, "Doing Belonging: Young Women of Middle Eastern Backgrounds in Sweden," in *Multiple Identities: Migrants, Ethnicity, and Membership*, ed. Spickard, Paul(Bloomington, IN: Indiana University Press, n.d.), 88-110; Enzo Colombo and Paola Rebughini, "The Children of Immigrants in Italy: A New Generation of Italians?," in *Multiple Identities: Migrants, Ethnicity, and Membership*, ed. Paul Spickard(Bloomington, IN: Indiana University Press, n.d.), 209.

다.

　이주자들은 새로운 문화를 흡수하는 동안 보통 몇 단계의 과정을 지나간다. 각 단계를 지나는 동안 문화의 중심점은 한쪽 끝에서 반대쪽 끝으로 이동한다. 그러면서도 그중 어느 단계도 완전히 한쪽만 갖지는 않는다.[101] 예를 들어 미국에 이민 온 리투아니아Lithuanian 출신 이주민들은 이주한 지 25년이 지났는데도 리투아니아의 정체성과 미국인의 정체성을 동시에 모두 강하게 갖고 있다.[102] 그들은 아무리 주류 백인들 사회에서 활동하더라도 동시에 다른 한편으로 자신들의 공동체 속에서도 삶을 이어 왔기 때문이다.

　문화적인 다중 정체성을 소유한 사람은 분명한 하나의 주체적 인격을 가진다. 다중 정체성을 소유한 사람이 혼란스럽지 않고 질서 정연하게 살아갈 수 있는 이유는 '나ego'라는 주체적 인격이 엄격한 통제력을 가지고 내 안의 여러 정체성을 통제할 수 있기 때문이다. 즉 상황마다 어떤 역할과 기능을 하는 사람으로 비춰야 할지를 '내'가 선택하고 작동하게 하기 때문이다. 심리학자 케넷 J. 졸겐Kenneth J. Gergen은 이러한 다중 정체성은 그 사람에게 혼란을 가져다주는 것이 아니라 오히려 적절하게만 사용한다면 이는 그 사람을 사회적으로 정서적으로 더 안정되게 하는 행동이라 했다.[103] 결과 이들은 직장과 집에서, 주말과 주중에, 온라인 커뮤니티에서 각각 어울리는 역할과 지위를 갖고 살아간다.

　다중 정체성의 소유자들은 다음 두 가지 특징을 갖고 있다.[104] 첫째, 그들

---

101) Donald L. Horowitz, "Ethnic Identity," in *Ethnicity*, ed. Nathan Glazer and Daniel Moynihan(Cambridge, MA: Harvard University Press, 1975), 118.
102) Liucija Baskauskas, "Multiple Identities: Adjusted Lithuanian Refugees in Los Angeles," *Urban Anthropology* 6, no. 2(1977): 141-54.
103) Kenneth Gergen, "Multiple Identity: The Healthy, Happy Human Being Wears Many Masks," *Psychology Today* 12, no. May(1972): 31-35.
104) S. Wallman, "Identity Options," in *Minorities: Community and Identity*, ed. C. Fried(Berlin, Heidelberg, N.Y. Tokyo, Springer-Verlag: Dahlem Konferenzen, 1983), 69-78.

은 '주류 사람들로부터 소외되거나 정체성을 잃어버리기"보다는 오히려 "자기의 다중 정체성을 두각으로 드러낼 기회를 찾아낼 줄 알며 소속된 여러 그룹에 자신의 정체성을 적절히 배분"[105]하는 능력이 있다. 그들은 특정한 사회가 요구하는 정체성을 100% 갖고 있지 않다고 해서 결핍을 느끼는 것이 아니라 오히려 다중 문화환경에서 자신이 살아갈 만큼의 정체성을 적절히 분배하며 살아갈 줄을 안다. 그렇기에 S. 웰맨S. Wallman은 이들 다중 정체성 소유자들이 어느 한쪽에도 완벽하게 속하지 못하는 것은 "그들이 위기에 처한 것이 아니라 다중 정체성 소유자들이 보이는 건강한 모습으로 보아야" 한다고 말했다.[106] 이처럼, 이들이 갖고 있는 여러 가지 정체성은 자신의 정체성이나 소속을 하나로 고정해 놓기보다는 당시의 상황과 분위기에 따라 취사선택하도록 도와준다.

둘째, 다중 정체성이란 여러 문화와 다양한 그룹을 통하여 습득하게 된 일종의 개인 능력이다. 이들은 다수의 문화적 틀을 소유함으로써 다변하는 문화적 환경을 주도적이고 적절하게 대처할 수 있는 하나의 통일된 정체성을 소유자한 자들이다. 이들은 매우 다양한 계층과 문화권에 맞닿아 있으면서도 그 네트워크들을 상당부분 통제할 수 있다. 이들은 이중 문화적 체계가 상당히 활성화되어 있으므로 자신의 원 문화권 사람들과 외부 문화권 사이를 연결하는 교량과 같은 역할을 할 수가 있다.

소셜 네트워크의 관점으로 볼 때 이들 다중 정체성 소유자들은 여러 다른 부류의 사람들과 연결할 수 있는 능력의 소유자들이다. 이 다중 정체성 소유자들은 과거 단일 문화권자들 보다 훨씬 더 다양한 사람들과 적극적 관계가 가능한 사람들이다. 이는 마치 하나의 지갑 안에 여러 개의 회원/신분 카드

---

105) Ibid., 74.
106) Ibid.

membership/identity card 들을 갖고 있어 상황마다 적절한 카드를 꺼내 보이는 것과 유사하다. 그러므로 이들은 다중 정체성 소유자라 부르기보다는 다중카드소지자Multiple Card Holders, 이후 MCH로 칭하는 것이 현실에 더 가깝다. 다중카드소지자들의 특징은 비단 이민자뿐이 아니라 일반 도시인들에게도 확산된다.[107]

이들 다중카드소지자들 중에서도 그 '다중'의 정도는 크게 차이가 나서 그 정도 차이를 일종의 스펙트럼처럼 표기할 수가 있다. 그림 10 그림에서 '약한 다중'이란 동일 문화권이지만 서로 다른 그룹에 소속하는 일종의 회원권을 의미한다. 예를 들어 고급 아파트 출입증이나 최저 생계비의 수혜자가 여기에 해당한다. 반면 '강한 다중'이란 타국의 주류 사회에서 소수민족으로 사는 이민자나 타 문화권 선교사와 같이 비자나 신분증에 변화를 주어야 할 만큼 문화와 법적 격차가 큰 곳에서 살아가는 사람들을 의미한다.[108] 이들은 약한 다중카드소지자들에 비해 훨씬 더 원 문화내부 문화 체계가 희박한 환경에서 사는 사람들이다.

〈그림 10〉 다중카드 소지자 간 문화 격차

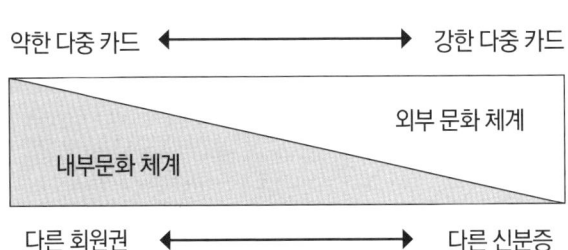

---

107) J. Useem and R. Useem, "The Interfaces of a Binational Third Culture: A Study of the American Community in India," *Journal of Social Issues* 23, no. 1(1967): 130-43.
108) 회원권과 신분증은 그 범위와 효력면에서 차이가 있다. 회원권은 일반적으로 특정 단체, 조직, 클럽, 혹은 서비스에 가입하여 그 혜택을 누릴 수 있는 권리를 나타내는 것에 반해 신분증은 개인의 신원을 증명하는 공식 문서로, 정부나 공인된 기관에서 발급하며, 법적 효력이 있는 경우가 많다.

다중카드소지자들에게는 엄청난 선교적 잠재력이 들어 있다. 그들은 항상 두 가지 이상의 사회에서 활동을 하기 때문에 이들의 삶 안에는 언제나 교량적 역할이 들어 있기 때문이다. 즉 두 가지 이상의 다른 사회가 나를 중심으로 연결이 되어 있는 것이다. 이들 교량적 역할은 크게는 우리 교회와 타문화권의 복음을 듣지 못한 사람들을 연결하는 것에서 작게는 같은 도시 안에서 분열과 미워하던 사람들을 다시 연결하는 것을 말한다. 이 교량 들은 한쪽의 정보나 가치, 유행이나 물자들이 한쪽에 머무르지 않고 부족한 쪽으로 확산하게 해준다. 이 교량을 통해 가는 것에는 당연히 그리스도인들이 소중히 여기는 것도 들어 있다. 그동안 미움과 분단의 담에 막혀 흘러가지 못했던 것들이 흘러갈 수 있게 하려고 선교의 하나님은 이제 다중 카드를 소유한 새로운 종류의 사람들을 도시 교회에 선물로 보내 주셨을지도 모른다. 그렇다면 도시화라는 복잡하고 혼란스러운 현상 안에는 어쩌면 선교의 하나님이 주신 많은 기회도 들어 있다 할 수 있다.

선교적 고찰

본문에서 도시라는 환경은 사람들의 네트워크를 확장하고 다양하게 할 뿐 아니라 주도성도 증가시킨다고 하였다. 이 도시형 네트워크는 도시인들의 이중 문화 체계 중 외부 체계를 강화하고 이는 다시 그들을 다중카드소지자 MCH로 만들어 낸 것을 알게 되었다. 기독교인이든 비기독교인이든 이들 다중카드소지자들은 모두 뛰어난 연결력을 갖고 있다. 그러므로 도시환경은 기독인과 비기독인 간에 과거에 볼 수 없을 만큼 많은 연결점 들을 생성해 놓았다. 그렇기에 도시의 교회와 그리스도인들은 자신들이 얼마나 놀라운 선교적 역량을 가졌는지를 깨달을 필요가 있다. 그리고 선교의 하나님이 이 도시라는 환경을 통해 준비해 오신 놀라운 계획을 읽고 흥분할 수 있어야 한다. 이제 이런 기대하는 마음을 갖고 도시의 그리스도인들과 교회가 해야 할 일로는 무엇이 있는지 알아보도록 하겠다.

도시 그리스도인들의 사역: 방종에서 연결자로

이중 문화 구조와 다중카드소지자라는 능력은 사용하기에 따라 도시의 그리스도인들은 이기적인 존재로 만들 수도 있고 반대로 하나님의 다리로써 쓰임을 받을 수도 있다.

먼저 그리스도인들은 자기 지갑 안에 있는 다중 카드들이 자신의 방종과 이기심을 위해서 주신 것이 아님을 명심해야 한다. 도시의 풍요로움과 확대된 개인의 자유는 일반 도시인들은 물론 그리스도인들 조차도 그 특권을 남용하도록 유혹한다. 개인의 권한이 극대화되고 선택의 자유가 많아진 환경은 우리의 이기심과 방종을 자극해 주어진 모든 자원을 나만을 위해 소모하며 살아가도록 유혹한다. 더군다나 여러 모임에서 자기 이미지를 상당 부분 제어할 수 있게 된 도시의 네트워크는 자신을 가면 뒤로 쉽게 숨기고 자기의 세상에는 아무도 침범하지 못하게 할 수가 있다. 이처럼, 도시는 본질적으로 죄인이었던 우리를 훨씬 더 교만하고 방종하고 이기적으로 만들 수가 있는 곳이다.

도시의 그리스도인들은 이 새로운 도시형 자유와 기회가 방종과 이기적으로 살아가기 위한 '육체의 기회'가 아니라 '오직 사랑으로 서로 종노릇' 하기 위한 기회임을 명심해야 한다.갈5:13 과거 어느 때보다 '나의 권한'을 중요하게 생각하는 오늘날 예수를 아는 것의 아름다움 때문에 자신에게 유익하던 것을 다 해로 여길 수 있었던빌3:7-9 사도 바울의 삶은 바로 오늘날 도시 그리스도인들이 본받아야 할 자세이다. 자신의 정체성을 알고 자기의 권한을 절제하는 것은 도시의 그리스도인들에게 주신 선교적 정체성을 찾는 첫 자세이다.

둘째로, 도시의 그리스도인들은 연결자로서의 선교적 기회를 자각해야 한다. 복음을 전함은 하나님의 눈에 좋은 것을 가진 자가 필요한 자에게 전해 주는 일이다. 성경에는 다문화 환경에서 하나님과 타민족 사이를 연결했던 다중카드소지자들이 많이 등장한다. 이들은 타문화권의 소수민족이었기 때문에 발달한 이중 문화 체계를 가졌고 자연히 다중 카드를 가진 자들이었다. 예를 들어 구약의 모르드게는 에스더를 철저하게 바벨론 국민이면서 유대인으로 양육했다. 에스더 1 나중 하만의 모략으로 전 유대인들이 학살의 위기에 처할 때 왕비 에스더는 왕의 권세가 위기에 처한 유대인들을 구원할 수 있도록 연결하는 통로가 되었다. 에 2:10, 20

에스더뿐 아니라 성경에는 하나님께 쓰임 받은 다양한 유형의 다중카드소지자들이 연결자로서 등장한다. 이들 중에는 어릴 때부터 디아스포라 가정에서 자란 바울, 국제 커플 사이에서 태어난 디모데, 제국의 소수민족으로 살았던 요셉, 다니엘 그리고 느헤미야, 타국에서 상인으로 살던 뵈뵈, 브리스가와 아굴라 그리고 그 외에도 사도행전 전반과 로마서 16장에 등장하는 수많은 디아스포라들이 있다. 이처럼 성경의 여러 다중카드소지자들은 오늘날 도시의 그리스도인들에게 많은 교훈을 준다.[109] 선교의 새로운 전선이 된 도시는 항상 하나님 보시기에 좋은 것을 가진 그룹과 그것이 필요한 그룹 사이를 연결할 다중카드소지자들을 필요로 한다. 우리가 이 시대에 도시 곳곳에 연결자로 보낸 받았다는 이 사실은 우리를 충분히 흥분시키고도 남는다. 우리에게 주신 이 엄청난 선교적 잠재력 missional potential 을 알게 된 그것이야말로 이기적으로 살려는 유혹을 이기고 또 자기 몸을 쳐서 그리스도께 순종 하게 만들 힘이라 하겠다.

---

[109] Roger S. Greenway and Timothy M. Monsma, *Cities: Missions' New Frontier*, 2nd ed.(Grand Rapids, MI: Baker Books, 2000)

도시교회의 사역: 사역지에 관한 새로운 관점

하나님은 어떤 계획을 갖고 계시기에 교회에는 다중카드소지자들이 늘어나게 하실까? 정말로 그리스도인과 비그리스도인의 문화와 소통방식이 변한다면 교회는 어떠한 생각을 해야 할까?

교회가 자신의 필드를 분명히 하고 또 그 필드를 잘 이해할 때 교회는 자신만의 선교적 정체성을 갖고 그에 합당한 활동을 할 수 있다. 씨 뿌리는 자의 비유에서 예수님이 밭field은 사람의 마음이라 하신 것처럼 교회가 일해야 하는 현장은 사람인 것이다. 마 13:11-30 그러므로 필드를 알기 위해서는 다른 것보다 먼저 목자에게 맡겨주신 양들을 이해하는 데에서 출발해야 한다.[110] 우리 교회가 어떤 사람들로 채워졌는지는 하나님이 우리 교회에 주신 사역 필드, 교회의 사역 방향과 헌신할 곳을 정하는 기본적인 이정표이다. 이를 위해 도시 교회는 다음 몇가지 일들을 할 수 있어야 한다.

첫째, 교회는 자신의 사명이 교회 규모의 성장보다는 교회에 보내주신 성도들을 온전하게 하는 것임을 명심해야 한다. 엡 4:12 성도를 온전케 함이란 단순히 교회를 위한 충성된 사람을 양육해 내는 것을 넘어 양들이 행복하고 그들의 길을 올바르게 가도록 돕는 것을 의미한다.

둘째로 교회는 다중카드소지자들이 자신들의 필드에서 말과 행위로 상황화된 메시지를 전하도록 훈련하고 격려해야 한다. 이제 도시는 교회들이 전통적인 방식으로 접근하기에는 너무 힘든 그룹들이 많아졌다. 반면 교회의 다중카드소지자들은 이미 다양한 사람들과 연결하고 일해왔다. 이들은 복음을 자신들이 속한 회사, 기관, 이웃과 다양한 그룹에서도 통용이 가능한 모습으로 바꿔 소통할 줄을 아는 사람들이다. 즉 도시 교회의 그리스도인들은 우

---

[110] 교회가 회중으로 구성되었다는 것은 에클레시아(Ekklesia)의 개념에 잘 나타나 있다. 신약성서 시대의 성도들이 에클레시아라는 개념을 건물도 사람들의 조직에도 사용하지 않았다. 에클레시아는 마태복음16:16; 에베소서 1:23; 로마서 16:16에서 교회를 언급할때 사용되었다.

리pen 밖의 다른 양들other sheep과 대화가 가능한 우리 안의 양들이다. 요 10:16.

복음이란 본래 상황화가 되어야 복음이 원래 갖고 있던 동력이 듣는 자에게 발휘할 수 있는 것이다.[111] 하나님은 모든 그룹에게 복음이 역동적 등가 dynamically equivalent상태로 전달 되기 원하신다.[112] 역동적 등가란 그 어떤 그룹과 어떤 상황이더라도 전달한 복음은 본래 메시지가 의도했던 능력과 결과가 나와야 한다는 원리를 말한다. 만약 복음이 남의 것으로 간주 된다거나 내 삶과는 동떨어진 것이라면 그 메시지는 동력을 실추하고 결과 역동적 등가의 결과를 보지 못한다.

셋째, 현대 교회는 이중 문화 체계를 소유한 성도들의 잠재력과 리더십을 인정해야 한다. 교회는 이미 도시의 여러 그룹들과 대화가 끊어진 지 오래일 뿐 아니라 이들과의 접촉을 다시 연결하려면 엄청난 노력을 들여야 한다. 예를 들어 교회가 도시의 어떤 직장이나 특정한 계층을 향해 사역할지라면 선교회를 설립하고 예산을 편성하고 사람을 훈련하면서 엄청난 시간과 비용이 들어가야 한다. 반면 MCH 그리스도인들은 이 사회의 나눠진 것들을 재연결 re-connection할 수 있는 귀한 잠재력을 가진 사람들이다. 놀랍게도 하나님께서는 이미 잘 훈련되고 헌신적인 그리스도인들이 도시 곳곳에서 활동하도록 인

---

111) Dean S. Gilliland, *The World Among Us: Contextualizing Theology for Mission Today*(Dallas, TX: Word Publishing, 1989), 3; Stephen B Beavans, *Models of Contextual Theology*(Marknoll, New York: Orbis Book, 2000), 27; Paul G Hiebert, "Cultural Differences and the Communication of the Gospel," in *Perspectives on the World Christian Movement: A Reader*, ed. Ralph D. Winter and Steven C. Hawthorne(Pasadena, Calif.: William Carey Library, 1999), 381-82; Harvie M. Conn, *Eternal Word and Changing Worlds: Theology, Anthropology, and Mission in Trialogue*. (Phillipsburg, NJ.: P&R Publishing., 1984), 232.

112) John Parratt, A Guide to Doing Theology, vol. 35, SPCK International Study Guide(London: Spck, 2000), 19; Dean S. Gilliland, *Pauline Theology & Mission Practice*(Jos Plateau State Nigeria: Albishir Bookshops(Nig) Ltd., 1983), 212; Charles H. Kraft, *Christianity in Culture : A Study in Dynamic Biblical Theologizing in Cross-Cultural Perspective*(Maryknoll N Y: Orbis Books, 1979), 320-23; Paul G. Hiebert and Eloise Hiebert Meneses, *Incarnational Ministry: Planting Churches in Band, Tribal, Peasant, and Urban Societies*(Grand Rapids, Mich.: Baker Books, 1995), 164.

도하셨다. 이들의 지갑 속에는 여러 가지 회원 카드가 있어 신앙이 없는 사람들과도 이미 많은 신뢰 관계를 맺고 있다. 하나님은 도시 교회에 새로운 유형의 성도들을 보내주심으로 끊임없이 변하는 도시에서 변치 않는 그의 선교를 완성하시기 원하신다.

　이제 다음 주제에서는 개인들을 넘어 도시의 그룹들을 이해하고 또 그 안에는 어떠한 하나님의 섭리와 선교적 계획이 있는지를 살펴보도록 하겠다.

2부

도시안의 그룹들- 새로운 이웃과 친구가 생기다

제3장
도시인을 만드는 도시형 그룹들

시작하면서

사람은 태어날때부터 평생 많은 그룹에 속해 살아간다. 사람들은 그룹활동을 통해 문화적으로 인격적으로 갖춰지고 생존 능력과 사회생활을 배운다. 따라서 현재의 나는 그동안 내가 속했던 그룹들이 형성해 온 결과이다.[113] 그동안의 그룹들은 나의 정체성을 만들고 내 삶의 명세서를 다듬어 왔다. 내가 어떤 그룹들에 속해 왔는가는 지금의 내 모습뿐 아니라, 미래의 이익과 불이익에도 영향을 미친다.

하나님은 우리가 그룹을 통해 관계를 형성하고, 사회를 이해하며, 자아를 형성할 수 있는 기회를 주신다. 그러므로 그룹에 소속한다는 것은 나의 책임 있는 선택이기도 하면서 또한 나를 향하신 하나님의 섭리이다.

전통사회보다 도시는 선택할 수 있는 그룹이 더 다양하다. 개인이 도시인으로 형성되는 것은 도시의 그룹에 연결되어 도시적 행동양식과 가치관을 습득하기 때문이다. 즉, 도시인이 도시인처럼 활동할 수 있는 것은 그가 도시형 그룹들에 연결되기 때문이다. 그러므로 도시의 그룹들은 사람을 도시인으로 자라나게 하는 둥지와 같다.

상자 B의 류 씨 역시 여러 개의 그룹에 소속이 되어 있다. 그는 태생적으

---

[113] 여기서 그룹이라 함은, 태어날 때부터 속해온 가족부터 시작해 사회생활을 하면서 소속한 모든 집단들을 일컫는다. 여기에는 친족이나 민족 같은 부여받은 그룹에서 시작 하여, 동문, 동네, 종교, 직종, 취미생활, 정치적 성향등 유사점을 가진 복수의 사람들의 모임들을 뜻한다.

미국 로스앤젤레스에 사는 류(Liu)씨는 중국인과 한국인 사이에서 태어난 미국인이다. 청년 때 부모님은 이혼을 했고 그 뒤로 류씨는 어머니와 결혼 전까지 같이 살았다. 어머니가 이혼 후 경제적으로 어려워지자 친척들이 가까이해주며 경제적으로 돕고 또 어머니가 직장을 가질 수 있도록 도와주었다.

류씨는 성인이 되면서 여러가지 일을 해보았다. 작은 옷 공장에서 종업원으로 일했고, 커피숍을 운영해 보았고, 지금은 부동산 사무실에서 일한다. 류씨는 나중에 한국 여인과 결혼을 해 자녀도 낳았다. 그는 아내와 함께 한인교회에 나간다. 경제 사정도 좋아지고 또 결혼도 하다 보니 류씨 커플은 이제 친척들과는 거의 만나지 않는다. 혼자 사시는 어머니에게도 일주일에 한 번 정도 전화만 하고 주일날 같은 교회에서 만나 함께 점심을 먹는 정도이다.

류씨는 붙임성이 워낙 좋아 이웃과 한번 대화를 시작하면 끝없이 얘기를 나눈다. 하지만 그는 오랜 미국생활에도 불구하고 항상 자신이 이민자이고 주류사회에는 들어 갈 수가 없다고 생각한다. 그는 동네 배드민턴 동호회에서 총무로 활동했다. 배드민턴 동호회에는 아시안들이 많다 보니 그는 회원들을 대하는 것이 훨씬 더 편하다. 후에 운동 중 손목을 다친 뒤로는 사이클 팀으로 옮겼다. 그는 재미 아시아(Asian American) 온라인 역사 토론방에서도 열심히 활동을 한다. 유창한 영어실력과 친화력으로 인해 류씨는 민족 행사나 대정부 활동에서 아시안들의 권익을 위한 활동도 열심이다. 한마디로 류씨는 여러 그룹에서 좋은 이웃(good neighbor)으로 통한다.

그런데도 류씨는 묘한 외로움에서 벗어나지 못한다. 그렇게 많은 그룹 속에서 활동을 하면서도 어느 그룹에서도 친구를 찾기가 어렵다. 아니 친구는 많은데 진정한 친구가 없는 것 같다. 그에게서 교회와 온라인 토론 클럽은 종교생활이나 토론만 하는 곳이 아니다. 그곳은 그의 외로움을 위로하고 자부심을 만들어주기에 류씨는 그곳을 친구와 고향으로 생각한다. 너무 기대가 크기 때문에 상처도 잘 받는다. 그래서 그런지 류씨는 최근 성도들과 불화로 교회를 옮겨야 했다. 이번이 벌써 세 번째 교회를 옮기는 것이다.

— 류씨는 필자의 친구이며 미국, 로스앤젤레스에 살고 있다.

로 여러 문화권에서 자랐고, 가족, 친지, 친구, 이웃, 다양한 직장, 사회활동 등 다양한 그룹에 소속했다. 류 씨가 지금의 모습을 갖는 데에는 개인적인 특성도 있었겠지만, 그가 속한 다양한 그룹들이 그의 삶을 지금처럼 살도록 만들어 준 것이다.

그룹이 개인들에게 주는 영향력이 워낙 크고 직접적이다 보니 사람들은 자신이 커다란 도시에 속해 있더라도 회사나 교회 같은 작은 그룹에 속해 있다고 생각한다.[114] 이처럼 도시는 수많은 사람들의 모임 즉, 그룹들로 이루어져 있다.

도시인은 그룹을 선택하는 데 있어 역시 많은 자유와 선택의 폭을 갖고 있다. 전통 사회는 그룹이 개인을 선택한 것chosen이 많지만 도시사회는 개인이 그룹을 선택choose하기 좋은 환경이다. 그러므로 지금 내가 관련한 그룹들이라는 것은 어쩌면 나 자신을 보여주는 명세서라 하겠다.

이렇게 그룹들을 바꿔가며 삶의 방향을 찾으면서도 마음속에 있는 외로움과 불안감은 여전히 모든 도시인들을 괴롭히는 고통이다. 그러므로 도시인들은 더더욱 그룹을 필요로 한다. 그들은 선택권이 많으므로 도시인은 계속 그룹을 바꿔가며 외로움을 달래고 보다 자신의 꿈을 이뤄줄 곳을 찾아다닌다. 교회를 세 번이나 바꾸었던 류 씨처럼 도시인들은 출세를 하고, 외로움을 달래고 또 명예가 손상되거나 손해를 본다 싶으면 쉽게 그룹을 바꾼다. 류 씨가 한때 많은 도움을 주고받았던 친척 들과는 점점 거리를 두고 자기 가족으로만 집중하는 것처럼 말이다.

이번 장에서는 도시인들이 어떠한 응집력을 통해 그룹들에 연결이 되는지 살펴볼 것이다. 이 응집력에 대한 이해는 도시인들이 의미 있고 중요한 사람들과의 어떤 식으로 네트워크를 유지하는지 알려준다. 먼저 도시인의 가족과 친족을 연결할 때의 특징을 시작으로 해서 차츰 거주지역의 그룹, 민족 그룹, 그리고 사회 경제 정치적 기관들과 어떤 식으로 연계가 되어 있는지 살펴보겠다. 여기에는 특히 최근 급격히 늘어난 온라인상에서 그룹도 연구 대상

---

114) Fischer, *The Urban Experience*, 113.

에 포함할 것이다.

이를 위해 제기하는 질문은 다음과 같다.

- 그들은 1차 그룹과 어떤식으로 연결하는가?
- 동네 사람이었던 친구와 이웃이 도시사회에서는 어떤 식으로 연결이 되어 있나?
- 도시인들은 민족 그룹과 어떻게 연결하는가?
- 도시인들은 사회·경제·정치적 그룹과 어떻게 연결하는가?
- 도시인들은 온라인 그룹들과 어떻게 연결하는가?

질문들의 답을 정리한 후 본 장의 마지막에서는 도시의 그룹들을 대상으로 한 그리스도인과 교회의 선교적 자세를 제안할 것이다.

도시인의 가족과 친족 그룹

네트워크의 분류법과 같이 사회인류학 자들은 한 개인ego을 중심으로 해서 태생적, 혈연적 관계처럼 매우 강한 유대관계를 일차적 그룹으로 불렀다. 그리고 사회활동을 해가면서 연결되는 넓고 먼 공동체를 이차적 그룹으로 이름을 붙였다.[115]

혈연으로 맺어진 가족과 친족은 대표적인 태생적 그룹이며 1차 그룹이다. 사실, 이 가족의 개념은 문화권마다 조금씩 다르다. 예를 들어 어떤 문화권은 모든 친척을 가족으로 생각하고 또 어떤 문화에서는 핵가족만 가족으로 생각한다. 가족의 개념은 세대별로도 차이가 난다. 할아버지에게 있어 가족

---

115) Ibid.,114,143; Boissevain, *Friends of Friends*, 24; William G. Flanagan, *Contemporary Urban Sociology*(Cambridge; New York: Cambridge University Press, 1993), 22; Eames and Goode, *Anthropology of the City*, 157.

이란 본인부터 손주까지라 생각하지만, 손주는 자기 부모와 동생만을 가족으로 여기기도 한다.

도시형 가족 친족에는 전통 사회와 다른 특징들이 있다. 하나는 가족의 유형이 다양해졌을 뿐 아니라 그 다양한 유형을 인정하는 사회적 인식도 수용적이다. 둘째로 도시인은 직계가족을 대하는 자세와 친족을 대하는 자세 사이에 상당히 큰 괴리감이 있다.

다양한 가족의 유형들을 수용함

대부분의 사회는 핵가족nuclear family을 일반적이고 보편적인 가족의 기본단위로 여긴다.[116] 이 핵가족은 부모와 직계 자녀가 보통 한집에 사는 유형을 말한다.[117] 어떤 사회이든 이 핵가족 외에도 한부모 가족, 확대가족또는 친척, 무자녀·재혼 가족과 조손가족 같은 다양한 유형의 가족 개념들이 있다. 전통 사회에서 이런 유형의 가족은 소위 정상적이지 못한 가정으로 취급을 받아 왔기 때문에 그 존재감이 약하다. 반면 도시에서는 이렇게 다양한 유형의 가정도 도시사회의 정당한 일원으로 대접받고 또 사회의 지원도 비교적 많다. 예를 들어 한부모 가족은 가장이 가정을 유지하기 위해 더 많은 노력과 희생을 하여야 하지만 도시에는 교육시설, 일정한 출퇴근 시간, 방과후 학교, 시 차원에서의 지원 등 한부모 가정의 부담을 줄여주는 시설과 제도 역시 많은 편이다.[118]

---

116) 미국 인구조사국(the United States Census Bureau)에 따르면, 2010년 기준 미국 어린이의 70%가 핵가족 단위 가정에 거주한다. U U.S. Department of Commerce, "America's Families and Living Arrangements: 2010," *United States Census Bureau*(blog), 2010, https://www.census.gov/population/www/socdemo/hh-fam/cps2010.html 자료수집일, 2014년 11월 17일.

117) Conrad, Phillip Kottak, *Cultural Anthropology*, 13th edition(Boston: McGraw-Hill Humanities, 2009), 248.

118) 미국 인구조사국(the United States Census Bureau)에 의하면 2020년 현재 미국의 18세이하 미성년중 12.1%가 한 부모 밑에서 자라난다: https://www.census.gov/data/tables/2020/demo/families/cps-2020.html , Family Groups, Table FG10.

도시에서는 무자녀 가족도 하나의 가정으로 취급받는데 별다른 사회적 압력을 느끼지 않는다. 전통 사회에서 무자녀 가족은 정상적인 가족으로 인정받지 못하고 심지어 그들을 사회적으로 미 성숙하게 취급하기도 한다. 반면 도시인들은 경력과 출세를 위해 온 힘을 쏟아야 하다 보니 자녀가 없기도 하고 또 주변에서의 압력도 낮다 보니 사회생활에서는 다른 사람들과 거의 같게 살아간다.

도시에는 재혼 가족, 이혼 가족 그리고 조손가족도 늘어난다. 개인주의가 늘어가고 경제성장과 함께 수명이 늘어나면서 도시사회는 이혼과 재혼의 비율이 높아지고 사회의 이해도 늘어간다. 조손가족이란 부모 없이 조부모와 손주가 살아가는 가정을 말한다. 2010년 미국에서는 약 7%의 어린 이들이 보모의 사망, 부모의 중독 문제, 불화, 방치 등으로 부모 없이 조부모 밑에서 산다.[119]

마지막으로 도시에는 1인 가족 단위가 많이 늘어난다. 1인 가족이란 결혼하지 않는 한 사람을 하나의 가족으로 인정하는 용어이다. 20대 초반의 미혼과는 달리 이들 1인 가족은 사회적으로 생각하는 혼인연령을 넘겼음에도 결혼 계획이나 필요를 느끼지 않는 사람이거나 가족이 있더라도 실제적으로는 혼자서 사는 사람들을 말한다. 1인 가정에는 결혼을 해보지 않거나, 이혼했거나, 사별했거나, 아니면 장성한 자녀들이 모두 독립을 하는 등 매우 다양한 유형들이 있다. 도시는 이러한 1인 가정들 역시 급속히 늘어가는 중이다. 이 역시 도시라는 환경이 1인 가정이 살아가는데 충분한 시설과 상품을 제공하고 또 이들을 배려하는 사회적 인식이 점차 늘어가기 때문이다. 이러한 1인 가정의 증가는 도시의 경제, 상품, 건축 양식 등 사회 전반에 커다란 변화를 만들어 낸다. 예를 들어 일인용 주택이나 1인분 음식 시장이 증가하고, 혼자

---

119) U.S. Department of Commerce, "America's Families and Living Arrangements."

사는 사람들끼리 교제할 수 있는 사회 모임도 늘어난다.

이 외에도 소년 소녀 가장의 가족, 노인가족, 입양가족, 다문화 가족처럼 가족의 유형은 매우 많고 앞으로도 더 늘어날 것이다. 전통 사회 안에도 물론 이런 다양한 가족 유형이 있지만 이들이 도시사회에서 더 눈에 잘 뜨이는 이유는 획일화된 가정 유형에서 탈피하고 개인주의와 다양성을 인정하는 분위기 때문이다. 여기에 사회 보장 제도와 도시의 기반이 이들의 생존과 사회생활의 긍정적인 도움을 주기 때문이다.

가까워진 식구와 멀어진 친척

도시의 가족 간 네트워크와 친족kin과의 네트워크는 전통 사회의 그것과 얼마나 다를까? 보통 전통 사회에서는 가족 의식을 만드는 응집 요소cohesion factor가 가족 내부뿐 아니라 친척과 마을 전체에서도 나온다.[120] 즉, 가족은 독립되었다기보다도 마을 전체의 일원이기 때문에 한 개인이란 핵가족의 일부이자 친척의 한 구성원으로서의 의미가 강하다. 반면 도시인들은 친족 네트워크보다는 직계가족과 더 유대감이 강하기 때문에 개인들을 핵가족의 일원이라는 정체성이 우세하다. 이처럼 핵가족 중심이 되는 데에는 도시인들의 생활환경이 가족 중심으로 살도록 뒷받침해 주기 때문이다. 시간 중심적인 도시 생활에서는 어른들의 출퇴근 시간과 자녀들의 귀가 시간이 비교적 예측이 가능하고, 공적·사적 삶의 영역도 선명히 구분할 수 있다. 그 결과 이들은 친족보다는 가족과 더 많은 시간을 갖는다. 자녀들 역시 친족보다는 직계 부모로 구성된 가정에 더 애착을 갖게 된다. 예를 들어 미겔 D. 영과 피터 윌못

---

120) D. H. Olson, "Circulplex Model of Marital and Family Systems: Assessing Family Functioning," in *Normal Family Processes*, ed. F. Walsh(New York: Guilford Press, 1993), 104-37; Rebecca Sapp, "Family Conflict and Family Cohesion: Their Relationship to Youths' Problem Behaviors"(Knoxville, University of Tennessee, 2003)

Michael D. Young 과 Peter Wilmott은 런던의 중산층들이 대단히 가족 중심이며 결혼해서도 부모님과 가까운 곳에 살기 원하는 추세가 있다고 보고했다.[121]

자녀들이 가족 네트워크를 대하는 자세는 그들이 성인이 되기 전과 후에 매우 다르다. 결혼하면 새로운 핵가족에 속하기 때문에 부모와의 관계 역시 변한다. 앞에 소개한 류 씨도 결혼 전에는 홀어머니와 친척들과의 관계가 긴밀했었으나 결혼한 이후로는 자신의 가정에만 집중한다. 류 씨의 마음속에는 어머니와 그리고 친척들과 아직도 좋은 추억들이 있겠지만 도시인의 바쁜 일상과 서구식의 가족 개념은 류 씨를 자기 가족에 집중하도록 만든다.

그렇다고 해서 도시가 무조건 친족과의 관계에 부정적인 요소만 가지고 있는 것은 아니다. 반대로 발전한 교통과 미디어, 그리고 사회적 환경이 친족과의 네트워크를 활성화하게 만들기도 한다. 쉽게 연결되는 전화와 이메일, 소셜 미디어와 빠르게 찾아갈 수 있는 교통편으로 마음만 먹으면 언제라도 친척들이 모일 수가 있다.[122] 종교활동이나 다양한 취미 봉사활동을 할 수 있는 도시환경 역시 친족과의 관계를 활성화한다. 류 씨 역시 일주일에 한 번 정도 어머니께 전화를 드린다. 어머니와 그리 먼 곳에 사는 것도 아닌데 그들은 주로 전화로 안부를 나눠도 된다고 생각한다. 어머니는 이혼 뒤로 최근까지 직장 생활을 하고 아직 건강하므로 혼자 사는 것이 그리 어려운 일은 아니다. 그리고 주일날 교회에서 만나 함께 점심을 하는 것으로 그들은 상당히 정서적 충족을 할 수 있다. 서로 가까이해야만 하는 시골의 친족 네트워크와 달리 도시인들은 자신이 원하는 만큼만 가까이해도 된다고 생각한다.

보통 사회적 자원을 많이 확보해 가면서 도시인들은 주변 친척과의 관계

---

121) Michael Dunlop Young and Peter Willmott, *Family and Kinship in East London*, *Reports of the Institute of Community Studies*, 1(Glencoe, Ill.: Free Press, 1957)

122) Christina Rufenacht, "2000 Technology Strengthens Family Bonds," *Women in Business* 52, no. 1(2000):46.

가 약해진다. 즉 가난하거나 사회적으로 약한 사람들은 친족과 가까이하지만 사회적 자원이 좋으면 친척보다는 사회가 제공하는 자원을 더 의존하는 경향이 있다. 이런 모습은 이주민들의 삶에서 더욱 잘 나타난다.[123] 이주민들에게 있어서는 친척이야말로 서로를 돕는 둥지이다.[124] 상자 B에 소개한 류 씨도 그의 어머니가 이혼을 한 후 친척의 도움을 많이 받았다. 그러므로 가난하고 약한 계층에게는 친척의 역할이 아직도 지대하다.[125]

사회적 자원이 늘고 자립을 해가면서 도시인들의 네트워크는 다양한 곳으로 분산을 하게 된다. 전통 사회의 응집력이었던 민족의 절기, 제사, 공통의 조상, 친족들이 제공하던 사회 안전망 등은 이제 도시인에게는 큰 응집력이 되지 못한다. 친척들도 굳이 직접 만나기보다는 전화나 문자 메시지로 관계를 유지하는 정도이다. 이럴 수밖에 없는 것은 도시의 생활이 사람들을 생존과 성공에 너무 많은 에너지를 쏟아붓도록 요구하기 때문이다. 여기에다 과거 친족 공동체가 제공하던 사회 경제적 혜택과 정서적 안정감은 이제는 도시의 사회 시설과 사회 보장 제도가 제공하므로 친척 간의 응집력은 더욱 약해진다.

---

123) 예를 들어 Edward M. Bruner는 인도네시아의 Batak인들이 그들의 고향인 산촌에 살때 보다 Medan과 같이 큰 도시로 이주한 후 보다 더 친족들간의 관계가 돈독해 졌다고 보고했다. William Mangin Comp., *Peasants in Cities: Readings in the Anthropology of Urbanization*(Boston: Houghton Mifflin Co, 1970), 123-24.

124) William Mangin Comp., "Sociological, Cultural, and Political Characteristics of Some Urban Migrants in Peru," in *Urban Anthropology: Cross-Cultural Studies of Urbanization*, ed. Aidan Southall(Oxford [England]: Oxford University Press, 1973), 318.

125) Theodore Caplow et al., *Middletown Families: Fifty Years of Change and Continuity*(New York: Bantam, 1982), 195-223; Harry K. Schwarzweller, James S. Brown, and J. J. Mangalam, *Mountain Families in Transition; a Case Study of Appalachian Migration*(University Park: Pennsylvania State University Press, 1971); James Watson, "Restaurants and Remittances; Chinese Emigrant Workers in London," in *Anthropologist in Cities*, ed. G. Foster and R. Kemper(Boston: Little, Brown and Co., 1974), 201-11; Eugene Litwak, "Occupational Mobility and Extended Family Cohesion," *American Sociological Review* 25(1960): 9-21; Eugene Litwak and Ivan Szelenyi, "Primary Group Structures and Their Functions: Kin, Neighbors and Friends," *American Sociological Review* 34(1969): 465-81.

한 가지 흥미로운 점은 도시의 풍요와 사회 보장 시설은 노부모와의 관계를 개선하는 데에도 긍정적인 역할을 한다는 것이다. 예를 들어 중국에서는 성년 자녀들과 노부모와의 관계가 농촌보다 도시가 더 좋은 것으로 나타났다.[126] 이는 농촌은 가난하고 서로 좁은 공간에서 부대끼며 사는 반면 도시는 노부모가 이미 경제적 상태가 좋고 각자의 공간이 있고 건강 보험과 사회보장 시설을 사용할 수 있다 보니 자녀들과의 관계에 여유가 생기기 때문으로 분석되었다.[127]

한편 도시는 핵가족에게도 상당히 편리한 환경을 제공한다.[128] 규칙적인 출퇴근과 주말 생활은 도시인들이 일과 가족에 집중 하고 가정에 대한 계획을 안정되게 세울 수 있도록 해준다. 이러한 규칙성으로 인해 도시인들은 가족이 점점 더 유일한 HOME이 되어간다. 다양한 민속학적 조사ethnographic research는 도시인들이 여전히 가족을 중시한다는 증거들을 찾아냈다.[129] 도시인들은 주말에 특별한 레저와 다양한 집안일을 함께 하며 그들의 유대감을 만들어 간다. 류 씨의 어머니 역시 아들과 같은 교회를 다닐 정도로 멀지 않은 곳에서 살고 있다. 그들은 한쪽이 도움이 필요할 때이면 언제든지 찾아가 도와줄 수가 있다. 할머니는 명절과 생일 때는 쉽게 찾아가 손주들과 다시 하나가 될 수가 있다.

---

126) Martin King Whyte, *China's Revolutions and Intergenerational Relations*, vol. v. 96, Michigan Monographs in Chinese Studies,(Ann Arbor: Center for Chinese Studies University of Michigan, 2003), 305.
127) Ibid., v. 96:307.
128) P. Crowe, "Social Networks in an Urban Context," in *Western European Cities in Crisis*, ed. M.C. Romanos(Lexington MA: Lexington Press, 1979), 67-80; T. Koyama, "Rural-Urban Comparisons of Kinship Relations in Japan," in *Families in East and West*, ed. R. Hill and R. Konig(Paris: Mouton, 1970), 318-37; E. G. Youmans, "The Rural Aged," Annals, no. 429(1977): 81-90; Claude S. Fischer, *To Dwell among Friends* : *Personal Networks in Town and City*(Chicago: University of Chicago Press, 1982)
129) John Gulick, "Urban Anthropology," in *Handbook of Social and Cultural Anthropology*, ed. J.J. Honigman(Chicago: Rand-McNally College Publishing Company, 1973), 979-1029; Young and Willmott, *Family and Kinship in East London*.

지금까지 살펴본 대로 도시인들은 대체로 친척들과의 네트워크는 약하고 가족 네트워크는 강하게 유지한다. 도시는 가족과 친척의 네트워크들을 무조건 약화만 시키거나 한쪽으로 기울게만 하지 않는다. 이들 두 가지 네트워크들은 각자의 우선순위나 정서 상태 그리고 사회적 능력에 따라 강화하기도 하고 약화하기도 한다.

도시의 지역성 그룹들: 거리보다 관계로 연결된 사람들

사람들은 자신이 사는 곳이나 사회활동을 하는 곳에서 자연스럽게 친구와 이웃을 사귄다. 이처럼 내가 살아가면서 자연스럽게 만나는 사람들로 이루어진 그룹은 일종의 지역성 그룹residential area이다. 지역성 그룹을 형성하는 데에는 다음 몇 가지 응집 요소가 있어야 한다.

첫째로 지역 클럽이나 활동 센터와 같이 사람들이 자연스럽게 찾는 거점 local point에 응집력이 있다. 사람들은 주변의 종교시설, 클럽, 동호회, 취미와 이익을 추구하는 모임, 사회 정치활동, 경제 시설, 교육시설 등 다양한 모임과 시설에 가입하고 활동한다.[130] 이런 활동은 자연스럽게 친구와 이웃을 사귀도록 해서 도시인들의 부족한 인간관계를 보충해준다.[131] 앞에 소개한 류 씨는 동네 옆집에 사는 타 민족들, 교회 안의 친구들, 또 배드민턴과 싸이클 동호회를 통해서 좋은 친구들을 만난다. 이 모두 그가 자연스럽게 찾는 곳에서 만난 지역성 친구와 이웃들이다.

둘째로 서로의 정서적인 공감이 지역성 그룹을 만드는 응집 요소이다. 같은 추억, 같은 민족감정, 함께 한 시간 등은 서로의 관계를 단단하게 만든다. 사회적으로 낮은 계층이나 소수민족 마을ethnic enclaves로 갈 수록 그룹은 이런

---

130) Mithum Jacqueline, "Cooperation and Solidarity as Survival Necessities in a Black Urban Community," *Urban Anthropology* 2(1973): 25-34.
131) Fischer, *The Urban Experience*, 120.

정서적 공감대로 묶여 있다.132 빈곤하고 소외된 사람들은 외부에 기댈 만한 사회적 자원이 부족하지만, 같은 계층끼리는 서로의 처지를 공감하기 쉽기 때문에 서로에 대한 의존도가 높다.133

세 번째 응집 요소는 외부의 위협과 내부의 이익이다. 예를 들어 철도 건설, 폐기물 매립 같은 대자본 업체 주도의 사업이 마을 전체에게 불이익을 주는 경우, 또는 다른 마을과의 경쟁과 갈등이 생길 때 동네의 사람들은 급격하게 단결한다. 내부의 이익이 걸린 문제도 그룹을 하나로 묶는다. 예를 들어 대형 아파트 촌에서 경비원의 숫자를 줄여 안전을 위협받거나 전기세를 인상한다는 통지를 받으면 주민들은 모여 단체로 탄원을 시도한다.

도시의 친구

도시의 친구와 이웃은 전통 사회에서의 그들보다 몇 가지 뚜렷한 차별적 특징을 지닌다. 친구란 사회활동을 통해 만들고 또 삶의 모든 단계에서 친구를 만날 수 있다.134 사람들은 이웃, 친족, 거리, 직장동료, 같은 취미, 교회 등에서 친구들을 만든다.135 또한 친구의 의미와 조건에는 문화적인 요소들이 많이 있다.136 예를 들어, 아시아 문화권에서는 친구 관계에서 유대감과 약속이 매우 중시되며, 경우에 따라 혈연보다 우정이 우선시되기도 한다.137

전통 사회에서는 이웃이나 친척처럼 근거리에 거주하는 사람들과 친구

---

132) William Mangin, "Squatter Settlements," *Scientific American* 217, no.4(1967):21-29.
133) Helen Safa, "The Social Isolation of the Urban Poor: Life in a Puertorican Sahnty Town," in *Among the Poor*, ed. Isaac Deutscher and E. Thompson(New York: Basic Book Inc., 1968)
134) G.A. Allan, *A Sociology of Friendship and Kinship*(London: Allen and Unwin, 1979)
135) N. Shulman, "Urban Social Networks" (Toronto, University of Toronto, 1972)
136) Sherwood Lingenfelter, *Transforming Culture : A Challenge for Christian Mission*, 2.(Grand Rapids Mich: Baker Books, 1998)
137) Mary Douglas, "Cultural Bias: Royal Anthropological Institute Occasional Paper"(Royal Anthropological Institute, 1978)

가 되는 경우가 많아, 친구와 친척의 관계가 겹치는 경우가 빈번하다.[138] 어른이 되어 사회생활을 할 때 사회의 친구들은 여전히 같은 민족이며 같은 동네 사람들이다. 이런 현상은 도시 안의 민족촌에서 살아가는 소수민족에게도 동일하게 나타난다.[139] 반면 도시에는 다양한 민족과 계층이 있다 보니 사람들은 다양한 종류의 친구를 사귈 수 있다.[140] 다시 말해 친구를 사귀는 데 있어 민족의 경계선을 넘지 못할 이유가 없다.[141]

친구는 친구로서 갖춰야 할 요구 조건에 따라 여러 종류로 나눌 수가 있다. 가까운 친구가 되기 위해서는 조건이 매우 까다롭고 그 반대이면 먼 친구가 된다. 도시의 다양한 네트워크들은 친구의 종류도 다양하게 만든다. 깊은 영적 교제가 가능한 영적 친구soul friend에서부터 시작하여, 정보와 기능만 교류하는 동료, 기능은 없으나 정서적으로 교류를 갖는 친구, 거리상으로 가까우므로 알게 된 사람, 그리고 길에서 가끔 마주치는 '좀 아는 친구' just friend까지 도시인 들은 다양한 친구가 있다.[142] 현장 조사에 의하면 도시인들의 친구 안에는 좀 아는 친구의 비중이 높고 친구의 종류는 더 다양한 것으로 나타났다.

도시의 이웃

친구와 더불어 이웃은 지역성 그룹의 대표적인 사람들이다. 전통적으로 이웃은 우리 집의 옆에 사는 사람들을 말 해왔다.[143] 이웃이란 거리상으로 가

---

138) Kim, *Mission Strategy in the City*, 151-52.
139) Ibid.
140) Zang, Lipman, and McKeever, "Ethnicity and Urban Life in China," 21.
141) Kim, *Mission Strategy in the City*, 153.
142) Just friend means that a friend who are familiar but maintains a superphicial relationship. Fischer, *To Dwell among Friends*, 108-23.
143) 이러한 전통적 이웃이 만들어 지기 위해서 핏셔(Fischer)는 다음 3가지 조건이 만족 되어야 한다고 했다: 기능적 상호 의존(functional interdependence), 관계의 우선성(prior relationships), 다른 대안의

까우면서 활발한 교류를 갖는 사람들이다.

윌리엄 M. 마이클슨William M. Michaelson은 이웃이라는 관계가 조성되는 데에 필요한 조건은 적어도 가깝고, 동질감을 느끼고, 서로의 필요를 아는 관계가 되어야 한다 했다.[144] 전통적으로 이웃은 보통 같은 동네에 살면서 함께 경제활동도 하고 언어와 문화가 유사하여 빈번한 교류를 갖는 사람들이었다.[145] 그렇기에 이들은 마이클슨의 이웃 형성의 세 가지 조건을 잘 갖춘 사람들이다.

반면, 도시인들은 평생 아파트 옆집의 문을 거의 두드리지 않는데, 그렇다면 도시에는 마이클슨이 정의한 세 가지 조건을 충족하는 이웃이 존재하지 않는 것일까? 다시 말해, 도시인들에게는 이웃이 있는가? 도시인들에게 이웃이 없는 것은 아니다. 어쩌면 과거의 한동네에 살고 자주 찾아가던 그 이웃이 없을 뿐이지 도시인들은 여전히 이웃과 함께 살아간다. 도시의 이웃은 없어진 것이 아니라 단지 옆집이 아닌 다양한 곳에 흩어져서 살아간다.[146]

클라우드 핏셔Claud Fischer는 단순히 거리상으로만 가까운 곳에 사는 사람들을 '마주친 이웃just neighbors'이라 이름하였다.[147] 전통 사회에서는 같은 동네에 사는 사람들은 모두 이웃으로 간주하였다. 즉, 전통 사회는 마주친 이웃이 바로 이웃이다. 하지만 도시사회에서의 이웃은 상당히 다르다. 그들의 특징은 다음과 같다.

첫째, 도시사회에서의 이웃은 단지 가까운 곳에 산다고 해서 이웃이 되지

희소성(lack of alternatives) Fischer, *The Urban Experience*, 131-34.
144) William M. Michaelson, *Man and His Urban Environment: A Sociological Approach*, Revisions(Reading, MA.: Addison-Wesley, 1976), 190.
145) Kim, *Mission Strategy in the City*, 119.
146) 윌리엄 M. 미겔슨(William M. Michaelson)은 이웃에 대한 정의를 다음과 같이 내렸다. "이웃과의 동질성에 대한 인식과 근접성으로 충족할 수 있는 상호 필요에 대한 인식. Michaelson, *Man and His Urban Enviornment*, 190.
147) Fischer, *The Urban Experience*, 131.

는 않는다. 다시 말해 도시에서는 '마주친 이웃' 이라 해서 모두 이웃은 아니다. 왜냐하면 도시인들의 활동 범위는 도시 전반으로 확장되어 있지만 정작 동네 사람들과는 만날 일이 줄어든다. 결과 동네에 가까이 사는 사람들과는 소원해지면서 직장이나 종교활동 또는 동호회에는 자주 만나는 사람들이 있다. 즉 도시인들은 멀리서 사는 원거리 이웃들이 그들의 이웃인 셈이다. 이런 이유로 도시의 이웃은 내가 자주 활동하는 동선과 시간에 따라 띄엄띄엄 흩어져 있는 모양을 취한다.

둘째로, 도시의 이웃은 균질homogeneous하기 보다는 불균일 하고 심지어 서로를 그렇게 많이 알지도 않는 관계이다. 전통 사회에서는 나와 이웃은 네트워크가 여러번 겹치는 중첩형이다. 예를 들어 한동네 사는 사람이면서 같은 민족이고 또 비슷한 업종에 종사한다.[148] 즉 다른 장소에서도 같은 이웃들과 함께 일을 한다. 반면 도시의 이웃 네트워크는 다른 사회에서는 거의 마주치지 않는 분산dispersion형이다.[149] 이처럼 도시 이웃 네트워크의 멤버는 공동의 관심사를 가졌다는 점을 제외하고는 거의 다른 세계에서 살기 때문에 이웃 네트워크는 상당히 불 균질한 사람들로 구성이 된 셈이다.

셋째로 도시인들은 유사 관심자들 그룹proximity group 간의 활동을 통하여서도 이웃을 만난다. 유사 관심 그룹이란 종교 생활, 취미활동, 교육, 관심 분야, 정치와 시민활동 등 도시인의 다양한 관심과 필요를 채우는 그룹들을 말한다.[150] 사람들은 이런 유사 관심 그룹에서 생각과 정보를 나누고, 활동과 시간을 공유하며 동료애를 누리고, 개인과 공동의 이익을 추구하고, 이상을 실현하게 된다.

이처럼 도시의 이웃은 비록 전통 사회처럼 같은 장소에 살지는 않지만,

---

148) Kim, *Mission Strategy in the City*, 126-29; Eames and Goode, *Anthropology of the City*, Chap 5.
149) Kim, *Mission Strategy in the City*, 134-37.
150) Greenway and Monsma, *Cities*, 124.

이웃이 되기 위한 조건-가깝고, 동질감을 느끼고, 서로의 필요를 아는-들은 충분히 갖추었다.[151] 이들 도시형 이웃은 옆집에 사는 모르는 사람에 비해 월등하게 많은 시간을 나와 같은 공간에서 보낸다.

지금까지 우리는 지역성 그룹을 대표하는 도시형 친구와 이웃의 개념을 살펴보았다. 도시형 이웃과 친구는 지리적으로 가까운 곳에 있을 수도 있으며, 멀리 거주하더라도 빈번히 만나는 지역 간 이동적translocal 관계로도 존재한다. 이처럼 도시의 지역성 그룹들은 과거처럼 시간과 장소에 매여있는 것이 아니라 서로 약속한 시각과 장소에서 자주 만나고 함께 할 것이 많은 사람들의 모임이라 하겠다.

도시의 민족 그룹들: 자연히 알게 되며 계속 변하는 사람들

도시는 민족별로 뭉치도록 하는 힘이 있다. 그러므로 도시 안에는 여러 민족별로 모이고 상업활동을 하고 문화적인 정체성을 드러내는 곳들이 많다. 또한 도시는 그 규모가 클수록 다양성은 많아지며 민족들이 함께 할 기회도 많아지게 되어 있다.[152]

도시의 민족들도 자신들의 문화를 지키고자 한다. 함께 일하고 같은 언어를 사용하며 그룹 활동을 하는 것은 자기 문화를 지키는 강력한 힘이 된다. 동시에 도시에서는 그 어떤 민족이더라도 그 도시의 영향을 받게 되어 있다. 그러므로 세대가 거듭되면 도시의 민족들은 점점 그 도시의 문화에 동화를 한다. 다시 말해 도시의 민족은 끊임없이 문화적 동화assimilation와 정체성의 유지continuation 사이를 오가게 되어 있다 그 결과 그들은 원문화도 아니고 도시의 주류 문화도 아닌 자신들만의 정체성을 세워나간다.

---

151) Michaelson, *Man and His Urban Enviornment*, 190.
152) Fischer, *The Urban Experience*, 80-82.

민족들이 자신들의 정체성을 이어가기 위해서는 그 안에 다양한 응집 요소들이 있어야 한다. 응집 요소의 첫째는 충분한 규모의 확보이다. 도시에 새로운 민족이 처음 이주할 때는 그 숫자가 매우 적고 존재감이 미미하다. 더 잘사는 곳으로 이주한 이주자들의 경우 자신들의 영향력과 생존 능력이 약하기 때문에 자연히 자신들의 문화와 언어에 대한 자부심도 약하다. 이런 상황에서는 보통 자기의 원문화를 드러내지 못하고 차라리 주류 사회에 동화하려 한다. 하지만 이주자의 숫자가 늘어나면서 그들은 점점 자신들의 사회를 만들어 간다. 이주자의 규모가 점점 늘어나 어떤 임계점을 넘어서면 이주자들의 생존 방식이 안정되고 문화적 자부심도 생겨난다.

둘째로, 같은 민족이 지속해서 모일 수 있는 공간도 응집 요소이다. 예를 들어 방글라데시인 지역Little Bangladesh이나 중국인 지역 같은 도시 안의 민족촌에는 그들이 운영하는 점포, 식당, 편의시설, 종교시설, 고충 상담소, 병원, 사회복지 시설, 방송국, 민족 학교, 민족 축구팀 등 다양한 시설과 활동이 있다.

셋째로 같은 민족이 운영하는 점포나 사업, 정치활동과 같은 사회 경제 정치적 네트워크도 문화 유지에 좋은 조건이다. 예를 들어 앞에서 소개한 류씨는 그의 영어 실력과 재미 아시안들 사이에서 받은 신뢰와 역사 지식이 있었기에 그들의 권익을 대변하는 활동을 할 수가 있었다.

넷째, 민족 간의 갈등, 핍박 또는 경쟁도 민족을 하나로 묶는 역할을 한다. 다민족 사회에서 민족의 이익과 자존감을 지켜내려는 노력은 민족을 강력하게 응집시킨다. 예를 들어 1880년대에 이탈리아 계열의 이주자들은 미국의 주류 여론으로부터 혹평과 비판에 시달려야 했다. 이러한 여론은 오히려 그들을 단합시키고 나아가서는 이탈리아계 미국인의 자부심과 정체성을 확

고히 하는 계기가 되었다.153

마지막으로 이주자가 떠나온 고향의 부흥은 민족 그룹들도 함께 부흥할 수 있도록 한다. 이주자의 본국이 어떤 이미지를 가졌는지는 이주민들의 사회적 지위에 많은 영향을 주게 되어 있다. 보통 더 선진국으로 온 경우 이주자들은 정착한 곳의 언어와 문화를 적극적으로 받아들인다. 그러다가 본국의 위상이 상승하면 자신들의 자존감도 높아지면서 다시 언어와 문화를 회복하려 한다.

이러한 응집력에도 불구하고 도시 안의 민족들은 실상 계속해서 변화를 한다. 도시 안의 민족이 변화하는 이유는 그 안의 그룹과 그 구성원들이 변화하기 때문에 일어난다.154 민족의 변화를 일으키는 요인은 수없이 다양하다. 예를 들어 전통 종교에서 떠남, 타민족과 결혼, 공공교육의 영향력, 주류 사회의 영향, 매스컴 등은 민족들을 주류 사회 안으로 흡수되게 만든다. 이처럼 도시의 민족 그룹들은 변화와 유지를 거듭하면서 자신들의 방향을 스스로 찾아 나간다. 결과 민족 전체와 그 안의 개인들을 사실상 이중의 정체성을 갖는 것이다.155

사회 경제 정치관련 그룹들

도시가 발전하고 번영하는 데에는 정치 리더들만이 아니라 민간 차원의 활발한 참여가 있기에 가능하다. 여기에는 직장 생활과 같은 경제 그룹이 있고 취미활동, 동호회 활동, 종교활동 같은 사회적인 그룹들이 있으며 이상 실

---

153) Luciano J. Iorizzo and Salvatore Mondello, *The Italian Americans*, revised(Boston: Twayne, 1980), 236-38.
154) Stephen Cornell, "Discovered Identities and American Indian Supratribalism," in *We Are a People: Narrative and Multiplicity in Constructing Ethnic Identity*, ed. Paul Spickard and Jeffry W. Burroughs(Philadelphia: Temple University Press, 2000), 98.
155) Kim, *Receptor-Oriented Communication for Hui Muslims in China*, 2018, 34:98-105.

현과 이익 실현을 위한 정치활동을 위한 그룹들이 있다. 이러한 자발적인 기구와 그룹들은 도시를 다양한 사회, 정치, 경제 집단들이 사회를 이끌어 가는 다핵사회multiple nuclei society로 만든다. 이들 사회, 경제, 정치적 그룹들은 크게 유사성proximity 그룹, 경제적 그룹, 그리고 정부와 비정부 그룹으로 분류할 수 있다.

첫째로, 유사성proximity 그룹이란 자신의 관심 분야, 자아실현, 또는 정서적 필요를 위해 모이는 그룹을 말한다. 유사성 그룹의 회원들은 민족이나 사회적 신분 같은 선천적인 배경보다는[156] 예를 들어 학부모의 모임에는 자녀가 같은 학교에 다닌다는 유사성이 필수적이다. 이처럼 자전거 동호회에서는 공통의 취미가, 교회에서는 같은 종교가, 의료봉사 단체는 봉사 정신이, 특정 정당 후원회에서는 정치성이라는 유사성이 사람들을 뭉치게 만든다. 근래에는 온라인상에서도 이 유사성을 기반으로 한 다양한 커뮤니티들이 왕성한 활동을 한다. 사람들에게 끊임없이 새로운 욕구를 자극하므로 도시는 엄청나게 다양한 유사성 그룹들을 만들어 낸다. 이들이 유사성 그룹으로 모이려는 이유는 앞에서 살펴본 친지 그룹, 민족 그룹, 이웃만으로는 도시인들의 필요를 충분히 채우지 못하기 때문이다.

둘째로, 경제적economic 그룹이란 말 그대로 경제활동을 하려는 그룹들이다. 도시는 수없이 많은 경제활동 조직들이 있다. 직장이라는 것은 도시인들에게 신분을 만들어 주는 옷과 같은 것이다.[157] 전통 사회에서는 신분이 직업을 정해준다면 도시는 반대로 직업이 신분을 만든다.[158] 예를 들어 사람들은

---

156) 로저 그린웨이(Roger Greenway)는 도시 안에서 정보가 흐를 수 있는 통로를 세가지로—민족 통로(ethnic channel), 사회계층 통로(class channel), 그리고 사회활동 그룹(social group)통로— 나누어 소개를 했다. Greenway and Monsma, Cities, 124.
157) 신분은 직업보다 더 큰 개념이다. 더 자세한 도시에서의 신분에 관한 내용은 다른 섹션에서 전문적으로 다룰 것이다.
158) 폴 히버트와 메네시스 엘로이스 히버트저, 이대헌과 안영권 공역, 『성육신적 선교사역: 교회사역을 위한 선교현장이해』, 322-23.

항공기 기장은 택시 기사보다 더 고급 신분이라 생각한다. 이는 단지 월급의 차이만이 아니라 그 직업에 대한 사회적 인식 차이 때문이다.

신분과 경제력은 상위 계층으로 갈수록 중요하고 절박하게 지켜내야 하는 것이다 보니 상위 계층은 더더욱 서로를 필요로 한다. 이들에게 있어서 신분과 소득은 너무도 중요해서 민족의식, 과거의 친구들, 동네 사람들과의 관계, 레저 활동, 사회활동도 모두 자신의 신분 유지에 도움이 되는지를 많이 고려할 수밖에 없다.[159] 결과 이들 상위 계층은 내부적으로는 서로 긴밀하고 외부로부터의 진입 장벽도 매우 높다. 반대로 사회적으로 약자들은 비전문적, 단기적, 저소득, 노동 집약적인 일들을 한다. 이중 사회적 자원이 부족한 이주자들은 이런 민족 연결망을 기반한 음식, 복장 같은 특정분야의 직종으로 몰리는 경향이 있다.[160]

셋째 정부 또는 비정부 그룹들은 국가 정책의 실현이나 시민사회의 역량 증대를 꾀하는 조직들이다. 국가는 국민을 통치하고 의견을 수렴하기 위해 각 지역에 다양한 마을, 읍, 면, 시, 광역시 같은 정부 단위들을 구획하고 그 안에 동사무소, 경찰서, 소방서 같은 정부기관들을 설치한다. 여기에 공립학교, 국영기업, 철도공사 등 국가가 직접 운영하는 기관과 회사들도 도시를 떠받치는 중요한 국가 기관들이며 사람들을 넓은 범위로 묶어주는 그룹 단위이다.

비영리기구Nonprofit organization나 비정부기구Non Governmental Organization는 정부가 아닌 민간인들이 세운 조직들이다. 이들은 시민사회라는 토양에서 시민들이 자아를 성취하고 공공의 유익을 얻기 위해 운영하는 자발적, 비국가적, 그리고 비경제적인 결사체이다. 교회종교 단체, 문화단체, 학술 협회, 독

---

159) David Jacobson, *Itinerant Townsmen*(Menlo Park, CA: Cummings Publishing Co., 1973)
160) Harold Gould, "Lucknow Rickshawallas: The Social Organization of an Occupational Category," International Journal of Comparative Sociology 6(1965): 27-47.

립적 여론매체, 스포츠 및 레저 협회, 토론회, 시민광장, 시민운동 직업 연합, 정당, 노동조합, 대안 기관 등이 여기에 해당한다.

또, 거버넌스는 정부와 시장 사이에서 균형을 잡아주고 국가와 민간 단체가 서로의 자발적인 참여와 연대, 소통과 협업을 하는 기관이다.[161] 거버넌스는 국가, 시민, 그리고 시장이 서로를 인정하고 상호 의존할 수 있도록 협력적인 네트워크를 구성한다.[162] 거버넌스에서는 참여와 권한 부여, 권력의 분화, 자율과 평등의 정신이 중요하기 때문에 조직은 권위적이기보다는 비교적 참여자 중심이면서 네트워크형으로 형성된다.[163]

또 하나의 도시가 된 온라인 그룹들

전통적인 인쇄 매체들이 해왔던 기능들이 인터넷 매체로 옮겨 가면서 앞에서 언급한 수많은 그룹들이 온라인 안에도 거의 다 존재한다 해도 과언이 아니다. 식구와 친척 간에도 온라인 소통 비중이 늘어가고 이웃은 스마트폰 앱을 사용해 동네 사람들과 필요한 정보를 나눈다. 디지털 향우회나 주식 투자, 그리고 시민 토론방 같은 사회·경제·정치 관심 그룹들도 뒤지지 않고 온라인 활동을 확대한다. 온라인 그룹들 중에서도 가장 숫자가 많은 것은 단연

---

[161] 초기에 거버넌스들은 주로 국가가 주도하는 정책을 돕거나 정부의 입장에서 보는 공적 이익(general interests)을 추구하는 국가 주도형이었다. 그 후 이 거버넌스는 그 영역이 점차 확대되어 글로벌화 되거나 반대로 전문성과 특수성을 갖는 로컬 거버넌스(local govenrnace)로 발전을 하였다. Wolfgang Streeck and Philippe Schmitter, "Market, State, Community, and Association?: The Prospective Contribution of Interest Governance to Social Order," in *Private Interest Government: Beyond Market and the State*, ed. Wolfgang Streeck and Philippe Schmitter(London: London, 1985); Leon Lindberg, "Economic Governance and the Analysis of Structural Change in the American Economy," in *Governance of American Economy: Structural Analysis in the Social Sciences*, ed. John L. Campbell, J. R. Hollingsworth, and L. N. Lindberg(Cambridge: Cambridge University Press, 1991), 3-34.

[162] 존 피에르(Jon Pierr)는 도시 로컬 거버넌스 유형을 다음 네가지로 나누었다: 관리적 거버넌스(managerial governance), 협력 지향적(corporatist governance), 성장지향적 거버넌스(progrowth governance), 복지 거버넌스(welfare governance) J. Pierre, "Models of Urban Governance: The Institutional Dimension of Urban Politics," *Urban Affairs Review* 34, no. 3(1999): 372-96.

[163] 박상필, 『NGO 학』(서울: 아르케, 2011), 316.

유사성 그룹이다. 사람들은 온라인에서 고등학교 동창 모임, 교회 모임, 애완견 사랑 모임, 정치인 후원회, 환경보호단체 등을 끊임없이 생성하고 해체한다.

온라인 그룹들은 오프라인 그룹과 흡사한 면도 갖고 있지만 다른 점도 있다.[164] 온라인에서 하는 그룹 활동은 비동시적asynchronous 교류가 가능하므로 오프라인에 비하여 시간 활용이 더 자유롭다.[165]

온라인 커뮤니티는 유형별로 나눌 수 있는데 여기에는 교회형, 극장형, 카페형 등이 있다.[166] 교회형은 마치 목사가 양들을 이끄는 것과 같이 하나의 리더가 회원들을 이끌어 가는 유형이다. 예를 들어 역사 토론 커뮤니티, 암을 이기는 모임 같이 그 분야에 대하여 해박한 지식을 가진 전문가가 커뮤니티를 주도적으로 이끌어간다. 극장형theater type 커뮤니티는 카메라 관심, 환경 보호, 채식 동호회와 같이 그 분야에 관심과 취미가 있는 사람들의 사회이다. 마지막으로 카페 유형의 커뮤니티는 새로운 친구를 알아가는 것이 목적인 커뮤니티이다. 예를 들어 고등학교 동창 모임, 70년대 음악 감상, 같은 지방 사람들의 모임처럼 그 회원의 배경에 공통점이 있는 사람의 모임이다.

온라인 커뮤니티는 목적별로도 나눌 수 있다. 여기에는 취미, 토론, 지역, 연령, 사회봉사와 일상생활 등 다섯 가지가 있다.[167] 취미 커뮤니티는 회원들이 취미가 중심 주제가 되어 함께 즐기고 경험과 정보를 공유하는 커뮤니티이다. 또, 토론 동호회는 동성애, 철학, 역사, 환경 같은 특정 주제를 전문

---

164) Robin Hamman, "Introduction to Virtual Communities," Cybersociology: Magazine for Social-scientific Researches of Cyberspace, November 20, 1997, http://www.cybersociology.com/files/2_1_hamman.html; Myungsoo Kang, *Dijitel Sidae Community Hualyong Junliak.(Strategy for Community Building in the Digital Age)*(Kyung Gee, Korea: Korea Academic Information, 2006), 41-42.
165) 자세한 virtual space and virtual community의 개념은 이 책의 5장에서 따로 다루었다.
166) 서이종, 『인터넷 커뮤니티와 한국사회』(도서출판 한울, 2002), 106-22.
167) Ibid., 122-40.

가들과 함께 깊이 있게 토론하는 커뮤니티이다. 지역locality 커뮤니티란 같은 고향이나 학교 출신들처럼 지역적 공감대를 가진 사람들이 정보 교환과 유대 강화를 하는 모임이다. 연령대 커뮤니티에서는 비슷한 나이를 가진 사람들이 친목 도모와 관심분야들을 토론하고 유익을 나누는 것을 목적으로 한다. 마지막으로 사회봉사와 일상생활 커뮤니티에서는 같은 처지에 있거나 주변의 필요가 있는 사람들을 돕는 모임이다. 예를 들어 '암을 이기자' 동호회 같은 경우는 질병과 관련한 정보 교환은 물론 암 환자와 그 가족 간의 친목 도모와 격려를 하기 위한 목적으로 운영한다.

앞에서 언급했듯이 도시는 전통 사회보다 훨씬 더 많은 그룹들을 만들어 낸다. 여기에 온라인 환경은 이러한 현상을 더욱 가속하였다. 사람들이 온라인 환경에 익숙해지면서 온라인과 오프라인의 경계선이 점점 없어지고 이 둘을 자유로이 오가고 있다. 기술과 교통이 발전하고 사회 인식과 사람들의 욕구가 증가하면서 도시는 2차 그룹들이 폭발적으로 생겨나고, 유지되고, 사멸하는 곳이 되었다.

선교적 고찰: 선한 이웃으로 보냄 받은 우리

지금의 내가 있기 까지는 하나님의 섭리 가운데에 내가 속해왔던 많은 그룹들이 있었기 때문에 가능했다. 하나님은 우리가 그분의 창조하신 뜻 가운데 살고 풍성해지기 위해 많은 그룹들에서 활동하도록 해 오셨다. 이뿐 아니라 하나님은 사람들에게 선한 것을 나누기 위해 우리를 다양한 그룹으로 보내신다. 갈 6:10 즉 우리는 여러 그룹으로 보냄 받은 사람들이다. 그러므로 지금 내가 몸담은 그룹은 어쩌면 하나님이 선교적 비전으로 나를 보내신 곳일지도 모른다. 그러면 이제 보냄을 받은 도시의 그리스도인들과 도시의 교회가 가져야 할 선교적 마음가짐은 어떠해야 할지 알아보도록 하겠다.

도시 그리스도인들의 생각: 보냄 받았다는 의식

하나님은 도시의 여러 그룹들에게 그의 자녀들을 보내오셨다. 그러므로 그리스도인들이 그룹들에서 활동할때는 가만히 자기 목적만 이루고 우아하게 빠져나오는 관객이 되어서는 안 된다. 보냄을 받은 사람들은 불편하고 성가시더라도 그곳 사람들에게 필요한 것을 나누는 좋은 이웃이어야 하기 때문이다.

보냄을 받은 사람은 먼저 내가 활동하는 그룹을 나의 현장으로 보려 노력한다. 마5:13 즉 내가 함께 많은 시간을 보내는 사람들에게 좋은 이웃이 되는 것이 보냄을 받은 사람으로서의 첫 출발이다. 보냄을 받은 현장field과 교회를 혼동해서는 안 된다. 비록 교회는 영적 고향이요, 진리를 배우는 공동체이지만 대부분 성도에게 있어 교회는 보내는 곳sending base이지 보냄을 받은 곳은 아니기 때문이다. 우리가 보냄을 받은 현장은 교회 밖에 더 많이 있는 것이다.

좋은 이웃이란 속한 그룹의 동료들에게 신뢰와 존경을 받는 사람이다. 이는 비현실적으로 착한 사람이 되거나 흠결 없는 인품의 소유를 말하는 것은 아니다. 좋은 이웃이란 각종 현실적 문제들 앞에서 다른 사람들보다 더 궁극적이고 올바른 답을 내고 주변인들이 그것을 수긍할 수 있도록 안내를 해주는 사람이다. 모든 사람은 같은 인간으로서 비슷한 문제와 필요들을 갖고 있다. 이런 현실적 문제 앞에 성경의 원리와 지혜는 주변 사람들에게 궁극적인 답을 말해준다. 비록 평소에는 비난과 무시당할지는 몰라도 사실 주변 사람들은 이런 궁극적 답을 가진 사람들을 존경하고 신뢰하게 되어 있다. 그리고 자신이 위기에 처할 때는 평소에 신뢰를 쌓았던 그 사람을 먼저 찾게 되어 있다. 마치 강도 만난 자에게 사마리아인이 절실하게 필요했듯이 말이다.

좋은 이웃이란 용기 있게 남을 참견하는 자가 되는 사람이다. 도시인들은 보통 자신을 극히 제한적으로만 드러낼 뿐 아니라, 상대방의 사적 영역은 침범하지 않으려 노력한다. 즉 무관심한 것이 일종의 예의이다. 하지만 우리는 남에게 예의만 지키고 멀리서 우아하게 인사 정도만 하는 사람을 보냄을 받은 자라 부르지 않는다. 향기란 남들의 관심을 자극할 수 있을 때만 향기이듯이 진정 사랑하려면 그의 삶에 들어가 노크를 할 수 있어야 한다. 로저 슈레더Roger Schroeder가 선교란 '남의 정원을 밟고 들어가는 것' 이라 한 것처럼 선교는 우아하게 불편함을 일으키는 행위이다.[168]

도시 교회의 생각: 도시형 교회로의 변화

다양한 그룹들 속에서 살아가는 성도들을 온전하게 양육하기 위해 도시의 교회는 어떤 자세를 가져야 할까? 자신들이 속한 그룹에 선한 이웃으로 보냄으로 성도가 되기 위해 교회는 무엇을 생각해야 할까?

찰스 벤 엥겐Charles Van Engen이 말하였듯이 교회는 모이는 곳이고 흩어지는 곳이다.[169] 교회는 성도들이 모여 하나님을 배우고 예배하는 공동체이다. 그리고 교회는 성도들이 빛과 소금의 역할을 할 수 있도록 세상으로 흩어지게 하는 출발점이다. 이 흩어짐이란 방향이 없이 나가는 것이 아니라 보내심 받은 곳으로 가는 것을 의미한다. 이를 위해 교회가 할 일은 성도들이 보냄을 받은 장소에서 도시의 교량urban bridge이 되어 단절된 것을 다시 연결하고, 강도 만난 자를 치료하고, 예수님을 소개하며, 그 그룹에서 필요로 하고 본이 되는 사람이 되도록 격려와 지원을 하는 것이다. 이를 위해 도시 교회는 다음 몇가지 생각의 변화가 있어야 한다.

첫째, 이웃에 대한 개념을 새롭게 가져야 한다. 전통적으로 교회는 성도

---

168) Stephen B Beavans and Roger Schroeder, *Prophetic Dialogue: Reflections on Christian Mission Today*(Maryknoll, NY.: Orbis Books, 2011), 72-87.
169) 찰스 E. 벤 엥겐(Charles E. Van Engen)저, 임윤택 역, 『하나님의 선교적 교회(*God's Missionary People: Rethinking the Purpose of the Local Church*)』(서울: CLC(기독교문서선교회), 2014)

들의 신앙생활을 교회 안의 활동에다 과도하게 무게를 두어 왔고 또 열심 있는 성도들 역시 많은 시간과 관심을 교회에서 사용한다. 결과 성도들의 관심은 주로 교회 내부에 있는 이웃에게로 집중하였고, 교회도 자연스럽게 이를 위해 더 많은 프로그램과 시설을 필요로 해왔다. 하지만 도시인의 삶을 살아야 하는 성도들은 이제 점점 더 교회 안의 이웃보다는 교회 밖의 이웃과 많은 시간을 보내야 한다. 즉, 이웃은 성도들이 활동하는 어느 곳에도 있는 것이다. 만약 교회가 교회 내의 이웃만을 이웃으로 생각하게끔 교육한다면 성도들은 대다수 이웃을 놓치는 것이다. 나아가 자신이 어디로 보내심을 받았는지도 혼동한다. 그러므로 도시 교회는 성도들이 필요 이상으로 교회 내부의 활동에만 머무르지 않도록 가르쳐야 한다. 물론 성도는 교회 안에서 충분히 양육을 받고 교회 공동체의 일원으로 살아가야 한다. 그 양육이란 성도들을 온전케 하며 장성한 분량으로 자라게 하는 것이다. 장성한 자의 삶이란 자신의 현장 즉 보내심 받은 곳에서 온전하고 올바른 정체성을 잘 유지하는 것을 포함한다. 교회는 성도들이 가정과 친척과 이웃들에게, 그리고, 직장과 사회 활동에서 어떻게 하는 것이 빛과 소금이 되는지 가르쳐야 한다. 즉, 도시형 양육을 하는 도시형 교회가 되어야 한다.

    도시형 교회로 변화하기 위해서는 교회의 정체성, 양육 내용, 리더십, 리더의 능력에 많은 변화가 있어야 하는 일이다. 사실, 현실적으로 도시형 교회로의 변화는 전통적 환경에서만 사역해온 지도자들에게는 큰 위협과 부담이다. 하지만, 이러한 변화가 교회의 근본적인 정체성과 리더십을 버린다는 뜻은 아니다. 오히려 도시형 교회로의 변화는 교회를 더 시대적이고 더 교회답게 만드시는 하나님의 기회이자 도전이라는 사실에 화답하는 행위이다.

    하나님은 이처럼 오늘날의 도시 교회들에게 이전에는 상상할 수 없던 선교의 기회들을 열고 계신다. 서로 다른 종교 인들과 민족이, 서로 다른 계층과 직종의 사람들이 자연스럽게 만나고 활동하게 하시면서 하나님은 전에 없던 도시 선교의 새로운 시대를 열어가시는 중이다. 우리는 이미 도시의 여러 그룹에서 활동하는 우리의 성도들을 통해 앞서 실현하시는 하나님의 새로운 선교적 계획을 읽을 수 있어야 한다. 진정한 흩어지는 교회가 되기 위해서 교회는 성도들이 교회와 전혀 다른 환경에서도 그곳 사람들에게 진정한 '기쁜 소식'을 나눌 줄 알며, 주변 믿지 않는 사람들에게 부러움과 칭찬의 대상이 되도록 훈련해야 한다.

이러한 기대를 안고 다음 장에서는 도시인들이 자기의 그룹을 대하는 자세를 분석하고 또 현대 도시 안에서 새롭게 발흥하는 도시형 미전도 그룹들을 선교적 눈으로 살펴보도록 하겠다.

제4장
낡은 가죽 부대로 도시가 변화할 수 있을까?

시작하면서

도시는 마치 살아 있는 생물처럼 매일 끊임없이 변한다. 도시가 변하는 것은 보통 겉으로 보이는 빌딩이나 교통시설이 변화하는 것으로 보이지만 실상은 그 안의 사람들이 변화하는 것이다. 새로운 빌딩과 교통시설을 건설하기 위해서는 바로 그것을 짓고자 하는 사람들의 의지가 필요하기 때문이다. 역으로 도시의 변화도 그 안의 사람을 변화시킨다. 빨라진 교통시설, 미디어의 발전, 새로 생긴 공원은 도시인의 삶에 분명 변화를 만들어 준다.

도시의 변화는 그룹의 변화에 의한 것이다. 앞에서 우리는 도시 안에 살아있는 수많은 종류의 그룹들을 살펴보았다. 이 그룹들은 사람들로 이루어진 단위이기 때문에 결국 도시가 변화하는 것은 사람과 그들의 집단 즉 그룹이 변화하는 것이다. 그러므로 이들 도시, 사람, 그리고 그룹은 서로를 변화시키는 주체라 할 수 있다.

본 장에서는 도시 그룹들의 변화를 읽을 것이다. 그리고 이들 그룹의 변화가 주는 새로운 선교적 기회와 도전을 알게 될 것이다. 이를 위해 다음 몇 가지 핵심 질문을 두고 시작하겠다.

- 변화하는 그룹의 특징은 무엇인가?
- 도시인들은 어떻게 그룹을 형성하는가?

- 도시 그룹의 이해를 통해 알게 된 선교의 도전과 기회는 무엇인가?
- 도시에 새로이 형성되는 신 미전도 그룹은 누구인가?

이들 질문을 통해 찾아낸 내용을 기반으로 마지막 선교적 고찰에서는 오늘의 교회가 변화하는 도시의 환경 앞에서 맞이하는 한계를 지적할 것이다. 이에 대한 대안으로 도시 그리스도인의 정체성과 도시형 양육 체계 그리고 새로운 유형의 선교단체와 도시형 리더십을 제안할 것이다.

그룹들로 이루어진 도시

도시가 그룹들로 이루어져 있다는 이 당연한 사실이 도시 이해의 주요한 관점으로 자리 잡기까지는 학자 간에 오랜 논쟁과 현장 조사가 있어야 했다. 도시 학자들이 도시의 그룹에 주목하게 된 것은 도시성urbanism에 대한 연구가 발전하면서 부터였다. 이 도시성에 관한 연구는 20세기 초부터 미국의 시카고 학파Chicago school에 의하여 발전하였다. 초기 시카고 학파는 나중 이들은 결정론자Determinist [170]라고 불리웠다 도시를 하나의 균질하게 구성된 대상으로 생각했고 그 후부터는 이에 기초하여 도시를 연구했다. 이 균질적 도시관은 후에 용광로 이론melting pot theory의 기초가 되었다. 이 용광로 이론은 그 어떠한 그룹들이라도 일단 도시라는 용광로에 들어오면 점점 그 안으로 녹아 흡수가 되고 나아서는 자신들의 특징을 포기하고 도시라는 거대한 문화권에 귀속한다는 이론이다. [171]

---

[170] Chicago학파의 선두자에는 Georg Simmel, Robert Ezra Par과 Louis Wirth등이 있었다. 이들은 도시학에서 도시 자체가 아닌 도시인의 심리상태에 처음으로 관심을 가진 도시학자였다. Sennett, *Classic Essays on the Culture of Cities*; Park and Burgess, *Introduction to the Science of Sociology, Including the Original Index to Basic Sociological Concepts*; Simmel, "The Metropolis and Mental Life."

[171] Andrew M. Greeley, *Ethnicity in the United States: A Preliminary Reconnaissance*(New York: Wiley, 1974), 305; T. Devos and M. R. Banaji, "American=White?," *Journal of Personality and Social Psychology* 88, no. 3(2005): 447-66.

나중에 구성론자compositionalist라 불리게 된 일부 도시학자들은, 이와 반대로 도시 안에서도 원래의 문화와 습성을 그대로 유지하는 그룹들이 많이 있는 것을 알게 되었고 이러한 발견은 결정론적 학파가 간과했던 점들이었다. 이 구성론자들 역시 시카고 학파의 일부였는데 그들은 특정 생활 습관을 지닌 그룹들이 시간이 가더라도 도시 안으로 흡수되는 것이 아니라 자신들의 독특성을 잘 유지한다는 사실을 발견하였다.[172] 그 결과 이 구성론자들은 도시를 자신들의 독특함을 유지하는 다양한 그룹들의 집합체로 보았다.[173] 이를 바탕으로 구성론 학파는 도시를 '작은 세계들이 모여 모자이크를 만드는 곳'[174]이라 소개했다. 이 구성론은 결정론이 간과한 점을 보완했다는 점에서 상당한 의미가 있다. 하지만 구성론은 너무 한쪽의 자료들만 선별적으로 수집하다 보니 그룹들의 변화 동력을 실제 이상으로 무시하는 연구 결과들을 내었다.

결정론과 구성론의 한계를 극복하기 위해 클라우드 S. 핏셔Claude S. Fischer를 중심으로 한 다음 세대 도시학자들은 도시의 그룹이 서로 연결하고 서로 영향을 주고받는다는 점에 주목하였다. 후대에 하위문화학파Subculturalists로 불린 이들 학자들은 도시가 여러 그룹으로 구성된 것은 사실이나 그 그룹들이 가만히 있기만 한 것도 무조건 변하기만 하는 것도 아니라는 것을 찾아냈다. 도시의 그룹들은 끊임없이 주변의 그룹들과 연결하고 영향을 주고받으면서 자신의 방향을 정해 간다.

---

172) 구성주의 이론(Compositional theory)" 라는 용어는 클라우드 S. 핏셔(Claude S. Fischer)의 책 "The Urban Experience"에 잘 설명이 되어 있다.

173) Herbert Kotter, "Changes in Urban-Rural Relationship in Industrial Society," in *Urbanism and Urbanization*, ed. Nels Anderson(London: Brill, 1964), 22; Richard Dewey, "The Rural-Urban Continuum," in *Urban Man and Society : A Reader in Urban Sociology*, ed. Albert N. Cousins and Hans Nagpaul(New York: Alfred A. Knopf, 1970), 82.

174) Duncan Timms, *The Urban Mosaic; Towards a Theory of Residential Differentiation*(Cambridge, England: University Press, 1971), Chapter 1.

도시의 복잡성은 이들 소문화들 간의 교류를 시골보다 훨씬 더 다양하고 활동적으로 만든다.[175] 왕성하게 변화하는 도시의 그룹들은 주변의 다른 그룹들에 영향을 미치고 그 영향은 주변의 그룹을 넘어 도시 전체가 활동적이 되도록 자극한다. 이런 점에서 도시를 단순히 그룹들로 구성된 모자이크로만 보는 구성론자들의 관점은 도시의 다이나믹한 부분까지는 잘 설명하지 못했다 할 수 있다. 도시란 생명력 있고 활동적이며 기능을 가진 소그룹들의 집합체로 보는 것이 더 정확하다 하겠다.[176]

도시 그룹들은 주변의 그룹만이 아니라 더 큰 세계와도 영향을 주고받는다. 어떤 경우는 작은 그룹 안에서 시작된 사건이 도시 전체로 확산하기도 하고 심지어는 수백 년 후까지도 그 영향력이 여전히 존재하기도 한다. 예를 들어 중국의 서안西安시는 고대 당나라와 고대 중국 불교문화를 융합시킨 도시로 유명하다. 이러한 융합된 문화는 처음에는 서기 654년 불교의 고승인 삼장법사 현장이 인도에서부터 중국의 서안에 경전들을 가져온 것을 기념한 것에서 출발하였다. 그 후 불교적인 건축양식과 이미지는 단지 불교도들이라는 종교 그룹을 넘어 서안시 전체로 확산하였다. 이처럼 어떤 그룹은 도시 전체로 자신의 영향을 확산시킨다.

이와 반대로 어떤 그룹들은 도시의 영향을 받아 그들에게서 그 도시 전체의 성격을 볼 수가 있다. 서안시가 고대 불교와 당나라의 문화를 자신들의 주요한 이미지로 드러내다 보니 그와 관련이 없던 도시의 여러 그룹들도 이런 서안 전체의 색깔을 드러낸다. 예를 들어 이런 문화유산과 관련된 기술, 협력

---

[175] 핏서(Fischer)는 "하위문화 이론에 따르면, 무질서의 징후는 사회가 붕괴되고 사람들이 그와 함께 붕괴되기 때문이 아니라, 반대로 사회 세계가 형성되고 육성 되기 때문에 나타난다"고 주장했다. Fischer, *The Urban Experience*, 39.
[176] 하위문화그룹 이론은 나중에 등장한 소셜 네트워크 이론에 의하여 그 한계점을 드러냈다. 소셜 네트워크 이론은 도시가 여러 그룹으로 구성된 것은 사실이나 그 그룹들 조차 도시의 최소단위는 아니고 그 안의 개인들이 도시를 이루는 최소 단위라는 관점을 보여주었던 것이다.

업체, 예술과 문화, 학교와 학술 단체, 무역업 등 여러 작은 그룹들이 당나라와 고대 불교문화를 드러내려 한다.

변화 중인 도시의 그룹들

도시의 그룹들은 활력이 넘치고 변화무쌍하다. 이렇게 된 데에는 그룹 주변에 변화의 힘과 여건이 충분하기 때문이다. 그룹들은 독립적이면서도 다른 그룹들과 부지런히 교류한다.[177] 이런 연결과 변화는 무엇보다 그 그룹 안에 있는 사람들의 주도성과 개인들의 역량이 풍부하기 때문이다.

서로를 연결하는 그룹들

전통적 사회는 그룹 간의 교류가 매우 제한적이다. 같은 민족이더라도 경제력의 차이, 신분과 가문, 권력 등의 차이로 다른 계층이나 타지와의 교류는 현실적으로 어려웠다. 여기에 언어 문화적 차이와 적대감으로 타민족과의 교류는 더욱 적었다. 그 결과 대부분의 교류는 같은 민족의 동일한 계층이면서 물리적 거리가 가까운 사람들과만 가능했다. 그 결과 사람들은 자신들의 하위문화subculture를 소규모로 형성하고 그 안에서 자신들만의 정체성, 조직, 전통, 생활 문화를 발전시켰다.

도시의 그룹들은 전통 사회에 비하여 다양한 그룹들과 연결되어 있다. 이런 그룹 간 연결은 바로 그 안의 멤버들이 다양한 그룹에 연결이 되어 있으므로 가능한 것이다. 도시의 그룹들이 다른 그룹들과 활발히 연결하는 이유는 그들이 마치 신체의 일부처럼 연결이 되어 있기 때문이다. 마치 팔다리가 독립적으로 움직이면서 또 서로를 대단히 의지하는 것처럼 전혀 다른 기관들이 상호 의존적으로 연결되어 있다.

---

177) Fischer, *The Urban Experience*, 37-38.

그룹들이 연결되었다는 것은 서로가 교류할 수 있는 정보의 통로를 갖고 있다는 것을 뜻한다. 이 정보는 그룹 차원에서 연결하는 통로뿐 아니라 그 안의 개인들이 가진 통로들을 통해서도 흐른다. 예를 들어 앞장의 상자 B에 소개한 류 씨는 자신을 중심으로 해서 온라인 클럽, 부동산 오피스, 배드민턴 클럽, 교회, 그리고 친척들과 연결을 한다. 류 씨는 이 연결된 그룹들을 통해 지금의 가치관과 지식을 소유했고 동시에 류 씨는 그 그룹들에 자신의 정보와 세계관을 다시 전파한다. 이처럼 그룹 간 교류와 그룹의 내외 간의 교류는 서로 원인과 결과가 되어 서로의 교류를 가속한다. 그룹이 다른 그룹과 교류를 하면 그 안의 사람들이 타 그룹 사람들과 교류를 하고, 이는 다시 그룹의 또 다른 변화를 만들어 내기 때문이다. 이러한 이유로 도시의 그룹들은 서로 연결inter-related이 될 수밖에 없다. 이처럼 도시 그룹들 간의 교류로 그룹들은 본래 갖고 있던 가치관과 생각에 영향을 받고 결국 그룹이 변화하는 것이다.

주도적으로 변화하는 그룹들

그룹의 변화란 그룹의 회원과 리더들이 내부와 외부의 자극을 받아 자신들의 정체성과 이익에 비추어 평가한 후 나타나는 반응이라 할 수 있다. 그룹 내외에는 다양한 자극이 끊임없이 있다 보니 전혀 변치 않고 그대로 유지만 하는 그룹은 있을 수 없다. 특히 도시에서는 그룹의 회원들이 다양한 네트워크를 갖고 있으므로 외부의 자극과 도전은 그룹 안으로 쉽게 유입이 된다. 도시 안의 그룹들의 변화 양상은 매우 복잡하고 다양하지만, 그 변화 유형은 크게 다섯 가지강화, 소멸, 변화, 유지, 탄생가 있다.[178]

첫 번째 변화는 기존 자신들의 정체성과 세력을 더 강화하는 유형이다.

---

178) David Burnett introduced four kinds of results after worldview Change: demoralization, submersion, conversion, and revitalization. David Burnett, *Clash of Worlds* (Eastbourne: Monarch, 1990), 25-36; 33; 122.

이들은 자신의 정체성과 가치는 그대로 유지하거나 더 합리적이고 강화된 방향으로 변한다. 종교 단체가 이전에 사용하지 않던 기계를 사용하고 신도들의 구성에 여러 인종과 사회계층이 합류하여 구성은 다변화되지만, 종교적 가치와 정체성은 오히려 강화되는 경우가 이에 해당한다.

두 번째 변화 유형은 그룹의 사멸이다. 그룹 안의 회원들이 모두 흩어지거나 모임에 의미를 느끼지 못하거나 유지할 형편이 되지 못하면 그룹은 점점 사멸한다. 전통적 사회에는 중요한 기능을 하였으나 도시사회가 절실히 요구하지 않는 친족간의 정기 모임, 디지털 시대에 적응하지 못하는 회사들은 점점 더 그 존재 이유가 빈약해진다.

세 번째 변화 유형은 새로운 모양으로 바꾸는 전환이다. 결정론 이론에서 설명하듯이 도시의 강력한 힘은 그룹들을 변하도록 만든다.[179] 이 역시 그 안의 회원들이 변화가 그룹의 전환을 견인한다. 보수적이거나 오랜 전통을 가진 그룹일수록 이러한 변화에 많은 고통이 따른다.[180] 그런데도 회원들은 이미 다른 네트워크를 통해 새로운 생각들을 가져오기 때문에 그룹은 변화에 직면하는 것이다.

네 번째 변화 유형은 그룹 본래의 모습을 그대로 유지하는 것이다. 이 유형은 구성론자들의 관점에 부합하는 유형으로서 이들은 다른 그룹으로 흡수되거나 변질되려는 힘보다 정체성을 유지하려는 힘이 더 강하다.[181] 보통 이

---

179) Simmel, "The Metropolis and Mental Life"; Ernest W. Burgess, "The Growth of the City: An Introduction to a Research Project," in *The City*, ed. Robert Ezra Park, E. W. Burgess, and Roderick Duncan McKenzie(Chicago: University of Chicago Press, 1925), 47-62; Roderick Duncan McKenzie, *The Metropolitan Community*(New York; London: McGraw-Hill Book Co., 1933); Charles Horton Cooley, *Human Nature and the Social Order*(New York: Charles Scribner's Sons, 1902)
180) Maris Boyd Gillette, *Between Mecca and Beijing* : *Modernization and Consumption among Urban Chinese Muslims*(Stanford Calif: Stanford University Press, 2000), 8-14, 53, 233.
181) Oscar Lewis, "Urbanization Without Breakdown: A Case Study," *The Scientific Monthly* vol 75(1), July(1952): 40-41; Nathan Glazer and Daniel P. Moynihan, *Beyond the Melting Pot; the Negroes, Puerto Ricans, Jews, Italians, and Irish of New York City*(Cambridge, Mass.: M.I.T.

런 그룹들은 외부의 자극에 큰 영향을 받지 않는 사람들로 이루어진 그룹이다. 사람들은 자신의 그룹에 대한 자부심이 매우 강하고 외부와의 교류가 구조적으로 적다. 설리 에이처Shirley Achor가 미국 달라스의 멕시코인 마을 안에서 발견한 사람들 중 격리자insulationist라 명한 그룹들이 여기에 해당한다.[182] 이들 이민자들은 주류 사회와는 단절하고 동질 문화권 사람들과만 교류 한다. 이들은 자민족에 대한 자부심이 높아서 자기 민족의 전통 생활습관이나 종교를 그대로 유지해 생활한다.

마지막으로 도시의 문화는 새로운 그룹들을 탄생시킨다. 예를 들어 인터넷 커뮤니티 중 하나인 야구장 동호회는 이전에는 없었으나 온라인의 활성화로 인해 새롭게 태어난 그룹이다. 물론 야구 동호회는 오래전부터 있었으나 온라인 커뮤니티는 기술의 발전이 있어야 탄생이 가능한 것이다. 그 결과 야구 메니아들은 온라인 커뮤니티에서는 대화와 토론을 하다가 주말에는 실제로 모여 야구 경기장에 찾아가 응원한다. 이뿐 아니라, 새롭게 탄생하는 회사들, 이익 단체들, 동네의 모임 등 도시에 끊임없이 새로운 모임을 제공한다.

〈그림 11〉[183]은 바로 이러한 다섯 가지 그룹들을 그림으로 나타낸 개념도이다. 전체 그림은 하나의 민족이나 국가와 같은 큰 그룹을 의미하고 그 안에는 다섯 종류의 하위문화 그룹들이 내외의 자극에 반응한다. 각 그룹들은 다른 그룹들과 교류도 하고 변화도 하고 단절되기도 하고 새로운 그룹이 탄생하기도 한다. 전체는 외부와의 경계선에 둘러싸여 있는데 이들은 모두 외부와 영향을 주기도 하고 받기도 하게 되어 있다.

Press, 1963); Herbert J. Gans, "Urbanism and Suburbanism as Ways of Life: A Re-Evaluation of Definitions," in *Human Behavior and Social Processes : An Interactionist Approach*, ed. Arnold Marshall Rose(Boston: Houghton Mifflin, 1962), 644-45.

182) Shirley Achor, *Mexican Americans in a Dallas Barrio*(Tucson: University of Arizona Press, 1978), 116-28.

183) Enoch J. Kim, "Receptor-Oriented Communication for Hui Muslims in China: With Special Reference to Church Planting"(Pasadena, Fuller Theological Seminary, 2009), 71.

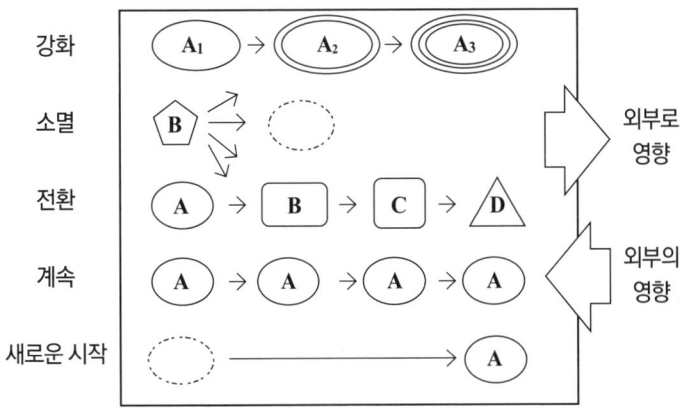

〈그림 11〉 도시 그룹 변화의 다섯 유형들

이처럼 도시의 그룹들은 주도적으로 자신의 미래를 정하고 변화한다. 마치 생물이 태어나고 변화하고 번식하고 또 사멸하듯이 도시의 그룹들은 적극적으로 외부와 내부의 자극에 반응하며 일생을 살아간다.

자유와 고독을 만드는 '내 그룹 꾸러미'

과거에는 태생적인 신분과 그룹을 운명처럼 받아 한평생을 살던 사람들이 많았다. 이는 그룹이 나를 선택하고 나에게는 선택의 여지가 없다는 것이다. 반면 도시인은 자신이 활동할 그룹들을 주도적으로 선택하고 또 바꿔 나간다. 즉 개인들이 자기의 그룹을 선택할 폭이 넓어진 것이다.

사람들은 그중에서도 직장처럼 자신의 생계와 성공을 위한 그룹이나 종교나 환경운동처럼 신념에 관한 그룹에는 대단히 많은 헌신을 하고 쉽게 바꾸지도 않는다. 하지만 그 외의 사회 그룹들에는 쉽게 가입하지만 오래 활동하지도, 깊이 헌신하려 들지도 않는다. 왜냐하면 그들은 너무 많은 그룹을 관계해야 하고 선택의 폭도 넓으며 여기에 빠르게 변하는 상황 때문에 같은 그룹을 계속 유지할 필요도 없기 때문이다. 그 결과 그룹 안 사람들과의 관계 역시 깊어지기가 어렵다. 버니스 페스코솔리드Bernice A. Pescosolid와 벳 루빈Beth A. Rubin도 말하기를 현대인들에게 있어 그룹이라는 것이 "한때는 강력하게 연결된 관계들이었으나 이제는 소위 포스트모던 이론가들이 말한 그것처럼 큰 부담도 굳이 헌신할 필요도 없이 쉽게 가입하고 자유롭게 탈퇴할 수 있는 관계"[184]가 되었다고 했다. 다시 한번, 현대인들은 그룹이 개인을 선택하기 보다는 개인들이 그룹을 선택한다.

〈그림 12〉는 현대인 한 사람과 그가 관계하는 그룹들과의 관계를 바퀴살 구조the Spoke Structure 모양으로 그린 개념도이다. 중심에 나ego라는 개인이 있고 그 사람은 여러 개의 그룹을 주변에 놓고 거느리는 모양이다. 즉, 내가 중심이 되어 내가 선택하고 구성한 일종의 내 그룹 꾸러미I-centered group packet 모양이다.

〈그림 12〉 바퀴살 구조의 그룹 세트[185]

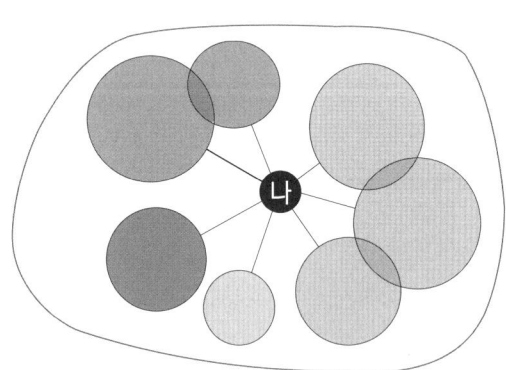

---

184) Bernice A. Pescosolido and Beth A. Rubin, "The Web of Group Affiliations Revisited: Social Life, Postmodernism, and Sociology," *American Sociological Review* 65, no. February(2000): 63.
185) 본 바퀴살 구조 개념도는 버니스 페스코솔리드와 벳 루빈(Bernice A. Pescosolid and Beth A. Rubin)가 소개한 것이며 여기서는 저자가 독자들을 위해 일부 각색한 것이다. Ibid., 63.

아이러니하게도 '내 그룹 꾸러미'는 개인들에게 많은 자유를 주면서 동시에 엄청난 부담을 주는 구조이다. 모든 것을 개인의 능력만큼 혼자 알아서 구성해야 하는 그룹 꾸러미는 자유로움만이 아니라 그만큼 위험부담도 높다. 성공을 위한 경쟁환경과 생존을 위한 두려움은 더 좋은 그룹들에 연결하지 않으면 큰일이라는 중압감이 되어 다가온다.

도시사회에서 내가 연결해 놓은 이 그룹들은 내가 어울릴 사람들과 사용할 수 있는 회원권을 정해주어 결국 나의 사회적 신분이 된다. 그렇기에 도시인들에게 있어 더 좋은 학벌, 더 좋은 직장, 더 좋은 차는 그만큼 자신이 속한 그룹과 신분이 어떠한지를 보여주는 상징이다.

아이러니하게도 다양한 그룹들이 준비된 도시의 풍요로움과 능력만큼 그룹을 선택할 수 있는 자유는 오히려 도시인들의 외로움과 불안함을 부채질한다.[186] 왜냐하면 언제든지 떠나도 되는 그룹에서는 깊은 관계도 장기적인 계획수립도 할 수 없기 때문이다. 이 고독감과 풍요를 향한 열망은 다시 또 '내 그룹 꾸러미'를 바꾸게 만든다. 앞에서 류 씨가 직장도 여러분 옮기고, 결혼한 후에는 친척들과도 멀어지고, 배드민턴 클럽도 나와 싸이클 동호회에 가입했다. 더군다나 그는 벌써 교회도 세 번이나 옮겼다. 이 모든 것은 좀 더 나은 삶, 불안을 극복하기 위한 삶, 더 좋은 친구와 마음의 고향을 찾으려는 도시인의 목마름을 보여주는 것이다.

도시인들에게 있어 그룹의 구성은 나의 신분과 이웃을 만드는 일종의 포트폴리오이다. 왜냐하면 내가 연결하는 그룹들은 나의 인맥과 배경과 지금의 모습까지를 모두 보여주기 때문이다. 마치 섭취한 음식이 나의 몸을 만드는 것처럼 그동안 내가 활동해 온 그룹들은 오늘의 나를 만드는 것이다.

---

186) Maryanski Alexandra, *The Social Cage: Human Nature and the Evolution of Society*(Stanford, CA.: Stanford University Press., 1992)

도시형 신 미전도 그룹의 등장

모든 그룹들은 자신들만의 사회적 기준social norm이 있다. 이 사회적 기준이란 그룹의 구성원들이 정상적으로 받아들일 수 있다고 생각하는 정서, 역사, 상식, 가치, 능력, 리더십, 관계, 세계관 등을 말한다.[187] 그러기에 사회적 기준은 그 그룹의 운영체계요, 통제 방식이며 비형식적 약속이어서 회원들이 활동할 때 운신할 수 있는 폭을 정해준다.[188] 이 사회적 기준은 외부의 정보를 취사선택하고 해석할 수 있는 거름막filter을 만든다. 이 거름막이란 자신의 유익이 되는 정보는 흡수하지만, 자신의 가치나 존립에 불필요한 정보에 대해서는 엄격하게 차단한다. 특히 고도의 전문성을 요구하거나 강한 신념을 요구하는 그룹들은 이 거름막이 매우 강력하다.

아이러니하게도 고도로 분업화된 도시사회에서 이러한 전문성은 오히려 그룹을 외부와 차단되게 만들기도 한다. 자기 분야에 너무 함몰되면 다른 그룹과 소통에도 소극적이 된다. 특히 반도체 회사처럼 전문성이 요구되는 집단이나 공무원 회의처럼 정책을 논하는 모임은 그 체질상 폐쇄성이 높다. 전통 사회에는 민족 경계선이나 사회 신분이 거름막 역할을 했다면, 도시사회에서는 이 사회적 기준과 전문성과 개인들의 충성심이 사람을 자신만의 세계 안으로 가두도록 만든다. 이 결과 도시인들은 세대별로 문화 코드가 다르고 또 직장별로도 서로 대화가 통하지 않게 되는 것이다.

그룹의 사회적 기준은 그룹 안에서 오가는 정보의 우선순위 그리고 할 얘기와 하지 말아야 할 얘기를 정한다.[189] 정보의 홍수 시대가 되면서 사람들은

---

187) Cristina Bicchieri, Ryan Muldoon, and Alessandro Sontuoso, "Social Norm," Standard Encyclopedia of Philosophy, March 1, 2011, https://plato.stanford.edu/entries/social-norms/#Bib.; Brennan Geoffrey et al., *Explaining Norms* (N.Y.: Oxford University Press, 2013)

188) M. K. Lapinski and R. N. Rimal, "An Explication of Social Norms," *Communication Theory* 15, no. 2 (2005): 127-47; Michael Hechter and Karl-Dieter Opp, *Social Norms* (New York: Russell Sage Foundation, 2001)

189) Cristina Bicchieri and Erte Xiao, "Do the Right Thing: But Only If Others Do So," *Journal of Behavior-*

일상 지식이나 시사적인 정보는 많이 주고받는다. 반면 사생활 보호에 대한 인식 때문에 사적인 화제나 개인의 가치 중심적인 생각을 상대방에게 강요하는 것은 무례한 행위로 간주한다. 더군다나 공과 사를 구별해야 하므로 그룹 안에서 일과 관련 없는 정보는 침묵하고 신앙 얘기나 사생활을 나누는 것은 환영받지 못한다. 결과적으로 현대인들은 전문성이 증대하는 만큼 무관심도 커진다.

이처럼 사회적 기준과 거름막으로 인해 도시의 그룹들은 일반 사회의 정보와 업무적인 교류에는 적극적이지만 가치 중심적이고 개인적 내용은 차단한다. 이런 점에서 도시의 그룹들은 자의적으로 단절한 사회라 할 수 있다. 여기서 자의적인 단절이란 외부에서 강압적으로 정보를 차단한 것이 아니라 그룹이 스스로 자신들이 원하는 정보만 걸러내려 하는 것을 뜻한다.

이들 자의적으로 단절된 곳의 사람들은 복음에 소외될 확률이 높다. 그룹의 강력한 거름막은 내부인들을 외부의 영향으로부터 차단하고 자연히 복음을 가진 외부와의 접촉도 어렵기 때문이다. 만약 그들이 본래부터 기독교에 적대적이거나 사전 지식이 없는 그룹들이라면 보통 그 안의 개인들도 기독교 신앙에 대하여 편견과 부정적인 태도를 가질 것이다. 심지어 그 그룹 안에 그리스도인들이 있더라도, 그곳의 분위기는 일 외의 신앙 이야기를 나누기에는 큰 부담이 된다.

외부와는 단절되고 내부의 그리스도인들이 위축되는 이런 그룹들은 점점 일종의 새로운 유형의 미전도Neo-unreached 그룹이 된다. 즉 이들은 도시형 신 미전도 그룹urban Neo-unreached Group인 것이다. 선교계에서는 한동안 미전도 종족이라는 용어를 많이 사용했었는데 이는 내부의 자생적인 교회가 없을 뿐더러 외부의 복음도 연결되지 않은 종족을 의미한다. 현대 도시의 그룹의

---

al Decision Making 22, no. 2(2009): 191-208.

강력한 거름막과 사회적 기준 때문에 내부인들은 복음을 얘기하기 어렵고 외부에서도 그들을 찾아가기 어려운 상황은 선교계에서 정의해 온 미전도 종족과 유사한 점들을 갖고 있다.

이들 도시형 신 미전도 그룹이 선교계의 전통적인 미전도 종족과 다른 점이 있다면 그것은 이들 도시의 그룹 안팎에 많은 그리스도인들이 공존한다는 점이다. 안타까운 점은 이들 그리스도인들 역시 그룹의 분위기와 지나친 경쟁 사회에 눌려 살다 보니 그룹 안에서는 실질적으로는 별 영향을 주지 못하는 것이다. 더욱이 세속주의와 다원주의에 눌려 이들 그리스도인들 부터가 자기 신앙을 유지하는 것조차 힘겨워하는 사람들이 많다. 여기에다 죄악된 사회에서 내가 할 수 있는 일은 그저 돈만 벌고 교회에 헌금을 하면 된다는 이원론적 사고 역시 도시형 신 미전도 그룹을 만들어내는 데 일조한다. 이처럼 도시 안에 신 미전도 그룹들이 등장하는 이유는 경쟁적이고 고립적인 그룹의 분위기와 그 안에서 빛과 소금의 역할을 하지 못하는 그리스도인들과 내부가 너무 바쁜 교회와 사회에 영향을 주지 못하는 이원론적 신학의 합작품이라 하겠다.

도시형 신 미전도 그룹의 등장은 직장만이 아니라 현대 도시의 곳곳에 나타난다. 거주지역의 그룹들도 예외가 아니다. 사람들은 보통 만나던 사람만을 반복해서 만난다. 아무리 같은 아파트에 살아도 1년 동안 한 번도 옆집을 방문하지 않는다. 생활이 자가용 위주이거나 가옥구조가 가족의 사생활이 잘 지켜지는 곳은 더더욱 이웃과 함께 할 일이 없다. 여기에 타민족, 다른 업종의 종사자, 다른 종교인들과는 연결망이 너무 달라 교류하는 것은 거의 불가능하다. 만약 우리 마을에 소말리아에서 와 정착한 난민이 산다 한들 의도적으로 접촉하는 것 외에 자연스러운 라포rapport 형성을 기대하지는 않는다.

자녀들의 학교에도 여전히 신 미전도적 현상은 흔하다. 공공 교육기관과 공공장소에서 특정한 종교적 신념을 나누는 것은 무례하고 심지어는 법적인 문제를 초래한다. 심지어 도시의 친척과 가정 안에서도 이러한 미전도 현상이 드러난다. 낮 동안 각자의 영역에서 생활한 가족 구성원들은 저녁에도 휴대전화와 개인 공간에 몰입하다 보니 식구들은 가까이 살지만 함께 하는 의미 있는 시간을 갖기가 어렵다. 가족의 신앙은 교회가 알아서 해줄 것으로 맡기고 의미 있는 영적 교제는 뒤로 미루기만 한다. 도시에서는 친척들과의 관계가 매우 소원해져 특별한 날에만 만나 안부를 묻는 정도만 교제하니 이 역시 영적인 영향력을 끼치기가 어려워졌다.

지금까지 본 그것처럼 도시의 그룹들은 잘 연결이 되어 있고 서로 엄청난 양의 정보를 주고받는다. 하지만 이들 정보는 지극히 업무적이거나 거름막을 통과한 내용이고 사적인 소식이나 개인적 가치는 배제하려 한다. 결과 도시 안의 그룹들은 실제로 복음과 차단이 될 뿐 아니라 그나마 함께 있는 그리스도인들도 자기의 신앙적 영향력을 드러내기 어려워한다. 그 결과 도시는 신 미전도 그룹들을 지속적으로 생산하고 있다.

선교적 고찰: 새 가죽부대를 위해
새 포도주는 새 부대에 넣어야 할 것이니라눅5:38

지금의 교회가 도시의 그룹들에 연결자로서 선한 영향력을 미치려면 어떻게 해야 할까? 우리는 도시형 신 미전도 그룹들과 어떻게 재 연결을 할 수 있을까? 교회는 신 미전도 그룹 안내에서 일하는 자기 성도들이 그리스도의 향기를 낼 수 있도록 도울 수 있을까? 안타깝지만 현재 우리가 유지해 왔던 구조와 리더십으로는 지금처럼 증가하는 신 미전도 그룹을 찾아가 의미 있는 선교적 결과를 내기에는 매우 힘들어 보인다. 오히려 현실은 기존의 성도들마저도 이 미전도 그룹의 영향권에 내어주는 형편이 아닌가? 또한 슬픈 사실은 심지어 직장동료를 교회에 데려온다고 할지라도 그 안의 보이지 않은 장애물로 인해 과연 얼마나 많은 이가 지속해서 신앙을 유지할까?

교회 안에 처음 믿는 신자가 적고 처음 온 사람이 적응하지 못하는 이유를 교회의 탓으로만 돌리는 것은 옳지 않다. 큰 그림으로 보면 교회가 불친절하거나, 환영하는 부서가 부실하거나, 리더들이 새 신자에 관심이 적거나, 새로 교회에 온 사람의 마음이 악해서가 아니다. 가장 큰 이유는 교회 밖과 안이 너무 멀기 때문이다. 문화적으로도 다르고 둘 사이의 공통의 관심사도 너무 적다. 더군다나 새 사람이 교회까지 찾아오기까지 넘어야 할 장애물과 해야 할 희생이 너무 많은 것이다.

예수님의 비유에서눅 5:37-39 우리가 새 가죽 부대를 준비해야 하는 이유는 바로 포도주가 새 것이기 때문이다. 도시사회의 도래는 교회에게 새로운 패러다임의 옷을 입어야 하는 부담을 안겨 주었다. 사실, 새 가죽 부대를 준비하는 것은 그리 쉬운 일이 아니다. 먼저 짐승이 죽어야 하고 정성껏 가죽을 손질하는 복잡한 과정을 거쳐야 한다. 마지막에는 내용물이 새지 않도록 숙련된 사람이 하나하나 검토하며 바느질해야 한다. 이처럼 도시인에게 맞는 새 가죽 부대를 준비하는 것은 기존의 교회에 여간 고역스러운 일이 아니다. 단지 교회 음악을 현대적으로 바꾸고 주일날 목사님이 전통적인 가운에서 청바지로 바꿔 입는 것만이 아니다. 그리고 좀 더 새 신자 환영 부서를 잘 조직하는 것만도 아니다. 그것은 우리 자신들이 도시형 사역에 맞는 새 가죽 부대로 변하는 것을 뜻한다. 그러면 이제 우리 자신들이 새로운 가죽 부대가 된다는 것은 무엇을 해야 하는 것인지를 생각해 보겠다.

도시 그리스도인들의 사역: 도시의 그룹으로 가라

도시의 그리스도인들이 새로운 가죽 부대가 되기 위해서 먼저 할 일은 내가 연결하고 있는 '내 그룹 꾸러미'가 하나님 보시기에 좋도록 정리하는 것이다. 내가 어떤 사람들과 어울리느냐는 것은 바로 내가 어떤 사람인지를 말해 준다. 그룹은 마치 매일 먹는 음식처럼 나를 만드는 영양소와 같은 것이다. 그러므로, 그룹을 선택하는 것은 하나님의 섭리이자 청지기적 행위이며, 동시에 하나님의 선교적 여정 앞에 나를 드리는 순종이다. 만약 '내 그룹 꾸러미' 안에 건강하지 못한 그룹이 연결되었으면 그것은 궁극적으로 나의 죄성과 이기심을 키울 것이다. 그러므로 소홀히 선택한 그룹들은 과감하게 정리해야 한다.

그 다음으로, 우리는 연결해 주신 그룹들을 보내신 사역지로 볼 수 있어야 한다. 우리는 맺어주신 사람들이나 새롭게 알게 된 사람들에게 축복의 근원인 선교적 존재being이기 때문이다. 그러면 1차 네트워크와 2차 네트워크에서 도시의 그리스도인들이 할 사역은 어떠해야 하는가?

첫째, 도시의 그리스도인들이 새로운 가죽 부대가 된다는 것에는 1차 그룹 즉, 가족이나 친척들을 양적으로 질적으로 소중하게 대해야 하는 것이 포함된다. 또한 내가 속한 국가와 언어 문화, 피부색과 부모 같은 태생적 그룹들을 세상의 인기와 편견으로 평가하는 것이 아니라 하나님의 섭리로서 인정하고 감사하게 받을 수 있어야 한다.

그리스도인들은 먼저 가족과 친척들 가운데로 보내심을 받았다. 도시의 지나친 경쟁과 바쁜 삶 그리고 성공주의는 도시인들을 가족보다는 자기 자신에게만 집중하게 만들었다. 더군다나 도시는 사회 복지 기능을 친척이 아닌 국가에 맡기다 보니 "생산과 교육의 기능까지를 포괄적으로 감당하였던 가정은 도시에서는 단지 안정과 애정을 교환하는 최소한의 기능으로 전락하였다."[190]

---

190) 정병관, 복음혁명을 주도하는 도시교회성장학(서울: 총신대학교출판부, 2009), 91.

도시의 그리스도인은 가족 사랑하기를 내일로 미루는 우려를 범치 말아야 한다. 가정은 분명 오고 싶은 곳이어야 한다. 그리고 그 안에서는 어떤 얘기도 할 수 있어야 한다. 가족은 다른 사람의 부러움을 사도 되는 곳이다. 이 부러움이란 자녀의 성공과 더 큰 집으로 이사 가는 것을 의미하는 것이 아니다. 오히려 용서와 격려, 사랑과 신뢰가 반복해서 만들어지는 곳이 되면서 주변의 믿지 않는 사람들이 부러워 하는 곳을 뜻한다. 나아가 도시의 그리스도인들은 친척들에 대한 부담을 잃지 말아야 한다. 롬9:1-3 친척은 가까운 관계이지만 막상 가까이 올 때면 불편할 수 있다. 그러면서도 친척에게는 기본적인 신뢰가 있으므로 어떤 계기만 있으면 누구보다 신뢰할 수 있는 관계가 될 수 있다. 특히 관계 중심적 사회에서는 다수가 친족의 전도로 신앙을 갖는다. 복음은 이런 신뢰 관계를 타고 확산하기 때문이다.

둘째로 새 가죽 부대가 되는 것은 그리스도인들이 자신이 활동하는 2차 그룹으로 보냄을 받은mission 사람이 되는 것이다. 사회생활을 통해 연결된 많은 2차 그룹은 나의 삶을 윤택하게 하고 발전하며 나의 이상을 실현할 수 있도록 주어진 귀한 선물이다. 우리는 오랫동안 땀 흘려 노력한 결과 지금의 사회적 그룹에 들어가 가족을 부양하고 좋은 사람을 만나고 창조적인 삶을 살 수 있게 된 것이다. 2차 그룹에는 지역성 그룹, 사회 경제 정치 영역의 그룹들, 온라인 그룹들이 있다.

우리는 같은 지역성 그룹을 통해 이웃과 친구들을 만난다. 다시말해 우리는 그들을 만나기 위해 같은 지역성 그룹으로 보냄을 받은 존재이다. 사실 교회는 전통적으로 이웃집 전도를 통해 복음 전도를 해왔다. 지역의 중요성을 티모시 고링게Timothy Gorringe는 이렇게 설명한다. "사람들은 사는 곳, 일터, 여가 활동을 각기 다른 장소에서 한다. 이것은 사실이지만, 교육, 건강, 교통, 심지어 거리 설계 같은 활동을 보면 그들은 여전히 자기 지역에서 활동한다.… 특히 어린이, 노인, 그들을 돌보는 사람들, 그리고 소상공인과 장애인에게 있어서 지역은 여전히 중요한 곳이다."191 만약 동네에 내 아이를 맡길 수 있는 이웃이 세 가정만 있다면 우리의 삶은 매우 풍성해질 것이다.

우리가 활동하는 사회 경제권이나 온라인상의 그룹들 역시 우리가 파송받은 그룹들이다. 그리스도인들은 일터를, 주말 싸이클 동호회를, 학부모회를, 유튜브Youtube 댓글과 여러 온라인 그룹들을 보냄을 받은 곳으로 생각해야 한다. 우리는 이런 사회 경제 그룹들 안에서 평안의 사도로 보냄받은 자, 성결한 자, 화평과 기쁨을 주는 자, 위로와 격려를 하는 자로 장소 매김을 해야 한다.

도시 교회의 사역: 도시형 양육과 도시형 선교단체

교회가 새 가죽 부대가 되려면 무엇보다 양육의 개념이 도시형으로 전환되어야 한다.192 여기에 도시라는 환경 때문에 교회와 선교단체 간의 유기적인 협력은 훨씬 더 중요해졌다.

도시형 양육

전통적으로 양육은 '구원의 서정Ordo Salutus' 의 원리를 기반으로 해 왔다. 구원의 서정 원리는 모든 성도는 죄 된 생활에서 시작하여, 순차적으로 거듭남, 성화, 그리고 영화로운 삶에 도달하는 것이다.193 이러한 원리를 기반한 양육 체계는 풍부한 성경적 근거를 가지며 오늘날에도 성도 양육에 근간이 된

---

191) Timothy. Gorringe, *A Theology of the Built Environment: Justice, Empowerment, Redemption*(Cambridge, U.K.: Cambridge University Press, 2002), 186.
192) 폴 히버트와 메네시스 엘로이스 히버트저, 이대헌과 안영권 공역, 성육신적 선교사역: 교회사역을 위한 선교현장 이해, 366.
193) Handrikus Berkhof, *Christian Faith: An Introduction to the Study of the Faith*(Grand Rapids: MI: Eerdmans, 1979), 478.

다. 하지만 이 원리는 지극히 성도 개인에 맞춰있고 또 성숙의 기준을 과도하게 종교적 성숙에 맞추었다는 한계를 갖고 있다. 그리고 현실적으로 그 성숙이라는 모습을 거의 다 교회의 활동, 성경 지식 그리고 교회에서의 리더십이 자라게 하는데 기반을 두었다. 이러한 개인적이고 기독 공동체 중심적 양육은 교회의 사역을 돕고 다른 같은 유형의 신자를 양육하는 데에는 훌륭하다. 하지만 다수가 장시간 출퇴근과 과중한 노동으로 지쳐가는 오늘날에는 과연 어떠한 양육이 적합한지 질문해야 할 때가 되었다. 도시형 양육을 위해서는 먼저 그동안 해 왔던 양육 개념, 교육 방식, 교육 결과에 질문을 던져야 한다.

첫째 도시형 양육의 개념은 양육 대상이 도시의 그리스도인들이며 그들을 이웃 가운데 장성한 분량으로 자라게 하는데 초점을 맞춰야 한다. 도시형 양육은 정해진 프로그램을 이수하는 방식이 아니라 성도들이 많은 시간을 보내는 곳에서 빛과 소금의 삶을 살도록 후원하는 것이어야 한다. 즉 삶의 현장에 있는 사람들에게 들릴 수 있는 방식으로 소통하고 진정한 기쁨이 되는 것에 눈을 뜨게 하고 그 기쁨을 받아들이게 할 수 있도록 리더십을 키우는 것이 도시형 양육이라 하겠다. 그러므로 장성한 분량으로 자란다는 것은 삶의 현장에서 빛과 소금이 되어 성경적인 변화를 유도할 수 있는 사람이 되는 것을 의미한다. 이는 기존의 양육 프로그램에 단순히 콘텐츠 몇 개를 추가하거나 유행하는 프로그램을 수입하는 것 이상을 의미한다.

삶의 현장에서 빛과 소금이 되기 위한 양육이란 전통적 양육 방식에 비하여 우리 도시 그리스도인들은 누구인지, 그리고 하나님은 지금 우리 도시에서 어떤 일을 하시는 중인지를 찾고, 어떻게 하면 하나님이 우리 그룹에서 하시려는 일에 동참할 것인지를 발견하는데에 훨씬 더 많은 무게를 두어야 한다. 그렇다고 이것이 '구원의 서정'이 가진 원리와 가치를 훼손하는 것은 아니다. 다만 성장한다는 것은 교회 안에서뿐 아니라 성도의 삶 모두에 해당이 되기 때문에 도시 교회의 양육은 도시 그리스도인들이 살아가는 모든 곳에서의 성장을 촉진해야 한다는 것이다.

둘째로 양육의 결과는 현장의 열매와 성도의 삶에서 찾아야 한다. 피양육자는 철저하게 도시라는 공간을 살아가는 사람들이다. 현장의 열매가 중요하다는 뜻은 성도들의 변화가 일어나기를 원하는 영역이 바로 훈련의 내용이고 성경을 찾아보아야 하는 주제라는 뜻이다. 도시 공간은 먼저 살고 있는 집과 동네이다. 아무리 낮에 사람이 없다고 하지만 사실 동네는 항상 어린이, 학생, 자영업자, 비정규직, 노인, 주부들을 찾아볼 수가 있다. 굳이 저녁 초대까지는 안 하더라도 주변 이웃 둘에게 친절하고, 공감대를 넓히고, 신뢰할 수 있는 사람이 되기 위해 우리가 받아야 할 양육은 매우 많다.

동네만이 아니라 그리스도인들은 자기 직장이나 기타 활동 공간에서 만나는 동료들로부터 존경과 신뢰를 받도록 훈련을 받아야 한다. 모든 집단은 자신들만의 소통방식이 있고 상식도 다르지만 이들 모두가 신뢰할 만한 사람을 찾는 다는 점은 동일하다. 사회적 지위는 비록 미약하지만, 사람들은 충실하고 양심적이며 사람을 존중하는 사람들을 함부로 하지 못한다.

셋째로 도시형 양육을 위해 우리는 기존 교육의 방식에 대하여 의문을 제기할 수 있어야 한다. 이 교육 방식이란 교육자, 교육철학, 그리고 교육 재료를 포함하는 것이다. 전통적으로 교회가 사용해 온 교육철학은 페다고지 pedagogy 방식에 많이 치우쳐 왔다. 이 방식은 가르치는 자는 전문가이고 듣는자는 모르는 자라는 전제가 있으므로 자연히 가르치는 자가 말을 가장 많이 한다. 또한 대부분 텍스트본문가 중심이 되다 보니 양육이 '공부'가 되어버린다. 이런 정답을 전달하는 일방적 양육방식은 막상 삶의 현장에서는 또 다른 정답 복사기 이상을 넘기가 어렵다. 현장에서 강력한 영향력을 가진 리더가 되기 위해서는 양육이 탐구적이며, 현장중심적 문제의식과 성경적 해결책

중심이어야 한다. 일방적으로 정답을 가르치는 방식의 양육은 삶의 현장에서 빛과 소금이 되고 우리와 하나님의 정체성을 찾으려는 시도에는 피상적으로 끝나기가 쉽다. 이런 탐구적인 양육은 참석자 모두가 가르치기도 하고 또 배우는 자가 되면서 함께 성경적 해결책을 찾아가는 교육 방법이어야 한다.

양육자와 양육자의 권위에 관한 관점도 재정립이 필요하다. 보통은 교육자는 미리 배운 정답과 이론을 반복해서 가르치는 경우가 많았다. 그러나 진정으로 권위를 가진 양육자는 해당 주제를 깊이 고민해 보았으며, 신뢰할 만한 간증이나 유익한 정보를 나눌 수 있는 사람이다. 특히 같은 삶의 현장에서 수십 년 잔뼈가 굵었던 사람들이 나누는 원리와 간증은 지식이 아닌 강력한 지혜가 되어 자연히 양육자로서의 권위를 갖는 것이다. 이러한 안드라고지 andragogy식의 교육은 성인으로 살아가는 사람들에게 훨씬 더 어필을 하여 페다고지 중심의 교육 방식의 한계를 뛰어넘는다.[194]

교육 재료에 관한 생각도 재정립할 필요가 있다. 텍스트 즉 말씀은 항상 우리의 기준이 되어야 한다. 하지만 현장의 많은 경우는 정답을 몰라서 못 사는 것이 아니라 알아도 못 사는 경우들이다. 이럴 경우는 더 '공부'를 한다고 답을 찾는 것이 아니라 그 정답처럼 살 수 있도록 돕는 양육이 필요한 것이다. 즉 텍스트와 코치와 나의 문제가 서로 학습 교재가 되어 소통해야 하는 것이다. 양육의 주제는 구성원들이 현장에서 겪는 이슈가 중요한 시작점이 되고, 양육의 성격도 공부를 많이 하기보다는 성령의 인도하심으로 말씀을 신뢰하고, 습관을 바꾸고, 자기를 이기고, 죄와 싸워 이기는 데 중점을 두어야 한다.

---

194) 교회의 교육에서 페다고지와 안드라고지 방식중 어느 한쪽만 강조해서는 교육 효과가 불균형적이 된다. 변치않는 진리를 배우고 삶의 현장에서도 그 말씀이 확인 되기 위해서는 올바른 정답을 가르치는 페다고지 방식이 들어 있어야 한다. 반면 사회생활을 하는 성인들은 정답을 몰라서가 아니라 다른 이유들로 인해 올바른 삶을 살지 못하는 경우가 많다. 이는 성인들 내부에 있는 잠재적 동기부여를 스스로 깨어나도록 안드라고지 방식으로 도와줄때 올바른 진리는 더 입체적이되고 자신의 것이 된다.

도시형 선교단체

도시환경은 선교단체들이 자신을 비판적관점으로 평가하도록 부추긴다. 세대의 변화와 도시라는 거대한 힘은 과거 놀랍게 쓰임 받아왔던 선교단에들마저 위기감을 느끼도록 한다. 이런 상황에서는 '더 열심', '다시 옛날처럼' 하는 것도 좋지만 혹시 낚으려는 물고기가 식성도 변하고 다른 곳으로 이동하는 것 같은 거시적 환경의 변화도 살펴야 한다.

선교회는 교회의 파트너이면서 전문성을 갖고 지역 교회의 사각지대를 커버할 수 있어야 한다. 그러므로 선교단체가 사회의 그룹들 안에서도 또 다른 하나의 교회가 되거나 그리스도인들만의 게토가 되지 않도록 주의해야 한다. 도시화가 만들어내는 또 다른 사각지대를 찾아 효과적으로 일하기 위해서는 선교단체도 새로운 가죽 부대로 바뀌어야 한다. 이를 위해 유념해야 할 내용은 다음과 같다.

첫째, 선교단체들은 자신들이 섬길 계층과 그룹의 조건들을 선명하게 해야 한다. 이는 그 안에 있는 신자와 불신자들이 제1 사역 현장임을 분명히 할 수 있는 기초이며 우리를 지금의 동네, 직장, 동호회로 파송하셨다는 사명감이 된다. 현장과 사명을 분명히 하는 작업은 그 사역을 상황화할 수 있는 좋은 출발이다. 왜냐하면 좋은 연결자가 된다는 것은 좋은 것을 그곳 사람들이 이해하고 느낄수 있도록 전달해야 하기 때문에 현장에 대한 전문적이해가 필수적이기 때문이다.

둘째, 상황적으로 적절한 선교단체가 되기 위해서는 리더십이 상황에 적절해야 한다. 선교단체가 새 부대의 역할을 하기 위해서는 자신들에게 적합한 리더십이 교회의 그것과는 다를 수 있다는 점을 알아야 한다. 즉 목사나 교회의 사역자가 아니라 그 현장에서 오랫동안 종사해 온 현장의 시니어 그리스도인들이 리더십에 포함되어야 한다. 이들은 교회의 목사들에 비해 목회적 경험도 부족하고, 신학적으로나 도덕적으로 한쪽으로 치우쳐 있을 수 있다. 그러나, 이들은 자기 현장에서 기독 인들과 비기독인들이 겪는 문제를 누구보다 잘 알고 또 견디어 온 사람들이다. 그들은 후배들이 어떤 사람을 존경하는지 알고 있고, 또 자신들의 환경에서 주님을 따르는 사람이 된다는 것이 무엇인지를 설명할 수 있는 사람들이다. 즉 현지의 언어를 하는 선교사인 셈이다.

셋째, 지속가능한 사역을 위해 선교단체는 유사한 단체들과 연합체를 이루어 더 큰 구조 안에서 연결과 협력을 해야 한다. 예를 들어 다양한 기독 예술가 단체들이 연합을 하여 큰 우산을 만들 때 그 안의 작은 단체들은 지속성이 높아진다. 이러한 연합 형태는 이미 많이 있고 그 성과에도 편차가 많다. 연합 구조가 형식적이거나 정치적으로 흐르지 않으려면, 연합체는 관련 선교단체들이 본연의 사역에만 집중할 수 있도록 지원하는 역할에 집중해야 한다. 연합 선교단체가 상황화되고 성경적 중심을 유지하고, 효과적인 성과를 내면서도 교회들과 협력적 관계를 유지하기 위해서는 그 안의 리더십이 이러한 기능을 해낼 수 있는 사람들로 구성해야 한다. 이를 위해 선교단체의 리더십에는 선교학자, 교회의 목회자, 현장의 장로들이 있어 각 회원 단체들이 필요한 신학적 지원과 리더십 개발 방안들을 지원하고 안내할 수 있어야 한다.

넷째, 교회와 신학교 그리고 선교단체는 서로를 경쟁 관계가 아니라 하나님 나라 차원에서의 협력의 대상으로 인정해야 한다. 극히 일부를 제외하고 교회가 지금의 시스템으로 도시의 많은 그룹들에게 선한 영향을 미치기에는 현실적으로 넘어야 할 장애물도 많고, 포기해야 할 것들이 너무 많다. 이러한 한계를 겸손히 인정하고 이미 성도들이 관련하는 직종이나 관심 분야, 지역과 문화권 그룹을 대상으로 사역해 온 선교단체나 사회 기관들과 협력할 수 있어야 한다.

선교단체는 일반 교회보다 훨씬 더 다양한 상황화를 해야 하므로 그들 역시 선교 전문가의 도움이 많이 필요하다. 이 상황화 작업은 성경과 상황 사이에 대화를 만들고 현장의 환경을 객관적으로 이해하고, 그것이 주는 의미를 하나님의 눈으로 해석하여 그 현장에 있는 이들에게 '기쁜 소식'이 무엇인지를 찾아내는 과정이다.

지금까지 살펴본 대로 하나님은 그의 백성들을 도시의 여러 그룹들에 이미 연결해 놓으셨다. 이러한 연결됨의 기회를 놓치지 않기 위해 도시의 성도와 교회와 선교회는 새로운 가죽 부대로 변하는 노력을 해야 한다.

3부

도시의 공간과 시간: 화해하기 위해 낯선 곳을 찾아가다

제5장
도시의 사연들을 다시 읽다

시작하면서- 연결하고 단절하는 도시의 시공간

오토 씨에게 플링언Flingern의 점포는 단순히 돈을 버는 장소가 아니라 자신과 친구들의 22년간의 삶과 사연이 축적된 곳이다. 이처럼 시공간이란 사람과 사람을 연결하는 하나의 매개체이다. 그리고 우리는 이러한 만남을 통해 만든 의미를 다시 그 시공간에 담아놓는다. 그 결과 사람들은 시공간을 통해 소속의식을 갖고, 서로 간에 공감대와 추억, 기쁨과 상처와 같은 의미를 함께 만든다. 이처럼 시공간은 우리에게 기억과 얘깃거리를 제공하고 우리는 그 얘깃거리를 다시 그 시공간 안에 담아놓는다.[195]

도시에는 오토 씨의 작은 가게만이 아니라 빌딩과 도로처럼 사람들이 만든 건조물들이 많이 있다. 그런데 과연 도시의 시공간은 단지 건조물만일까? 지하철, 박물관, 공원과 사무실들은 단순히 그 기능만 갖고 있지 않고 그 사회의 영적, 도덕적 태도와 사회적 역학관계를 담아내게 되어 있다. 고급 주택지의 주거자들은 높은 담으로 자기들의 영역을 표시한다. 나눔과 미덕이 있던 동네가 재개발 결과 분열과 차별이 들어온다. 외국인 노동자의 동네나 플링헌 지역은 가면 위험한 곳으로 낙인을 찍지만, 유명 영화를 촬영했던 곳에 가서는 잠시나마 영화속 환상에 빠진다. 치솟는 집값에 밀려 멀리 이사한 결과 어떤 사람은 매일 4시간씩 이른바 지옥철로 출퇴근해야 한

---
195) Gorringe, *A Theology of the Built Environment*.

오토(Otto)씨는 독일 뒤셀도르프(Düsseldorf) 내의 플링언(Flingern) 지역에서 작은 가게를 운영하는 소수 민족계이다. 오토씨가 플링언에 가게를 시작한 지 오래지 않아 그는 이 지역이 전과자들이 많고 폭력이 심해서 경찰들도 꺼리는 동네라는 것을 알게 되었다. 예상했던 대로 손님 중에는 말투도 거칠고 위압적으로 행동하는 사람이 많았다. 그들 중에는 함부르크(Hamburg) 윤락가에서 포주를 하던 페터(Peter), 경찰서 유치장을 너무 많이 들어가 이제는 몇 번을 갔는지도 셀 수 없다는 룩스(Lux), 한 주가 멀다 하고 싸움질을 하는 이케(Ike), 그리고 정부 보조금으로 살아가는 외국인 무직자들도 상당수 있었다.

시간이 지나면서 좀 여유가 생기자 오토씨는 어떤 이들과는 농담을 주고받고 또 긴 시간 대화도 할 수 있었다. 대화 마지막에 오토씨는 항상 자신이 그리스도인이라 사실을 잊지 않고 말해주었다. 그 결과 오토씨는 그 지역에서 점점 신앙 좋고 친절한 아저씨로 장소 매김을 하였다. 하루는 함부르크에서 포주를 했다던 그 페터가 오토씨에게 대단히 큰 독일어 성경책 하나를 선물했다. 특이하게도 그 성경에는 삽화들이 가득 있었는데 한눈에 보아도 귀해 보였다. 매번 교회에 나가라 해도 들은 척도 하지 않던 페터가 이렇게 진귀한 선물을 하자 오토씨는 놀랍기만 했다. 그 뿐 아니라 페터는 그날 이후로 오토씨에게 Sie(영어 you의 존칭)라는 존칭을 쓰기 시작했다. 경어 사용이 독일사회에서 별일은 아니지만 전직 포주가 그것도 조그마한 가게를 운영하는 이 작은 체구의 아시아인을 경어로 대한다는 것은 거의 드문 일이다.

사실 더 큰 변화는 오토씨 자신에게서 생겨났다. 손님들 하나하나가 나름 사연과 상처도 많으면서도 자신과 똑같은 하나님의 피조물로 보게 된 것이다. 이런 관점의 변화로 오토와 그들은 형동생처럼 대하고 또 오토가 곤란한 일이 생기면 그들이 와서 자기 일처럼 도왔다.

지난 22년 동안 가게로 들어서는 큰 길에서부터 가게 안의 곳곳은 오토씨의 인생과 사연의 창고(narrative box)가 되었다. 마을 사람들도 오토씨의 점포를 마을의 일부로 여기고 대화 끝에는 항상 '교회에 나가세요'라 할 것도 잘 안다. 가게의 계산대는 수많은 외로운 고객들이 자기의 스토리들이 묻어 놓는 공간이 되었다. 동네 손님들의 장례식에 참석할 때면, 오토씨는 지난 22년이 가게를 운영했다기 보다 사람을 얻은 시간이었다는 생각을 한다. 다른 사람들은 피할지라도, 그 가게에 오면 얘기를 들어주는 아시아계 한 형님이 있었기에 이제 그곳은 스토리와 인생이 묻어나는 공간이 되었다. 폭력과 전과자들이 많은 플링언은 비록 어둡더라도 오토씨의 점포만은 사람들의 사연과 우정을 만드는 작은 등대인 것이다.

- 오토씨의 사례는 손교훈 박사가 담임하는
독일, 뒤셀도르프(Düsseldorf) 교회에 출석하는 H 장로의 얘기이다

다. 이처럼 건축 공간은 단순한 장소만이 아니라 민족과 직종과 계층이 분열하기도 하고 추억을 담기도 하고 낯선 사람들을 만나기도 하는 곳이다. 도시를 '생육하고 번성하며 땅에 충만하라' 창9:1 하신 장소로 생각하신 하나님은 분열로 가득 찬 도시가 만남과 화해의 공간이 되기를 원하신다. 그 만남이란 그동안 둘을 나누었던 장벽을 무너뜨리고 서로 화해의 악수를 청한다는 의미이다.

본 장에서는 도시의 시공간이 가진 의미들을 알기 위해 필요한 주요 개념들을 배울 것이다. 나아가 베풀어 주신 시공간을 오히려 분열의 매개로 사용하고 또 그 곳을 자기 것인 양 왕 노릇 하려는 우리들의 실체를 돌아볼 것이다. 그리고 그 어느 영역도 예외 없이 왕이 되신 하나님의 주권을 인정할 것이다. 이를 위해 본 장은 다음과 같은 질문으로 시작하겠다.

- 건조환경built environment은 세계관과 어떤 관계인가?
- 도시의 시공간은 사람들의 사회에 어떤 영향을 미치는가?
- 도시의 시공간은 사람들이 나뉘는데 어떤 역할을 하는가?
- 가상공간Virtual Space은 도시인들간의 연결에 어떤 역할을 하는가?

마지막 선교적 고찰에서는 도시가 하나님의 주권을 회복하는 시공간이 되기 위해 그리스도인과 교회는 어떠한 자세를 가져야 할지를 다룰 것이다.

확장된 인류로서의 건조환경

건축물이 없는 도시를 상상할 수 있는가? 오늘날 도시의 위대한 건축물과 시설, 공원이나 도로는 단지 기능성 시멘트 덩어리가 아니다. 이들은 우리가 삶을 살아가기 위한 하나의 환경 즉 건조 환경built environment이다. 이 건조 환경이란 "사람들이 자신을 위해 만든 빌딩, 사회 기반 시설, 풍경, 그리고 그 사이사이의 장소들"[196]을 의미한다. 이처럼 도시의 건축물은 기능을 넘어 우리가 숨 쉬고 잠자고 일할 수 있도록 우리를 감싸는 하나의 환경인 셈이다.

문화인류학에서 모양form을 의미meaning를 담는 그릇으로 비유하는 것처럼 사람들은 도시의 시공간이라는 그릇에 자신의 의미와 가치를 담는다.[197] 이처럼 시공간은 사람들의 합의된 의미가 담기기 때문에 그것은 하나의 사회적 생산품이면서 "결코 빈공간이 아닌 의미로 가득 차 있는 것"이다.[198] 다시 말해 도시의 공간들은 이미 사람들에 의해 "중립성을 갖지 않고 공간의 의미, 공간의 용도, 공간의 사용자에 따라 다른 의미를 함"유한다.[199] 시공간에다 부여한 의미와 가치는 하나의 메시지가 되어 사람들이 그 장소에 가면 그에 걸맞은 행동하고 그곳에 관련된 스토리들을 떠올리게 되어 있다. 예를 들어 국가 유공자들의 묘지에 가면 경건하게 행동하고 댄스 클럽에 가면 자유롭게 춤을 추는 것은 그 장소에 그렇게 행동을 하도록 하는 메시지가 있기 때문이다. 그래서 건조 환경은 "단순히 사람들이 기거하는 배경 정도가 아니라 삶과 의미를 만들고, 표현하고, 가치 있게 만드는 데 중요한 역할을 하는 것"이다.[200]

건조 환경은 사람들의 우선순위, 계층, 영적 세계와 같은 세계관적 요소들을 갖고 있다. 즉, 도시의 문화는 도시 공간의 구조와 활용에 절대적인 영

---

196) Jacobsen, *Sidewalks in the Kingdom*, 167.
197) 찰스 H. 크래프트(Charles E. Kraft)저, 안영권, 이대헌 역, 기독교 문화인류학(서울: 기독교문서선교회, 2005), 275-305.
198) Henri Lefebvre, *The Production of Space*, trans. Donald Nicholson-Smith(Cambridge, MA: Balil Blackwell Inc., 1991), 154.
199) Ibid.
200) Deborah Pellow and Denise Lawrence-Zuniga, "Built Structures and Planning," in *A Companion to Urban Anthropology*, ed. Donald Macon Nonini(Chichester, West Sussex: Wiley-Blackwell, 2014), 85-86.

향을 주게 되어 있다. 예를 들어 신전의 위치와 모양, 건물의 방향과 높낮이, 불가촉천민이 사는 위치와 가옥 모양 등은 그 도시의 특징이자 지극히 문화적인 산물이다. 그렇기에 다른 문화권에 가면 그곳 건물과 골목의 생김새가 어색하고 또 각종 표기sign와 상징symbol이 생소한 것이다. 반면 같은 문화권에서는 건조 환경이 예측할 수 있고 자연스럽다. 왜냐하면 공간이란 "사람이 그곳에 오면 다른 사람들이 하는 대로 생각하고 행동하도록 만드는 특성이 있기 때문이다."[201]

건조 환경에는 사회적 의미도 들어 있다. 건조 환경은 도시인들의 중요한 생존의 터전이자 자신의 이상을 실현하는 곳이고 개인적인 곳이며 공동체적인 곳이다. 그러므로 건조 환경은 그것을 사용하는 사람들의 효율성, 창의성, 이상, 우선순위, 보건과 영양, 정치와 경제 상황 등을 나타낸다.

건조 환경에는 사용자들의 사회적 우선순위와 사회적 상황도 들어있다. 사회적 우선순위란 정치적 위계나 신분과 같은 사회적 질서와 한정된 자원을 어떻게 배분할지와 같은 정책을 말한다. 예를 들어 커피숍이나 식당의 공간은 사람들이 편하고 쉽게 만날 수 있도록 설계하지만, 은행이나 매표소는 기능에 초점을 맞춰 설계한다.

도시의 구조안에는 당시 통치자의 철학과 이념이 반영되어 있다. 즉 건조 환경은 통치자와 건축가가 자신들의 사고 체계를 표현한 일종의 공간개념이기 때문이다. 보통 도시 설계자들은 도시의 구획, 건물의 위치와 기능, 성과 속sacred and secular의 구별, 방어와 전쟁의 기능, 사용자의 성별과 신분 관념을 모두 고려하면서 설계한다. 예를 들어 왕궁이나 시청 등은 단순한 편리함이나 효율성보다는 권위와 힘을 보이도록 설계한다. 또, 민심이 불안하거나 외침을 대비해야 하는 도시는 안전과 방어 시설에 많은 우선순위를 두어 경찰

---

[201] David Harvey, *The Urban Experience* (Baltimore: Johns Hopkins University Press, 1989), 250.

과 군의 활동이 효율적이 되도록 만든다. 헨리 레프브리Henri Lefebvre는 이러한 설계자와 통치자의 의중을 공간의 이데올로기라 했다.202 공간의 이데올로기란 "우리가 집을 나서서 쇼핑 센터나 우체국까지 운전하며 가는 모든 곳에서 찾아볼 수 있는 것이다." 왜냐하면 이들 "공간이나 건물에는 사람 간의 사회적 관계와 설계자의 모든 이념이 새겨져" 있기 때문이다.203 그러므로 건축물은 "… 그 나라와 그 시대의 단면을 보여 주는 그림"이고 "… 그 배경에 있는 문화를 이해하고, 정치, 경제, 사회, 기술, 예술, 인류학적인 배경을 이해할 수…" 있는 것이다. 204

도시의 문화와 세계관을 읽으려면 도시를 미시적 관점micro view으로 접근해야 한다. 거시적 관점macro view은 그 도시의 특징을 극히 일부만 볼 수 있기 때문이다. 예를 들어 거시적 관점으로만 보면 세계의 도시들은 마치 형제처럼 외형들이 다 비슷하다.205 특히 시내의 중심지나 고층빌딩이 밀집한 곳을 보면 세계 도시의 거시적macro 건조 환경은 매우 유사한 기능과 모양을 보인다.206 반대로 미시적 관점micro view은 도시의 역동성과 문화를 쉽게 볼 수 있어 세계의 모든 도시들이 "세대별로, 사회별로 차별"되어 있음을 알게 한다.207

---

202) Lefebvre, *The Production of Space*, 128-29.
203) Gorringe, *A Theology of the Built Environment*, 27.
204) 유현준, 도시는 무엇으로 사는가: 도시를 보는 열다섯 가지 인문적 시선: 특별기념판(서울: 을유문화사, 2018), 16.
205) S.M. Lod, *Theorizing the City: The New Urban Anthropology Reader*(New Brunswick, NJ.: Rutgers University Press, 1999)
206) J. John Palen, *The Urban World*(New York: McGraw-Hill, 1992), 339-56.
207) 1990년대에 들어 서면서 도시학계에는 도시를 외형과 기능 위주로 이해하려는 거시적 접근에 대한 회의론이 생겨났다. 예를 들어 사람들은 예루살렘, 메카, 그리스의 아테네는 모두 성시(sacred cities)라고 생각하지만 그렇다고 이 도시들이 같은 의미의 도시라고 생각 하는 사람은 없기 때문이다. George E Marcus, "Ethnography in/of the World System: The Emergence of Multi-Sited Ethnography," *Annual Review of Anthropology* 24(1995): 95; A. M. Orun and Xiangming Chen, *The World of Cities: Places in Comparative and Historial Perspective*(Malden, MA: Wiley-Blanckwell, 2003), viii.

도시의 역사와 외부의 영향도 그 도시의 건조 환경에 영향을 미친다. 예를 들어 유명한 사람이 태어난 집, 커다란 전쟁이 있었던 곳, 노예를 사고팔던 곳이라면 도시의 이미지에 많은 영향을 주게 되어 있다. 외부로부터 유입되는 자본, 새로운 생각, 새로운 정착민들도 도시의 모습과 문화를 바꾼다. 외부의 영향은 외국풍의 음식점이나 건축 양식은 물론 소비의 패턴, 교통시설과 공항과 도로의 규모도 바꾼다.

지금까지 알아본 바와 같이 도시 공간이란 말 그대로 그곳 사람들에 대한 설명이다. 도시의 건조 환경은 사람들의 문화와 세계관, 통치자와 설계자들의 의지와 이데올로기를 알 수 있고 우리와 우리의 사회가 어떠한지를 알려준다. 미디어 학자 마샬 멕루한Marshall McLuhan이 미디어는 확장된 인간의 몸 Media as 'The Extensions of Man,'이라 묘사한 것처럼 건조 환경은 확장된 사람들이라 하겠다.[208]

공동체의 얘기가 쌓여있는 도시의 시간들

도시는 오늘뿐만 아니라 오랜 세월 동안 그곳을 살아온 사람들의 이야기들이 축적되어 형성된 사회적 시간socio-temporal의 단위이다. 사람들은 도시의 공간들 안에 자기의 스토리를 담아 놓는다. 과거 그곳에 담아뒀던 스토리는 언제라도 다시 올라와 오늘 우리의 생각 속으로 들어온다. 예를 들어 내가 5년 전 한 대학을 방문했을 때 나는 그 대학이 1972년 이후로 화학, 물리학, 경제학 분야에서 6명의 노벨상 수상자를 배출한 곳이라는 것을 알게 되었다.[209] 그 후부터 그 대학을 보는 내 눈은 전혀 달라졌다. 비록 이미 지나간 이야기이

---

208) Herbert Marshall McLuhan, *Understanding Media : The Extensions of Man*, 4. print.(London : The MIT Press, 1964)
209) 미국 캘리포니아의 University of California, Santa Barbara 대학은 1972년 이후 6명의 노벨상 수상자를 배출했다.

지만 그 노벨상의 사건은 오늘 동일한 교정을 오가는 후배 연구원들의 자세와 자부심에 엄청난 영향을 주게 되어 있다. 이처럼 하나의 장소라 할 지라도 그 밑에는 지층처럼 겹겹이 옛날 얘기들이 축적이 되어 있다. 그날 나는 그중 단지 한 겹을 열어 보았을 뿐이다.

미래 또한 지금의 동일한 장소에 메시지를 새겨 넣는다. 3일 전 출산한 둘째 아이를 안고 퇴원한 병원 앞마당은 부부에게 가족의 새로운 미래를 시작하게 만드는 장소이다. 이 장소는 아버지가 부업을 하나 더 하게 만드는 장소이고, 동생이 생긴 첫 아이에게는 이제 친구들 앞에서 으스댈 수 있는 시간이 시작되는 장소이다.

이처럼 시간과 장소는 서로 대화하고 그것을 바라보는 사람들 속의 의미는 점점 더 입체적이 된다.[210] 떨어지는 물이 바위를 조금씩 깎아내듯이 "시간은 모양을 만들고 공간은 형체를 드러내게 한다. 반대로 공간은 다시 의미를 갖게 되고 시간은 그 의미를 성숙시킨다."[211] 그러므로 우리가 갖는 도시에 대한 이미지 역시 "시간과 함께 순환하고 또 거기에 사람들과 여러 사회의 개체들과 결합을" 하면서 만들어진 것이다.[212]

시공간은 개인뿐 아니라 공동체가 만든 스토리도 담는다. "공간은 사회

---

210) 러시아의 철학가이자 문학 비평가인 미하일 박틴(Mikhail Bakhtin)은 시간과 장소를 묶어 하나의 개념으로 chronotope라는 단어를 소개했다. 박틴은 어떤 존재나 대상을 설명하는데에는 한가지 요소만이 아니라 다양한 사람, 시간, 장소, 문화, 정치와 경제등이 복합적으로 그 의미에 기여한다고 생각을 했다.
211) M. M. Bakhtin, "Forms of Time and of the Chronotope in the Novel: Notes towards a Historical Poetic," in *The Dialogic Imagination: Four Essays*, ed. M. M. Bakhtin and Michael Holquist, vol. University of Texas Press Slavic series(Austin: University of Texas Press, 1981), 84-258.
212) Mike Crang, "Time: Space," in *Spaces of Geographical Thought: Deconstructing Human Geography's Binaries*, ed. Paul J. Cloke and Ron. Johnston, Society and Space Series(London ; SAGE Publications, 2005), 199-220; Mike Crang, "Rhythms of the City: Temporalised Space and Motion," in *TimeSpace: Geographies of Temporality*, ed. Jon. May and N. J. Thrift, Critical Geographies : CG ; 13(London: Routledge, Taylor & Francis Group, 2001), 190.

적 관계의 시간적인 틀"이 되어 주기 때문이다.[213] 예를 들어 사람들은 동네의 길 이름, 기념비, 박물관, 동상 등을 보면 같은 대상을 떠올리게 되어 있다. 그 장소 속에 녹아 있는 역사적 의미가 오늘의 우리 공동체를 만나면서 그것은 일종의 사회적 기억이 되어 여러 사람들이 같은 생각을 하도록 만든다.[214] 이처럼 우리 도시의 발밑에는 과거에 여러 공동체들이 만들어 낸 사연과 의미들이 지층처럼 층층이 쌓여있다. 그러므로 도시는 수천 년 동안 당시의 공동체와 시간이 대화하며 만들어 낸 사회적 시간들의 집합소라 볼 수 있다.

장소는 과거의 얘깃거리와 현재 그리고 미래의 얘기를 연결해 주는 정거장과도 같다. 자기 나라에 들어와 순교했던 선교사의 무덤을 방문한 교회의 청년들에게 그 자리는 단지 옛 사건들을 들어보는 자리가 아니다. 그 선교사의 삶이 전해주는 얘깃거리는 오늘 청년의 삶을 바꿀 만큼 강력한 메시지가 되기도 한다. 그뿐 아니라 장소는 미래의 얘깃거리를 만들어내는 장소이기도 하다. 먼 훗날 그 청년은 같은 곳에 자녀 등을 데려와 자신의 삶을 변화시켰던 청년 시절을 얘기해주는 장소가 될 수도 있다.

도시의 시공간은 그것을 누가 기억하느냐에 따라 또 지금 그곳에 누가 살고 있느냐에 따라서도 달라진다.[215] 앞에 소개한 오토씨의 가게는 남들에게는 하나의 가게일지 모르지만, 오토씨에게 있어서는 22년 동안의 만남과 인생이 배어들어 간 사연의 창고이다. 이처럼 같은 장소라 할지라도 그곳에 대한 의미와 사연은 그대로 머물지 않고 시대와 사람을 따라 끊임없이 다른 옷으로 갈아입는다. 그러므로 같은 장소에 관한 것이라도 그것이 언제적 얘기인가,

---

213) Manuel Castells, *The Rise of the Network Society*, 2nd ed., vol. v. 1, Information Age(Oxford ; Malden Mass : Blackwell Publishers, 2010), xxxi.
214) Paul. Connerton, *How Societies Remember*, Themes in the Social Sciences(Cambridge [England]: Cambridge University Press, 1989)
215) Maurice Halbwachs, Francis J. Ditter, and Vida Yazdi Ditter, *The Collective Memory*, 1st ed., Harper Colophon Books ; CN/800(New York : Harper & Row, 1980), 133.

또 어떤 공동체의 얘기인가, 그리고 누가 얘기하냐에 따라서도 다른 의미와 가치가 만들어진다. 그러므로 역사란 단순히 고정된 과거의 기록만이 아니고 그 역사를 해석하는 사람들의 스토리가 발전을 거듭하면서 역사도 함께 발전하는 것이다. 마찬가지로, "장소는 시간에 결부된 것이기에 시간은 공간을 설명할 수 있는 하나의 매체인 셈이다. 그러므로 공간의 의미는 시간이라는 차원이 없이는 해석할 수 없는 것이라 하겠다."[216]

이처럼 과거와 현재 그리고 미래의 사람들은 같은 장소를 매개해서로 서로 만나고 또 상대방에게 얘깃거리를 만들어 준다. 과거에 만들어진 얘기를 들으면서 사람들은 각자 다시 자기 얘깃거리들을 창조해 낸다. 그리고 오늘 만든 얘깃거리는 미래에 이 자리에 올 사람들의 생각을 사로잡고 다시 그들의 얘깃거리를 만드는 재료가 되는 것이다. 그러므로 도시의 공간은 시간, 장소, 사람이 만나서 의미를 만들어 내는 곳이다.

공동체의 얘기를 만들어낸 도시의 공간들

도시는 사람들과 사회가 만든 얘깃거리를 담아내는 일종의 사회 공간적 Sociospatial인 단위이다.[217] 공간이란 어떤 것을 채울 수 있는 빈 곳을 의미한다. 이에 반해 장소란 빌딩이나 정류장과 같이 빈 곳을 목적대로 채워 사용하는 그곳을 말한다. 전통적으로 공간이란 공원이나 들판 같은 물질적 공간을 의미해 왔다. 하지만, 아인슈타인이 상대성 이론을 소개한 이후로 공간개념이 시간과 경험은 물론 디지털 공간, 정신과 감정의 거리까지도 확장하였

---

216) Ondřej Mulíček, Robert Osman, and Daniel Seidenglanz, "Urban Rhythms: A Chronotopic Approach to Urban Timespace," *Time & Society* 24, no. 3 (January 1, 2014): 304.
217) 사회공간적 관점(Sociospatial perspective)이란 발전과 변화에 대한 현상을 설명함□ 단순히 한 두 가지 요소만으로 설명하지 않고 다양한 요소를 통합하여 설명 하려는 시도이다. 이 관점은 헨리 레프브리(Henri Lefebvre, 1991)의 영감이 기반이 되고 나중 사회공간적 관점(sociospatial perspective) 라는 이론으로 발전을 하였다. Lefebvre, *The Production of Space*.

다.²¹⁸ 그러기에 공간개념은 장소의 개념을 포괄하고 나아가 철학적 의미도 있는 상위적 개념이라 하겠다.

공간을 사용한다는 것은 단지 그 기능을 사용하는 것을 넘어 사람과 공간 사이의 관계를 설정하는 것이다. 같은 공간이라 할지라도 사람들은 그곳에 각기 다른 의미를 불어 넣고 그 후부터는 그 의미가 말하는 가치와 기능대로 그 공간을 상대한다. 예를 들어 같은 집이지만 월세를 내며 살아갈 때와 그 집을 사서 집주인이 된 후로는 그 집에 부여하는 의미와 가치는 매우 다르다.

도시의 시간과 마찬가지로 공간의 의미는 사회적인 합의를 통해 만들어진다.²¹⁹ 그러므로 공간은 사람들의 합의로 만든 사회적 생산물이고 또 사람들은 그 공간에서 계속 사회적 활동을 하면서 그 공간의 의미를 더욱 강화 발전시킨다. 그러므로 공간은 단순히 사람들이 활용하는 곳보다 더 큰 개념이며 공간과 사회는 서로 대화하는 일종의 파트너인 셈이다. 공간이란 "사회적 관계들이 쌓이면서 또 우리의 일상생활을 이 스며들면서 형성된 곳이다. 이 공간의 의미는 그곳에서 우리가 어떤 식으로 행동해야 할지에도 영향을 준다. 나아가 사람들은 자신들의 필요에 따라 그 공간을 다시 설계해서 새롭게

---

218) 공간의 개념은 논리나 추상적 개념같은 가상적 공간(virtual space), 도면이나 지면을 통해 인지하는 수학적 공간(mathematical space), 감성과 정서를 표현 할 수 있는 예술적 공간(artistic space), 사회와 인간관계, 정치세력등에 관계된 사회적 공간(social space)등 매우 다양하게 발전 하였다. Cornelis van de. Ven, Space in Architecture: The Evolution of a New Idea in the Theory and History of the Modern Movements(Assen : Van Gorcum, 1980), 35-42; K. Michael. Hays, Architecture Theory since 1968(Cambridge, Massachusetts: The MIT Press, 2015)

219) Nancy D. Munn, "Excluded Spaces: The Figure in the Australian Aboriginal Landscape" 22, no. 3(1996): 446-65; Stuart Alexander Rockefeller, *Starting from Quirpini : The Travels and Places of a Bolivian People*(Bloomington : Indiana University Press, 2010); Theodore C Bestor, "Supply-Side Sushi: Commodity, Market, and the Global City," *American Anthropologist* 103, no. 1(2001): 76-95; Setha M. Low, *On the Plaza : The Politics of Public Space and Culture*, 1st ed.(Austin: University of Texas Press, 2000); Deborah Pellow, *Setting Boundaries : The Anthropology of Spatial and Social Organization*(Westport, Conn.: Bergin & Garvey, 1996)

만들어 간다. 이처럼 사람과 공간은 서로에게 영향을 주고받는 이중 관계라 할 수 있다."[220]

도시공간의 사회성 특징으로 인해 도시는 고정되지 않고 계속 변화하는 과정 중인 공간이다. 사회적 공간성이란 사람들이 사회를 만들고 살아가는 과정에서 탄생하는 공간에 대한 하나의 합의된 사회적 생산물이다. 이 사회적 생산물로서의 공간이란 사람 간의 사회적 교류와 경험, 합의된 이미지와 일상 물건을 통해 사회적, 물리적, 기능적 변화가 생겨난 공간"을 뜻한다.[221] 그러므로 공간은 단순히 그 공간을 사용하는 일부 몇 명과 교류를 한다기보다 그 개인이 관련된 사회와 교류한다고 보는 것이 합당하다.

사회적 합의는 공간에 가치와 우열도 부여한다. 그 결과 그 공간과 관련된 사람들은 그 우열에 따라 이익과 손해를 본다. 예를 들어 사회적 합의에서 좋은 동네로 인정받은 곳은 그로 인해 상승하는 부동산의 경제적 가치로 이익을 본다. 이런 부여받은 공간의 가치는 역으로 사람들의 사회생활에 영향을 미친다. 예를 들어 부동산 가격 상승으로 비싼 집을 소유하게 된 사람들은 부자들의 그룹에 들어가고 상류층들과 어울릴 수 있는 것이다. 이처럼 사회는 공간에 영향을 미치고 공간은 다시 사회생활에 영향을 주는 순환 구조가 생겨난다.

도시의 공간은 사회적 관계와 의미를 담는 그릇과 같고 또 그 사회와 그 안의 사람들이 어떠한지를 비추는 매개물이다. 사람들은 그 공간을 매개하여 자신들의 인간관계, 공동체의 가치, 경제, 권력, 자원, 기호 등을 만들어 간다. 사회 공간이 사회적 생산물이라는 것은 그것이 그 사회와 문화 활동의 결

---

220) Mark Gottdiener and Ray Hutchison, *The New Urban Sociology*, 4th ed.(Boulder, Colo.: Westview Press, 2011), 19.
221) Setha M. Low, "Spatiality: The Rebirth of Urban Anthropology through Studies of Urban Space," in *A Companion to Urban Anthropology*, ed. Donald Macon Nonini(Chichester, West Sussex: Wiley-Blackwell, 2014), 20.

과이면서 그 안에 기능적 요소와 상징적 메시지가 들어 있다는 뜻이다. 도시는 특별히 인공적 시설과 장소들이 많아서 사회적 의미를 가진 많은 공간들이 집적해 있는 곳이다.

지금까지 우리는 도시 공간이 사회 공간적 특징을 갖는다는 것을 알아보았다. 공간이 갖는 사회 공간적 특징은 도시가 완성된 것이 아니라 계속 다음 단계로 옮겨가는 과정 중에 있는 존재임을 알 수 있었다. 도시의 공간은 여러 사람들과 함께 만들었던 얘깃거리를 담아가면서 새로운 옷을 갈아입어 왔다. 이 과정을 수없이 반복하면 그 사회와 공간은 그 도시만의 공간 문화를 만들어 낸다.

스토리들로 만든 도시의 장소들

장소란 공간의 일부로서 주택, 오피스, 사원처럼 사람들이 활동을 하거나 어떤 목적을 위해 만들어 놓은 공간을 말한다. 장소는 처음부터 사람들이 목적과 용도를 정해 놓고 만든 것이기 때문에 공간보다 훨씬 더 사회적인 곳이다.[222] 도시인들은 거의 모든 활동을 건조물, 즉 장소 안에서 한다. 장소에서 사람들은 자아 성취, 관계 형성, 생산과 소비 같은 다양한 활동을 한다.[223] 그러므로 도시란 이러한 장소들로 가득한 공간이라 할 수 있다. 도시인들이 거의 모든 삶을 장소와 더불어 살아가다 보니, 크리스토퍼 데이Christopher Day는 도시의 빌딩들이란 단순히 벽돌 등을 붙여 놓은 것을 넘어서 마치 제3의 피부와 같다 하였다. 여기서 제1 피부는 몸의 피부를 제2의 피부는 의복을 의미한다. 왜냐하면 건조 환경은 마치 우리의 피부가 그런 것처럼 "숨 쉬고, 흡수하고, 땀을 배출하고, 붙잡고 보호해 주기 때문이다.[224]

---

222) Jaffe and Koning, *Introducing Urban Anthropology*, 24.
223) Gottdiener and Hutchison, *The New Urban Sociology*, 2011, 19.
224) Christopher Day, *Places of the Soul: Architecture and Environmental Design as a Healing Art*, Pbk.

장소는 우리 삶의 일부일 뿐만 아니라 우리는 언제나 그 안에 메시지를 불어넣게 되어 있다. 이에 데이빗 P. 리옹과 승찬 라David P. Leong and Soong-Chan Rah는 "장소땅에는 항상 권력과 부의 이야기가 들어 있으며, 그 토지에서 일어나는 공동체, 소속감, 배제에 관한 이야기는 항상 그 토지의 정치와 경제 문제와 서로 연결이 되어 있다"라고 한다.[225]

장소는 그 목적과 역할로 여러 가지로 분류할 수 있다. 사람들은 합의된 약속에 따라 장소들을 공공장소와 사적인 장소로, 세속적인 장소나 성스러운 장소로, 또는 권력과 성별에 따라 구별한다. 그리고 이런 구별된 장소에 가면 사람들은 사회적으로 합의되고 그에 적절한 태도와 마음을 갖는다.[226] 이제 분류별 각 장소들의 특징 등을 알아보겠다.

공공장소와 사적 장소들

장소는 공공장소public place와 사적 장소private place를 기준으로 나눌 수 있다. 이 둘의 개념은 명확하게 차별할 수는 없으나 보통 "공공장소는 더 공개적이고, 접근성이 용이하고, 여러 사람이 모일 수 있는 도시공간을 말하는 반면, 사적 장소는 좀 더 차단되고 제한적인 가정적인 공간을 의미한다."[227]

공공장소는 여러 사람들이 함께 사회생활을 할 수 있도록 만든 공통의 공간을 의미한다.[228] 이 공공장소는 도시의 구성에 중요한 역할을 한다. 왜냐하

---

ed.(London: Aquarian/Thorsons, 1990), 63-64.
225) David P. Leong and Soong-Chan Rah, *Race and Place: How Urban Geography Shapes the Journey to Reconciliation*(Downers Grove, IL: InterVarsity Press, 2017), 114.
226) 도시의 장소를 구분하는 기준들은 학자에 따라 다양하다. 예를 들어 공적과 사적, 성과 속, 공공과 주거지역, 표식과 예술, 수직적과 수평적 장소등 그것을 분류할 수 있는 방법은 수없이 많다. 이 책의 성격을 고려하여 이들중 다섯가지 분야를 다룰 것이다.
227) Jaffe and Koning, *Introducing Urban Anthropology*, 56.
228) Iris Marion Young, *City Life and Difference*(Princeton University Press, 1990); Richard Sennett, "The Public Realm," in *The Blackwell City Reader*, ed. Gary. Bridge and Sophie. Watson, 2nd ed.(Chichester, West Sussex, U.K.: Wiley-Blackwell, 2010), 267-72.

면 공공장소 없이는 공론 형성, 사회적 관계, 생산적 활동 같은 도시의 주요 활동이 어려워 지기 때문이다.

공공장소는 도시인들의 공론을 만드는 장소이다. 사람들은 바로 이 공공장소를 통하여 함께 토론하고 관계를 발전시키며 협업한다.[229] 잘 알려졌듯이 아고라Agora 광장은 고대 그리스의 도시국가폴리스에서 자유 시민들이 자유롭게 토론하던 공공장소요 공론을 만들어 내던 곳이다.[230] 당시 그리스인들은 이 공공장소에 모여 토론하고 협업하고 또 정치에도 참여를 한 결과 민주주의와 같은 정치적 제도를 만들어 낼 수가 있었다.

공공장소는 사회적 관계를 활성화하도록 만든다. 사람들은 다른 곳을 가기 위해서는 공공장소를 지나야 하고 그 지나가는 길에서 나와 다른 사람들을 만난다.[231] 도시인들은 취미생활이나 소득 창출을 위해 공공장소에 나와 다른 사람들과 협업을 한다. 따라서 공공장소는 사회적 관계를 만드는 공간이다.

공공장소는 생산적인 활동을 하는 곳이다. 사람들은 커피숍에서 친구들을 만나고, 사무실과 공장에서는 생산과 분배와 같은 일을 한다. 또한 정치가들은 넓은 광장에서 대중 집회를 한다. 지도자는 경찰서나 구청 같은 공공장소를 통해 자신들의 통치 행위를 실현한다.

사람들은 사적인 장소에 비하여 공공장소에 대한 주인의식과 책임감이 약하다. 예를 들어 공원의 의자가 쉽게 망가지고, 길거리에 쓰레기가 있는 이유는 사람들이 그 공간을 내 공간만큼의 책임을 느끼지 않기 때문이다. 이처럼 사람들은 나를 위해 공공장소를 사용하기는 하지만 아무도 책임지려 하지는 않는다. 즉, 사람들은 공공장소에서 주체라기보다는 대중이 되려 한다. 이

---

229) Jürgen Habermas, *The Structural Transformation of the Public Sphere: An Inquiry into a Category of Bourgeois Society*(Cambridge, MA: The MIT Press, 1991), 27-31.
230) Don Mitchell, *The Right to the City: Social Justice and the Fight for Public Space*(New York: Guilford Press, 2003).
231) Jaffe and Koning, *Introducing Urban Anthropology*, 58-60.

뿐 아니라 공공장소가 자유롭고 익명성이 강하다는 점도 사람들의 책임의식을 떨어뜨린다. 공공장소에서는 주변이 대부분 잘 모르는 사람들이기 때문에 개인공간에 비해 사람들의 행동이 비교적 거칠어진다.

공공장소는 그 주변뿐 아니라 그보다 훨씬 더 높고 큰 범위로부터 영향을 받는다. 사람들은 연결된 네트워크와 미디어를 통해 글로벌한 정보를 받고 공공장소에 와서 사람들과 나눈다. 그러므로 공공장소란 이러한 글로벌하고 거시적인 정보에 노출된 사람들이 개인이나 그룹의 목적과 가치를 갖고서 다른 사람들과 미시적인 상호작용을 하는 곳이라 하겠다.

공공장소와 달리 사적공간이란 많은 자유와 책임을 한 사람이나 소수가 갖고 있는 곳이다.[232] 즉, 사람들은 사적공간에서 자유롭게 행동하지만 동시에 자기 공간에 대한 책임도 져야 한다. 의외로 도시에는 사적공간이 많다.[233] 공동체성이 강하고 개인의 공간이 적은 전통 사회와 달리 도시의 문화와 가옥 구조나 자가용 자동차의 사용은 혼자만의 공간을 확보해 준다. 여기에다 내 생활, 내 시간, 내 친구, 내 계획과 같이 나만의 영역을 존중하는 문화는 도시인들이 개인적인 삶과 공간을 확대하도록 만든다. 그중에서 집은 대표적인 사적 장소이다. 집이란 단지 사람들이 저녁을 먹고 잠을 자는 장소를 넘어 그보다 훨씬 더 큰 의미를 가진 곳이다. 집이란 편히 쉬고, 추억을 만들고, 가족과 시간을 보내며, 친구를 초대하고, 바깥과 다른 도덕적 가치와 믿음을 사랑하는 사람과 만들어내는 곳이다.[234]

도시에 사적공간이 발전할 수 있었던 것은 일터나 사회시설들이 주거지역과 분리될 수 있었기 때문이다. 과거에는 주거지역과 사회시설들이 같은 지

---

232) Walter Brueggemann, *The Land: Place as Gift, Promise, and Challenge in Biblical Faith*, Overtures to Biblical Theology; [1](Philadelphia: Fortress Press, 1977), 5.
233) 도시인의 사생활에 관한 연구는 1, 2장을 참조하라.
234) Lewis Mumford, *The City in History: Its Origins, Its Transformations, and Its Prospects*(New York: Harcourt, Brace & World, 1961), 220.

역에 있었지만 도시 사회는 이들 시설들이 각각 다른 곳에 위치해 있다. 그 결과 도시인들은 공공장소에서는 생산적이고 업무적인 일들을 하지만 그 일들을 사적 공간으로 가져오기를 꺼린다.[235]

주거지역도 하나의 장소로서 사회 공간적이고 사회 시간적인 것은 마찬가지이다. 집의 모양과 용도는 대단히 문화적이며 또 사용자의 개성을 알 수 있게 한다. 사람들은 자기 문화에 따라 집을 짓고 사용한다. 그리고 집에는 집의 규칙이 있고 그러한 규칙은 집안의 구조와 형태에 스며들어 있다. 그래서 "집의 내부 모양은 그 안의 사람이 어떤 사람인지, 자신에 대하여 어떤 생각을 하는지, 다른 사람에게 어떻게 비추기를 기대하는지를 알려준다."[236]

어떤 장소는 공공장소이지만 사적인 장소처럼 느끼게 하는 곳도 있다. 혼자서 책과 함께 시간을 보내는 단골 커피숍이나 개인 사진을 붙여 놓은 회사의 내 책상 공간이 여기에 해당한다. 사람들은 이곳에서 자기 일도 하지만 여전히 공공장소라는 것을 잘 안다.

놀랍게도 성경이 보여 준 가정 교회도 이러한 공적 · 사적 성격이 혼재된 장소였다. 가정 교회란 말 그대로 공간적으로 사적 장소를 상징하는 가정과 공공장소를 말하는 교회가 합한 단어이다. 그리고 가정 안에서만 사용하던 가족이라는 단어를 육신의 가족을 넘어서서 주안에 있는 사람들로 확대하여 서로를 형제자매라 바꿔 부를 수 있는 곳이다. 가정교회는 이런 가족 개념의 확대로 인하여 이전에는 공적인 관계로만 대하던 사람들이 개인적인 관계, 즉 가족 같은 관계로 전환하는 놀랍고 아름다운 공간이다. 본래 가정은 제한된 몇 명만 같이 사랑하고 식사하는 곳이다. 그러나 가정이 교회로 확장 된다는 것은 가족끼리만 하던 사랑, 식구, 초대, 공동체의 삶

---

235) 하비 콕스저, 이상률 역,『세속 도시』, 258-60.
236) Jaffe and Koning, *Introducing Urban Anthropology*, 30.

을 성령의 인도하심으로 이제 바깥 공공장소에 있던 사람들에로 확대하는 것을 의미한다.

성스러운 장소와 세속적 장소들

장소들을 구분하는 두 번째 기준은 성속으로 나누는 것이다. 사람들은 성스러운 곳에서는 그에 합당한 행동과 생각을 하고 세속적인 장소에서는 그 장소에 맞도록 행한다. 도시에는 수없이 많은 종교시설, 사당, 기념물들이 있다. 지역을 성과 속으로 구분 짓는 것은 단지 종교만이 아니다. 박물관에서 위대한 인물 동상 앞에 서면 우리는 좀 더 경건해지려 한다. 사람들은 불운한 사고가 있었거나 징크스가 있는 곳에서는 심리적 압박을 받는다. 한해를 반성하고 새해의 계획을 세우는 시간, 존경하는 선생님 댁을 방문할 때, 현충일 아침에 사이렌 소리로 모두가 묵념할 때를 우리는 그 시공간이 경건하고 진지하다는 것을 인식한다. 이처럼 우리의 삶에는 수없이 많은 성과 속스러운 시간과 장소들이 함께 한다.

본래 종교는 도시가 탄생하고 부흥하는 데 커다란 역할을 담당했다. 인류의 초기부터 사람들은 신을 만날 수 있다고 생각하는 곳이나 영험한 지역에 성전이나 사당을 세우고 그 신성한 장소에서 각종 절기와 축제를 지냈다. 성경에 등장하는 베델창 28:19; 35:14-15; 실로수 18:1; 21:2; 미스바삼상7:5-6; 길갈삼상 7:16; 라마삼상 7:17 들 역시 사람들이 하나님을 체험한 장소였고 나중엔 그곳이 점차 도시로 발전했다.[237] 이런 영적인 장소가 갖는 종교적인 매력은 많은 사람들을 모여들게 만들었고 나아가서 종교 행사나 시설을 유지하기 위해서도 많은 사람들이 정착을 해야 했다.[238] 이처럼 도시가 발전하는 데에

---

237) Ronald Edward. Peters, *Urban Ministry* : *An Introduction*(Nashville, TN : Abingdon Press, 2007), 35.
238) Mary Hancock and Smriti Srinivas, "Spaces of Modernity: Religion and the Urban in Asia and Af-

는 신적 체험을 하려는 사람들과 그 주변 사람들의 공동체가 큰 역할을 한 것이다.[239] 신전은 보통 도시의 중앙에 위치하였고 종교지도 자들은 신전과 종교 행사를 유지하기 위해 많은 사람들을 도시에 살게 하였다. 이들은 도시를 중심으로 가정을 이루고 농사와 경제 활동을 해나갔다. 사람이 많아지면서 이를 유지하기 위한 정부와 행정부처들이 하나씩 늘어났다.[240] 이처럼 종교는 고대 도시 발전의 근간을 제공했다. 그러므로 오늘날에도 도시의 지표 밑에는 과거의 역사가 그때의 성스러웠던 얘깃거리를 나누려 기다리고 있을지 모르는 일이다.

오늘날 영적이고 성스러운 장소는 교회나 모스크뿐 아니라 우리가 사는 모든 장소에 흩어져 있다. 식당 앞에 설치한 작은 향단shrine, 버스 기사 옆에 걸어 놓은 십자가, 집안 한쪽 벽장을 이용해 만든 기도실, 또 공항 터미널에 있는 기도실, 주일 오전에 예배를 드리기 위해 빌린 동네의 커피숍, 회사 동료들과 수요 점심 성경 공부를 하는 회의실과같이 성스러운 장소는 여러 모습으로 우리 주변에 살아있다. 이뿐 아니라 성스러운 장소는 물리적 공간을 넘어서 가상 사회에도, 종교 라디오 방송이라는 공간에도, 그리고 통신 성경 공부와 같은 원거리 공간에도 있는 것이다.

세속적 장소는 성스러운 장소에 비해 개념적 규정이 좀더 어렵다. 보통 세속적인 장소라 하면 술집이나 윤락가를 떠올리지만, 이 '세속적'이라는 생각은 문화, 종교, 철학에 따라 많이 다르기 때문이다. 어떤 곳에서는 미워하는 사람이 나에게 손을 대려 하면 "그 더러운 손을 치우라!"라고, 말한다. 또

---

rica," *International Journal of Urban and Relgional Research* 32(2008): 617-30; Irene Becci, Marian Burchardt, and José Casanova, *Topographies of Faith: Religion in Urban Spaces*, 1 online resource(229 pages) vols., International Studies in Religion and Society ; v. 17(Leiden ; Brill, 2013), http://booksandjournals.brillonline.com/content/9789004249073.

239) Peters, *Urban Ministry*, chapter 4.
240) Harvie M. Conn and Manuel Ortiz, *Urban Ministry: The Kingdom, the City & the People of God*(Downers Grove Ill: InterVarsity Press, 2001), 35.

중국의 무슬림들은 재래시장의 파리가 들끓는 할랄 소고기가 현대의 코스트코 마트에 깨끗하게 포장된 돼지고기보다 더 청결하다 믿는다. 이처럼 종교나 신념에 따라 좋고 나쁨, 성과 속스러움은 다르다.[241]

성과 속스러운 장소는 공동체의 가치와 철학, 공동체가 경험한 역사와 사건들이 그 장소에 해당하는 의미를 부여하면서 만들어진다.[242] 처음에는 그곳에 역사적 사건이나 영적 사건이 있어서 그곳이 성 또는 속스러운 장소가 되었겠지만, 궁극적으로 그곳은 사회적인 합의에 따라 공동체적 의미를 부여해야 그러한 장소와 대상이 될 수 있다.

이원론의 영향을 받았던 기독교에서는 장소들에도 성과 속의 라벨을 붙였다. 기본적으로 교회 이외의 건물들은 세속적인 공간으로 간주한 반면, 교회 내부 그것도 설교단 주변과 그 뒤의 십자가가 있는 곳은 마치 지성소처럼 가장 하나님과 가까운 장소라는 생각을 했었다.[243] 이러한 장소, 건물과 성속 개념 간의 결합은 기독교인의 관념 속에 뿌리 깊게 자리 잡아 왔다. 이원론적 사고는 성과 속을 사람들의 죄성과 영성에서 찾기보다는 장소와 공간에다 부여하는 데 일조를 하였다. 심지어 우리의 일상을 교회의 종교생활에 비해 부정적으로 간주한 결과 하나님 나라의 범위를 축소하는 결과를 만들었다.[244] 그 결과 어떤 그리스도인들은 심지어 매일 출근하는 직장이나 은행과 같은 금융기관을 인간의 탐심을 자극하는 한낱 맘몬신이 사는 곳으로 대하기도 한다.

장소와 건물을 성과 속을 나누려는 철학적 신학적 관점은 더 나아가 사람

---

241) Emily A. Schultz and Robert H. Lavenda, *Cultural Anthropology: A Perspective on the Human Condition*(St. Paul: West Publishing Company, 1987), 350-54.
242) Gorringe, *A Theology of the Built Environment*, 40.
243) John Archer, "Colonial Suburbs in South Asia 1700-1850, and the Spaces of Modernity," in *Visions of Suburbia*, ed. R. Silverston(London: Routledge, 1996), 52; Sigfried Giedion, *Space, Time and Architecture: The Growth of a New Tradition*(Cambridge, MA: Harvard University Press, 1974), xxxii.
244) Nicholas P. Wolterstorff, *Art in Action: Towards a Christian Aesthetic*, New Ed edition(Grand Rapids: Paternoster Press, 1997), 82.

들을 영적으로 계층화 시키는 데까지 이른다. 교회라는 공간에서 많은 시간을 보내는 사람은 영적이지만, 사회와 가정이라는 공간에서 행하는 것은 덧없고 삶을 낭비하는 행위로 여긴다. 나아가 세속적인 장소에서 일하는 사람을 천하게 보고 그들에게 죄책감을 느끼게 만든다. 이처럼 우리는 장소가 갖는 의미와 용도에 따라 그 장소를 성과 속으로 구분해 왔다.

권력으로서의 장소들

사람들은 보통 어떤 장소에 가면 그곳의 규칙에 맞춰 행동한다. 즉, 모든 장소 안에는 힘의 원리가 들어 있고 그것을 읽은 사람은 그 원리대로 움직이게끔 만든다.

개인공간이나 주거공간에서도 쉽게 힘의 원리를 찾아볼 수 있다. 개인공간에서는 주인이 공간에 대한 책임감과 권한을 갖는다. 여기서 주인은 자신의 권한을 사용해서 이 공간에서 기대하는 기능과 의미를 반복하려 한다.[245] 이곳에서 이 주인이 만들어 놓은 힘의 원리는 심지어 아주 작은 곳까지도 스며들어 있다. 주인은 좀 더 의미 있거나 성스러운 자리, 식탁에서 높은 사람이 앉는 자리, 청결해야 하는 곳, 누워도 되는 곳이 어디인지를 정한다. 물론 이러한 기준은 지극히 문화적인 관념이기 때문에 동일한 문화권에서 온 사람들은 이러한 장소 안의 역학관계를 이미 잘 알고 있고 갈등 없이 받아들인다. 이처럼 개인들과 공동체는 모든 장소마다 작동 원리인 힘을 부여하고 각 장소와 공간에서 힘의 원리가 작동하도록 만든다.

정부기관이나 영업장소와 같은 공공장소는 더더욱 이 힘의 원리를 선명하게 보인다. 공공장소는 통치자의 의지, 장소의 위치, 문화적 함의, 도시의 우선순위 등이 결합을 하여 어떤 장소에 얼마만큼의 힘을 부여할지를 정한

---

245) Lefebvre, *The Production of Space*, 85.

다. 통치자나 사회의 지도층은 자신의 힘을 사용하여 자신의 마음속에 있는 가치관, 관계, 능력, 자원, 미적 감각 등이 실제로 가시화 되도록 만든다. 그 결과 도시의 구조, 교통시설, 안전시설, 편의시설과 같은 공공 환경에는 지도자들의 이념과 철학이 드러나게 되어 있다. 예를 들어 개선문을 중심으로 해서 방사형으로 뻗은 프랑스 파리의 도로 형태는 당시의 통치자 나폴레옹 3세의 생각을 잘 보여 준다. 시민들의 혁명을 두려워했던 그는 중앙에 개선문을 두어 경찰이 어느 방향으로든 신속하게 저항 세력을 제압할 수 있도록 도시를 설계하였다.[246] 통치자의 이념은 건물의 모양에도 나타난다. 어떤 통치자는 유난히 웅장하고 위압적인 건물을 건설함으로써 자신과 시민들간의 관계가 어떠해야 하는지를 알리기도 한다.

    장소의 위치에도 힘의 원리가 들어가 있다. 예를 들어 고대 아시아에서는 자기 집이 왕궁과 얼마나 가까이에 있는지는 그 사람의 신분을 보여주는 메시지였다. 고관대작일수록 궁궐에서 그리 멀지 않은 장소에서 살았기 때문이다. 장소가 위치한 지역의 이미지 역시 힘의 역학관계를 말해준다. 베벌리 힐스처럼 유명 연예인들이 사는 곳, 좋은 고등학교가 있는 학군, 뉴욕의 할렘가, 햇빛이 들지 못하는 반 지하는 모두 그 장소가 갖는 힘을 말해준다.

    장소가 갖는 문화적 함의와 상징성에도 힘의 원리가 들어 있다. 사람들은 오래되고 유명한 종교시설에서는 영적 능력을 기대하고, 역사적 건물에서는 삶의 교훈을 얻으려 하며, 장례식장에는 검은 정장을 입어야 올바르다고 생각한다. 구약 성경에 이스라엘 백성들이 생각하는 예루살렘은 단지 하나의 지역을 넘어 영적 중심지이며 선택받은 민족을 상징하는 민족의 근원과 같은 의미였다. 그러므로 전쟁으로 예루살렘 성을 빼앗기는 것은 단순한 수도의 함락을 넘어서는 엄청난 충격이었다.

---

246) 유현준, 도시는 무엇으로 사는가, 73-76.

도시의 배경과 문화, 그리고 통치자의 의지와 능력은 그 도시의 권력 분배 방식에도 영향을 미친다. 어떤 도시는 경제나 생산과 같은 기능에, 또 어떤 도시는 예술성이나 역사적 전통과 같은 문화성에 우선순위를 둔다. 건물과 시설이 유독 유력한 사람들에게만 맞춰있고, 장애인이나 소수 소외된 그룹을 배려하지 않는다면 그 도시는 강한자들에게만 우선순위를 두었다는 것을 보여준다. 문이나 검문소는 대표적으로 힘을 상징하는 곳이다. 어떤 사람을 만나기 위해 여러 개의 문을 통과해야 하면 이는 상대방이 매우 높은 사람이라는 것을 의미하고, 또 검문소나 검색대를 여러 개나 지나야 하는 경우는 그곳이 얼마나 안전을 요구하는 곳인지를 말한다.

이처럼 거대한 지역의 통치 전략에서부터 작은 집의 구조[247]까지 도시는 힘의 원리가 지배하고 사람들은 여기에 맞춰 행동한다. 이 힘의 메시지는 공동체를 유지하고 혼란을 방지하며 또 서로 간의 관계에서 예측과 계획이 가능하여 사회를 효율적으로 만든다. 하지만 이 건조 환경 안의 힘의 메시지는 효율성이라는 미명 하에 사람들을 차별하고 그룹으로 나누는 역할도 한다. 그 결과 사람들은 그 장소와 그 안 사람들의 신분을 동일시identify한다. 예를 들어 여성의 장소, 흑인들의 장소, 예루살렘 출신, 유명 배우들이 많이 사는 곳 등으로 사람들은 장소와 신분 계층을 연결한다.

성별과 장소

도시에는 그 공간을 성별로 나눌 수 있는 곳이 의외로 많다. 단순히 화장실만이 아니라 장소 자체가 특정한 성의 소유자만 고려해서 만든 곳들이 있다. 예를 들어 우리는 쉽게 공간을 남성 공간과 여성의 공간으로 나누고 그 외

---

247) Michel Foucault, *Power/Knowledge: Selected Interviews & Other Writings 1972-1977*, ed. Colin Gordon, trans. Colin Gordon et al.(New York: Pantheon Books, 1980), 149.

를 양성 공간bisexual space으로 지칭한다. 예를 들어 저녁때의 술집이나 월요일 점심때의 백화점은 훨씬 더 성별이 구분되는 공간으로 변한다. 이런 성별 중심의 공간gendered space에서는 사람들이 이성에 대한 견해와 편견을 자연스럽게 드러내고 자신의 남성성이나 여성성을 좀 과도하게 드러내도 용납을 받는다.[248]

전통적으로는 남성들이 힘과 사회적 지위와 경제력적 우위를 점해오다 보니 공공장소 즉 바깥 장소는 주로 남성적 관점을 기준으로 설계하고 사용해 왔다. 도시를 설계, 건설, 수리하는 사람들이 거의 다 남성들이라는 점을 생각해 보면 도시 자체가 남성들의 관점으로 만든 공간이라 말해도 과언이 아니다.[249] 아이러니하게도 여성들이 많은 시간을 보내는 집, 도로와 길, 쇼핑몰까지도 모두 남성들이 만들어 놓은 것들이다. 여성의 입장을 생각지 못한 결과는 공원이나 콘서트홀에서 유독 여성 화장실에만 길게 줄을 서 있는 것을 보면 쉽게 알 수 있다. 아마 이 건물을 설계한 남성은 남녀에게 같은 규모의 시설을 제공하면 동일한 서비스를 제공할 것으로 생각했을 것이다. 이와 같은 예로 동일한 밤거리더라도 여성들은 훨씬 "주변에 언제 나타날지 모르는 폭력이나 위협에 훨씬 더 두려움을 갖는다."[250] 결과 여성들은 사회생활에 더 높은 장애물을 갖고서 살아가는 것이다.

도시공간이 이렇게 남성적 공간 위주가 되기까지는 이를 지탱하는 사회와 문화적 그리고 종교와 전통적 요인이 큰 역할을 해왔다. 만약 그 나라의 가

---

248) Daphne Spain, "Gendered Spaces and the Public Realm," in *Gender in an Urban World*(Emerald Publishing Limited, 2008), 9-28.

249) Gerald D. Suttles, *The Man-Made City: The Land-Use Confidence Game in Chicago*(Chicago: University of Chicago Press, 1990)

250) Jocelyn A. Hollander, "Vulnerability and Dangerousness: The Construction of Gender through Conversation about Violence," *Gender and Society* 15, no. 1(2001): 83; Jan Newberry, "Women's Ways of Walking: Gender and Urban Space in Java," in *Gender in an Urban World*, ed. Judith N. DeSena, Research in Urban Sociology ; v. 9(Bingley: Emerald JAI, 2008), 9-28.

정 문화가 교육을 받을 기회를 아들 위주로 주는 문화라면 고학력 졸업자를 요구하는 직종에는 여성들이 적은 것은 당연한 일이다. 결과 화이트 컬러들이 많은 곳은 자연히 여성 취업의 진입장벽이 매우 높고 그 결과 이런 곳은 남성 공간이 된다.

전통적으로 여성들이 사회활동을 하려면 사회적으로 긴급한 필요가 발생할 때만 가능했다. 예를 들어 전쟁 때처럼 국가의 노동력이 많이 필요할 때면 일시적으로 여성의 사회참여가 높아진다. 그러나 전쟁이 끝나면 여성들은 다시 집으로 돌아갔다.[251]

소득이 증대된다고 해서 여성들의 사회활동이 증대되는 것만은 아니다. 미국의 경우 도심 주택문제 해결과 전원주택에 대한 환상이 교외권에 주택 건설을 활성화했다. 문제는 이 교외권은 도심에서 너무 멀다 보니 이는 여성들을 한 번 더 사회생활과 경제생활로부터 소외를 시켰다. 교외 지역에서 경제활동을 하려면 직접 운전해서 도심까지 나와야 하는데 이는 집에 차를 두 대씩 소유해야 하는 압력으로 작용한 것이다.

최근에는 사회 시설과 문화적 인식이 바뀌고 가전제품과 기술의 발전으로 가사에 붓는 노력이 줄어들면서 도시는 다시 여성들을 사회활동에 문을 열었다. 그 결과 미국의 경우 남편과 자녀가 있는 여성의 취업률은 꾸준히 늘어나 1955년 28%이었던 것이 2000년에는 62%로 증가했다. 〈그림 13〉

이렇게 여성들의 사회진출이 늘어나자 전통적으로 남성들의 공간이라 여겼던 곳에도 변화가 생겼다. 앞에서 언급한 남성 고학력자들의 사무실에도 이제는 많은 여성들이 참여를 하면서 양성의 공간으로 바뀌어 간다.

---

251) Erving Goffman, *Relations in Public* (New York: Basic Book Inc., 1972); Richard Sennett, *The Uses of Disorder: Personal Identity & City Life* (New York: W.W. Norton, 1992), 173; Griselda Pollock, *Vision and Difference: Feminity, Feminism and Histories of Art* (Routledge, 1988)

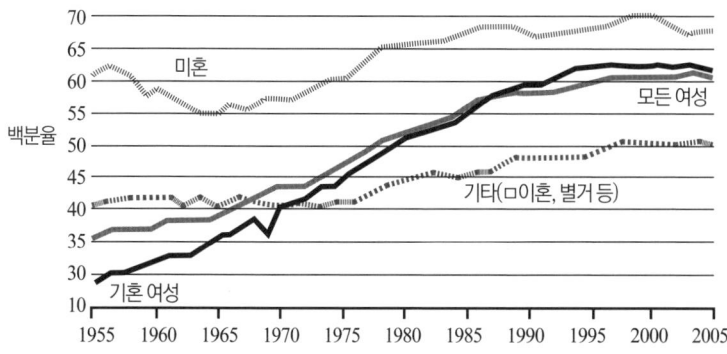

〈그림 13〉 미 여성 노동력의 사회 참여 추이(1955-2005)[252]

하지만 도시공간은 여전히 남성성이 지배적인 것이 현실이다. 그 결과 여성들은 여성성을 발휘하기보다는 남성들이 생각하고 원하는 식의 여성성으로 왜곡되어 표현할 수밖에 없다. 확실히 도시의 거리에는 성적 표현을 담은 미디어와 광고판, 게시물들이 넘쳐나고, 윤락 여성과 매춘 장소들이 길가로 나와 있다. 도시에 넘쳐나는 성적 표현은 자유의 상징이라기보다는 성을 상품화해서 돈과 힘을 가진 남성들을 대상으로 영업하려는 상업주의로 볼 필요가 있다. 도시가 이처럼 성적 표현에 자유로울 수 있는 이유는 그곳에 낯선 사람들이 많고 개인의 자유를 존중하는 분위기이다 보니 전통 사회보다 개인의 일탈에 부담이 적기 때문이다.[253]

성적 표현의 개방으로 인해 도시는 동성애자와 성전환자들과 같이 다양한 성적 정체성을 가진 사람들이 목소리를 내고 활동하는 곳이다. 도시는 성적 소수자들이 자신들의 정체성을 나타내고 자신들에게도 권한을 요구하는 곳이다. 또 이를 지지하거나 반대하는 사람들과의 힘겨루기도 주로 도시

---

252) Data from1955-1975 come from the US Censsu Bureau, Stastical Abstract of the united States(https://www.census.gov/library/publications/1955/compendia/statab/76ed.html), Data from 1976-2005 come from the Bureau of Lavor Stastics(https://www.bls.gov/)

253) Ara Wilson, "Sexuality," in *A Companion to Urban Anthropology*, ed. Donald Macon Nonini(Chichester, West Sussex: Wiley-Blackwell, 2014), 193.

공간에서 이뤄진다. 도시에는 게이, 레즈비언, 양성애자bisexual, 중성애자 inter-sex, 제3의 성 소유자genderqueer, 성전환자transgender와 같은 비전통적 성 정체성을 인정하는 사람들이 서로 자신들만의 문화를 형성하고 권익을 지키고 관계망을 유지하며 살아간다.254 한마디로 도시는 전통사회에 비하여 젠더 공간에 대한 시각이 관대하면서도 서로에게 무관심하기도 하다.

한편, 가상 세계의 열기는 젠더별 공간 확보에도 예외가 아니다. 현실 공간에서는 남녀 각각의 공간이 젠더 통합 공간으로 이동하는 추이와 반대로 가상 공간은 오히려 더욱 여성에게만 또는 남성에게만 초점 맞춘 공간들이 생겨난다. 예를 들어 여성들을 위한 문화공간, 영화나 소비 광고가 생겨나고 남성들이 좋아하는 전쟁영화, 정치 드라마들이 넘쳐난다. 또한 일부 남성들만이 가능한 극한의 TV 스포츠 프로그램이나 관능적이고 전투적인 비디오 게임도 유행하면서 젠더 편향적 공간이 온라인에서 다시 부활한다.

가상 공간으로 확장한 도시의 얘기들

가상 현실이란 컴퓨터가 조성한 장소나 환경에서 이용자들이 인터페이스interface를 통해 접촉과 교류하는 공간을 말한다.255 과거에도 사람들은 신대륙의 발견이나 제국의 확장처럼 항상 더 많은 공간을 확보하려고 노력해왔다. 가상의 세계도 예외는 아니어서 온라인을 사용하기 훨씬 이전부터 사람들은 가상적 세계를 그려보고 상상의 나래를 펼쳐왔다. 새로운 이상적 사회를 꿈꾸고, 아름다운 가정을 이루는 상상을 해 보고, 동화 속의 주인공이 되

---

254) 이들의 활동과 삶의 패턴들은 인류학자들에 의해 연구되어 왔다. 주요한 학자로 아라 윌슨(Ara Wilson)과 바바라 L. 보스(Barbara L. Voss)가 있다. Barbara L Voss, "Domesticating Imperialism: Sexual Politics and the Archaeology of Empire," *American Anthropologist* 110, no. 2(2008): 191-203; Ara Wilson, *The Intimate Economies of Bangkok : Tomboys, Tycoons, and Avon Ladies in the Global City*, 1 online resource vols.(Berkeley: University of California Press, 2004)

255) '가상현실(virtual reality),' '가상공간('virtual space,') 또는 가상환경('virtual environment')'등의 단어들은 거의 비슷한 개념으로서 사람들은 이들을 혼용하며 사용하고 있다.

는 등 우리는 끊임없이 생각의 세계 속을 여행해 왔다. 그러므로 이 생각 속의 세계란 인류의 역사만큼이나 오래된 곳이다. 이제는 사람들의 생각에 기술과 소셜 네트워크의 역동성이 결합하면서 여러 사람들이 같은 가상의 세계를 만들고 그 안에서 함께 활동할 수 있게 된 것이다.

온라인 환경은 멀리 있는 정보와 사람들을 쉽게 접하게 할 뿐 아니라 우리 사회를 정보화 시대로 진입하도록 만들었다.[256] 이 정보화 시대는 사람들의 삶과 생각에 엄청난 변화를 가져다주었는데 그중 하나가 공간space 개념에 관한 변화이다. 전통적인 공간의 개념은 물리적인 장소들의 공간the space of places만이었으나 이제는 신호가 이동하는 공간the space of flows도 하나의 공간으로 그 개념을 확장했다. 이 신호 흐름의 공간이란 사람의 생각과 신호의 흐름이 만들어내는 것으로서 기술의 도움을 통해 원거리에 있는 대상과 사회적 소통을 하는 공간이다. 이 흐름의 공간은 실제 눈앞에는 없지만 우리가 인식할 수 있는 어떤 공간, 즉 가상공간을 만든다.[257] 신호 이동의 공간을 사용하면서 사람들은 자신들의 사회를 온라인 공간으로까지 확장했다.[258] 결과 우리가 살아가는 공간은 현실 세계뿐 아니라 우리의 생각 안으로까지 확장되었다. 그러므로 가상공간이란 전혀 없었던 공간이라기보다 현실 세계를 우리의 생각 속으로 이동시킨 후 만들어 낸 우리 인식 안의 세계인 것이다. 물리적 장소들과 마찬가지로 이 신호 이동의 공간에서도 사람들은 여전히 '정보의 생산, 전달, 처리'를 한다.[259] 이 가상 공간에서 사람들은 시공간을 초월해 연결하는 것이 가능할 뿐 아니라 어떤 면에서는 현실 세계보다 더 자유롭고 편리한 공간을 제공받는다.

---

256) Castells, *The Rise of the Network Society*, 2010.
257) 가상공간과 근접한 단어로 사용하는(사이버 공간)Cyberspace는 1984년 윌리엄 깁슨의 소설 *Cyberpunk*, 뉴로멘에서 처음 등장을 했다. William Gibson, *Neuromancer*, Reprint(Ace, 1987)
258) Wellman, *Networks in the Global Village*; "The Community Question."
259) 653Castells, *The Rise of the Network Society*, 2010, v. 1: Kindle Location 653.

가상공간을 활력 있고 발전시키는 중요한 동력은 그 안에 있는 가상사회의 시민들virtual citizen이다. 이들을 시민이라 부를 수 있는 이유는 그들이 단순히 가상 세계 안에서 일종의 사회활동을 하기 때문이 아니라 가상공간의 특징상 회원들이 평등하고 자유로운 사회의 참여participation가 더 원활하기 때문이다. 더군다나 웹2.0시대 이후의 온라인 환경은 더 많은 개방과 공유 그리고 협업collaboration을 중요한 철학으로 채택했다. 가상공간에서는 정보를 독점하기보다는 개방과 공유를 통하고 그 결과 자신의 지명도와 영향력을 높인다. 공유를 통해 사람들은 높은 지식을 갖추게 되었고, 협업하기 좋은 문화를 형성했다. 그 결과 출판, 미디어, 저널리즘, 교육, 상거래, 정치활동, 종교활동, 취미, 개인 홍보, 서로 간의 관계 등에 커다란 변화가 생겨났다.[260] 이러한 참여와 공유, 개방과 협업은 가상 공간을 서로 자유롭게 토론하고 여론과 지도력을 형성하는 광장으로 만들었다. 마치 아테네의 광장이라는 공공장소에 사람들이 모여 토론했던 것처럼, 이 민주적이고 평등하며 개방과 협업으로 참여하기를 원하는 가상 공간의 시민들이야말로 가상공간을 활력 있게 발전시키는 주요한 동력이다.[261]

전통적 도시가 그러했듯이 가상 세계의 주체이자 그곳의 생활을 의미 있게 만드는 것은 당연히 사람들이다. 그러므로 가상 공간 역시 현실 도시와 마찬가지로 사회적 공간이고 사회적 시간성을 가진다. 이런 공통성으로 인해 가상 공간과 현실 세계는 쉽게 상호 교류가 가능하다. 그러므로 가상 사회의 등장이 현실 세계의 쇠락이나 두 사회 간의 경쟁으로 생각하는 것은 이 두 세계에 대한 이해의 부족에서 오는 생각이다. 양쪽 사회를 오가며 서로 만나고,

---

[260] 매튜 프레이저, 수미트라 두타, 『소셜 네트워크 E혁명』(서울: 행간, 2008), 285-304.
[261] Matthew Fraser and Soumitra Dutta, *Throwing Sheep in the Boardroom: How Online Social Networking Will Transform Your Life, Work and World*(Chichester, England ; Hoboken, NJ: Wiley, 2008), Chapter 8.

토론하고, 생산활동을 할 수 있는 것은 이 두 세계의 주체가 바로 우리이기 때문이다. 마치 마샬 멕루한Herbert Marshall McLuhan이 미디어를 '확장된 사람'이라 지칭한 것처럼 가상 공간은 바로 확장한 우리 자신들의 공간이다.262

네가 선 곳은 거룩한 땅이니

오랫동안 기독교에 영향을 주었던 이원론적 관점과 장소들을 과도하게 성聖과 속俗의 관점으로 나누었던 경향은 개혁주의the Reformation 운동과 실존주의Existentialism의 등장을 거치면서 조금씩 변화하기 시작했다. 나중 폴 틸리히Paul Tillich 263, 칼 바르트Karl Barth 264, 디트리히 본 훼퍼Dietrich Bonhoeffer 265, 하비 콕스Harvey Cox 266 등이 등장하면서 세속 공간에 관한 신학도 많은 발전을 이루었다. 나아가 하나님은 어떤 공간일지라도 마땅히 그곳의 주인이 되셔야 한다는 신학적 논거도 정립되었다. 이러한 통합적인 관점은 오랫동안 이원론에 갇혀 있던 기독교의 관점을 넓히고 주변의 공간을 대하는 자세에도 변화를 줄 수 있는 토대가 되었다.267

이 세상의 공간은 모두 사회 공간적이고 또 그곳은 죄인인 인간이 살기 때문에 어떤 공간도 순전하게 하나님께 바쳐도 될 만큼 성결한 곳은 없다. 반대로 그것은 이 사실은 그 땅 자체에 문제가 있어서가 아니라 그 땅과 관련한 사람들에 관한 문제이다. 성지라고 해서 영원히 성지가 될 수가 없고 또 저주

---

262) McLuhan, *Understanding Media*, 30-32.
263) Paul Tillich, *On Art and Architecture*(New York : Crossroad, 1987)
264) Karl Barth and Edwyn Clement Sir Hoskyns, *The Epistle to the Romans*, A Galaxy Book ; GB261(London : Oxford U.P., 1968); Karl Barth, *Letters, 1961-1968*(Grand Rapids, Mich. : Eerdmans, 1981)
265) Dietrich Bonhoeffer et al., *Letters and Papers from Prison*, 1st English ed., 1 online resource(xxiii, 750 pages) vols., Dietrich Bonhoeffer Works ; v. 8(Minneapolis, Minn. : Fortress Press, 2010)
266) Harvey Gallagher. Cox, *The Secular City: Secularization and Urbanization in Theological Perspective*(Princeton : Princeton University Press, 2013)
267) Gorringe, *A Theology of the Built Environment*, 1-17.

받은 땅도 언제든지 다시 성지가 될 수가 있는 이유는 그와 관련한 사람들이 어떠한가와 연결이 되어 있다. 더구나 하나님은 우주 모든 곳의 궁극적인 주인이시며, 하나님이 일하시는 모든 곳은 그분께 속한 성결한 공간이다. 그러므로 이 세상은 그 어느 곳도 하나님께 영광을 돌리지 않아도 되는 곳은 없고 악한 세력에게 빼앗겨서 희망이 없는 땅은 없다. 아브라함 카이퍼가 "인간 존재의 전 영역 중에서 만물의 주권자이신 그리스도께서 내 것이라고 주장하지 않으시는 곳은 단 한 치도 없다."[268]라 했듯이, 도시 안의 모든 피조물은 하나님이 창조하신 성스러운 것들이다. 그곳이 윤락가이건, 저주받은 땅이건 이곳은 모두 하나님의 영광을 위해 존재해야 하는 것들이다. 이전에 그 땅에 아무리 악한 영이 강했고 저주받은 역사가 있었더라도 하나님이 계시는 곳은 여전히 거룩한 곳이 된다.

구약 성경에서 야곱이 집을 떠나 하란으로 가던 중 한 장소에서 노숙했다. 그는 꿈에서 천사를 보고 하나님의 약속을 확인하였다. 그 후 야곱이 홀로 말하기를 "야곱이 잠이 깨어 이르되 여호와께서 과연 여기 계시거늘 내가 알지 못하였도다. 이에 두려워하여 이르되 두렵도다 이곳이여 이것은 다름 아닌 하나님의 집이요 이는 하늘의 문이로다" 하고 창28:16-17 그날로 황량하고 외롭고 두려웠던 사막의 '어떤 한 곳' 창28:11이 갑자기 성스러운 장소인 베델 창28:19이 된 것이다. 사실 그곳은 본래부터 하나님의 장소였기에 하나님은 처음부터 계셨었다. 그렇지만 야곱이 그곳에 하나님의 임재하심을 인정하기 위해서는 그곳에서 하나님과의 만남이 있어야만 가능했다.

이와 비슷한 일들은 여리고에 섰던 여호수아의 삶에도 있었다. 여호수아에게 있어 여리고라는 곳은 오직 사람을 죽이고 전쟁해야 할 장소일 뿐이었

---

268) Abraham 1837-1920 Kuyper, "Sphere Sovereignty," in *Abraham Kuyper: A Centennial Reader*, ed. James D. 1949- Bratt(Grand Rapids, Mich.: Eerdmans, 1998), 488.

다. 그러나 여호수아 앞에 나타난 하나님의 군대 대장은 "네 발에서 신을 벗으라 네가 선 곳은 거룩하니라.수5:15" 라 한다. 이 순간 살육밖에 생각하지 못했던 땅은 거룩한 땅으로 바뀐다. 또한 평범한 목자로 살아가던 모세가 호렙산에 있던 가시떨기 나무 앞에 왔을 때도 하나님은 "네가 선 곳은 거룩한 땅이니 네 발에서 신을 벗으라출3:5"라 말씀하셨다. 이때 역시 양을 치며 생업을 꾸려나가고 가족과 하루하루 평이한 삶을 살던 호렙산은 거룩한 땅으로 바뀌었다.

야곱이 베델 사건에서 깨달았던 것처럼 하나님은 지금 우리가 살고 있는 모든 공간에 살아계실 뿐 아니라 그곳의 주인이시다. 그러므로 우리의 공간이 아무리 세속적이고 저주받은 "어떤 한 곳"이라 할지라도 우리의 영적 눈이 열리면 그곳이 베델로 변하는 것이다. 이처럼 거룩한 땅이란 단지 그 땅의 사람도, 과거도, 영적 체험도, 문화도 아니라 그 땅의 주인에 대한 말씀이다. 그러기에 목숨 보전을 위해 떠났던 야곱도, 치열한 전쟁을 앞두었던 여호수아도, 민족을 출애굽 시켜야 하는 중차대한 일을 맡던 모세도 가장 먼저 알아야 하는 것은 그들이 지금 하나님이 주인이신 거룩한 땅을 딛고 있다는 사실이었다.

그 공간의 하나님의 주권 인정이야 말로 그 안의 단절된 사람들을 다시 연결하고 화해하도록 이끄는 출발이 된다. 넘기 어려운 국경선이나 조상 때부터 수백 년째 방치한 동네 간의 불화도, 심지어 마주치기 싫은 동료와 조직 내의 파벌들은 다 같이 사람들을 분열하고 적대하게 만드는 나눔이다. 이런 분열의 전통을 멈추게 하기 위해 우리는 우리가 거하는 곳은 거룩한 곳이며 하나님이 주인이심을 인정해야 한다.

선교적 고찰: 다시 하나되게 하라

도시의 시공간은 사회이기 때문에 그 안에 내재하는 의미와 역동성을 올바르게 알기 위해서는 성경적 눈으로 그곳 사람의 마음을 들여다보아야 한다. 우리는 교회 건물을 성전과 혼동해서도 안 되고 하나님을 어느 특정 공간에 묶어두려해도 안 된다. 하나님이 모든 공간의 주인이시고 거룩하시므로 그 안에 서로를 나누고 미워하는 모든 사람들은 선교의 대상이 되는 것이다.

도시 그리스도인들의 생각: 거룩한 곳을 하나님의 눈으로 읽다.

성결한 삶을 유지하기 위해 도시의 그리스도인은 먼저 자신이 처한 공간을 하나님의 눈으로 읽을 수 있어야 한다. 출퇴근 버스 공간, 매일 힘겹게 일하는 나의 사무실, 내 마음대로 살아도 된다고 생각하는 내 집은 사실 하나님이 주인으로 임하시는 거룩한 공간이다. 로버트 멍어 목사Robert Boyd Munger 의 저서 내 마음 그리스도의 집이 수많은 그리스도인들에게 영적 회개와 재 헌신을 하도록 한 것은, 바로 내 집과 내 공간들의 주인이 누구이신지를 깨닫도록 했기 때문이다.[269] 그 장소의 과거나 지금이 경쟁과 불안으로 뒤덮여 있는 곳이더라도 하나님은 그 공간을 다시 깨끗하게 하여 재사용하실 수 있는 분이시다. 베드로에게 '하나님께서 깨끗하게 하신 것을 네가 속되다 하지 말라.' 행 10:15 말씀하셨던 주님은 우리의 장소 역시 씻기시기를 원하신다. 불결한 말구유에 태어나셨지만, 예수님은 흠과 죄가 없는 분이셨다. 그 누구도 베들레헴의 마구간을 불결한 곳으로 여기지 않은 이유는 그곳이 바로 예수님이 태어나신 성지이기 때문이다. 이처럼 우리의 공간도 비록 불결한 배경이 있더라도 그 주권을 인정하는 순간 그곳은 거룩한 곳이 되는 것이다. 리처드 니버Richard Niebuhr 가 "성경에 이르기를 매일이 주님이 만드신 날이요, 모든 열방은 주의 영광을 위해 살아가도록 시공간으로 불리움 받은 성도 들이며, 하나님의 형

---

269) Robert Boyd 1910-Munger and Robert Boyd 1910-Munger, *My Heart–Christ's Home*, Rev.ed.(Downers Grove, Ill.: Inter-Varsity Press, 1986)

상을 받고 그를 닮은 모든 사람들은 성결하다."270라 말했듯이 우리가 살아가는 곳은 우리의 것이 아니라 예수님께서 "내 것이라!"Mine!이라 하시는 곳이기 때문이다.

만약 우리가 베델, 여리고, 호렙의 사건을 체험한다면, 고독하고 불안한 길목, 처절하게 경쟁해야 했던 장소, 반복되는 생업의 현장든 모두 거룩한 곳이 될 수 있다. 상자 C의 사례에서 함부르크에서 포주로 일했다던 페터Peter가 오토씨에게 성경책을 선물한 사건은 매일 지겹게 일해야 했던 가게가 호렙산처럼 거룩한 곳으로 변하는 사건인 셈이다.

우리는 공간과 그 안의 사람들을 하나님이 보시는 것처럼 따라 보고 또 그들을 향해 하나님과 동일한 마음을 품어야 한다. 이를 위해 우리는 그 장소를 찾아가 그곳 사람들의 얘기를 겸손하게 들을 수 있어야 한다. 마치 예수님이 성육신하여 우리 가운데 오셔서 함께 살아가셨듯이 우리도 그들 가운데 찾아가 그들의 눈높이로 대화함으로 먼저 그들에 대한 편견과 오해를 벗어야 한다. 그렇지 않으면 남아있는 편견은 우리를 계속 단절속에 머물도록 한다. 하나님의 눈으로 도시를 보는 사람들은 자연히 하나님의 비전을 갖는다. 비록 눈앞의 도시는 상처 나고 왜곡되었을지라도 우리는 변화된 모습을 꿈꾸는 하나님의 비전을 소유하는 것이다.

도시 교회의 생각: 모든 생활권으로 찾아간 교회의 마당

보통 평일 낮에 외부인이 교회 안으로 들어가는 것은 쉬운 일이 아니다. 교회는 철문과 높은 담장이 가로막혀 있으며, 성전 건물에 이르기까지 여러 개의 문을 지나야 한다. 직장인들이 점심시간에 찾아와 목사를 만나보고 싶

---

270) H. Richard(Helmut Richard) Niebuhr 1894-1962. and H. Richard(Helmut Richard) Niebuhr 1894-1962., *Radical Monotheism and Western Culture: With Supplementary Essays*, Library of Theological Ethics(Louisville, Ky.: Westminster/John Knox Press, 1993), 52.

어도 그 안에는 사람이 없다. 그 결과 시민들은 실제로 도시의 교회 건물에 가 볼 수가 없다. 이와 반대로 한국의 불교 사찰은 주중에도 외지인들이 쉽게 들어올 수 있도록 개방이 되어 있다.271 어떤 사찰은 도시 중심에도 있어 삶에 지친 일반인들이 쉽게 찾아와 여유를 즐길 수 있도록 한다. 중국이나 중앙아시아의 이슬람 사원도 마을 가까이에 있고 보통 다 앞마당이 있다. 모슬렘들에게 모스크는 말 그대로 자기 집 앞 마당 같은 곳이다. 사원 안에는 항시 사람들이 있어 만날 수 있다. 처음엔 비 모슬렘들이 들어오는 것을 꺼리지만 예의를 갖추고 자기소개를 한다면 보통은 앞마당까지는 친절하게 안내해 준다.

평소 교회는 텅텅 비어 있지만, 주일날 오전은 대량의 신도들이 한꺼번에 찾아와 활동하고 돌아간다. 교회에 있어서 주일 오전의 짧은 몇 시간은 너무나 중요한 시간이어서 모든 시설과 인력은 그 시간을 중심으로 편성을 한다. 그러다 보니 교회 건물은 주일 아침의 만남 말고 그 외의 만남에는 상당히 불편하게 되어 있다. 교회의 공간 구조를 주일 활동과 기능에 과도하게 맞춰놓은 결과 교회는 주변 커뮤니티와는 분리될 수밖에 없다.

교회가 외부인들의 접근이 더 용이한 곳이 되려면 폴 히버트Paul Hiebert가 제안한 반 공공장소로서as a semipublic space의 교회모델에 주목할 필요가 있다. 이 반 공공장소란 외지인이 자유롭게 찾을 수 있는 일종의 중간 지대 같은 곳이다. 예를 들어 손님들이 백화점의 진열된 옷을 마치 자기 것인 양 입어 볼 수 있는 것은 백화점이 일종의 중간 지대라는 환경을 제공하기 때문이다. 이러한 중간 지대에는 분명 주인이 있지만 다른 사람이 임시로 자기 것처럼 사용한다. 도시인들은 사무실, 공원, 커피숍 등 이러한 반 공공장소 활동에 매우 익숙하다. 이러한 습성은 복음을 접할 때나 교회를 선택할 때도 쉽게 드러난다. 사람들은 절박한 경우를 제외하고 보통 남의 공간이라 생각하는 곳까

---

271) 유현준, 『도시는 무엇으로 사는가』, 161-65.

지 찾아가 하나님을 알려 하지 않는다. 하지만 중간 지대에서는 마치 자기 공간처럼 남들과 하나님을 얘기하는 것이 크게 어색하지 않다. 히버트Hiebert는 반 공공장소로써 교회모델을 다음과 같이 설명한다.

> 대부분의 도시 거주자들은 … 교회를 종교적 영역으로 생각한다. 교회 안으로 들어오는 것은 그리스도인이 되겠다는 최초의 능동적 발걸음이다. 그러나 … 어떤 전제조건도 요구되지 않는 안전한 중립지역에서라야 기꺼이 그러할 것이다. 그들은 복음을 그저 윈도우 쇼핑하듯이 보고자 할 것이다.[272]

장소가 쉽게 접근할 수 있고 또 그곳에서 유익한 결과를 얻는다면 외지인이더라도 그 장소에 대하여 친근하고 자유롭게 느낄 수 있다. 예를 들어 미국의 대형 건자재 판매소는 소비자들이 직접 전기나 수도시설을 고칠 수 있도록 파이프, 목재 등 다양한 건축, 공사 자재들을 판매한다. 집안의 고장 난 시설을 수리하기 위해 이곳을 찾은 아빠들은 보통 처음 해 보는 일이기 때문에 자신감 없이 진열된 물건들 앞에서 머뭇거린다. 다행히 이 쇼핑몰은 코너 곳곳에 경험이 많은 직원들이 있어 소비자들의 사소한 질문에도 답해 준다. 그 직원들은 자기가 맡은 코너를 정리하고 청소도 하지만 그들의 일차적인 역할은 소비자들이 고민을 해결받고 기뻐하도록 하는 것이다. 사람들이 부품을 온라인으로 주문하지 않고 상점에 직접 오는 이유는 그 부품을 구하는 일에 앞서 무엇이 문제인지 혼란스럽고 또 가족들이 불편해하기 때문에 빨리 고쳐야 한다는 급한 마음 때문이다. 그러므로 이 숙련된 직원들이 제공하는 것은 단순

---

[272] 폴 히버트와 메네시스 엘로이스 히버트저, 이대헌과 안영권 공역, 성육신적 선교사역: 교회사역을 위한 선교현장 이해, 370.

한 수리 방법을 넘어 나중에 아빠들이 가족들에게 얻게 될 칭찬과 탄성인 것이다. 이들 직원들 때문에 그 상점은 아빠들의 즐거운 주말 놀이터가 되었다. 가장들은 이 상점을 마치 자기 공간처럼 편하게 여기고, 심지어 어떨때는 구입할 필요가 없는 비싼 장비도 하나씩 구매해 간다. 만약 교회가 외부인이 쉽고 즐겁게 사용할 수 있는 반 공공장소가 되고 여기에 누군가 친절하게 맞아주는 사람이 있다면 과거 담 뒤로 막혀있던 때에 비해 사람들과 연결됨은 비교할 수 없이 증가할 것이다.

성경이 말하는 교회란 어떤 공간의 개념보다 모임의 성격에 중점이 있다. 예를 들어 교회는 "두세 사람이 예수님의 이름으로 모인 그곳"마18:20 이라든지 그리스도의 몸엡1:23으로 묘사가 되어 있다. 그러므로 교회는 주일날은 물론 주중에도 사무실에도, 이웃집에서도, 커피숍에서도 그리고 가상 공간으로도 확산할 수가 있는 것이다. 왜냐하면 그 확산한 곳은 두세 사람이 예수님의 이름으로 모일 수 있는 곳이며 그들이 서있는 곳은 거룩한 곳이기 때문이다. 그러므로 도시 교회는 이제 자신의 형편에 맞게 보다 창의적인 방법으로 모든 공간이 거룩한 곳이 되고 거룩한 하나님을 만날 수 있는 장소로 변화하도록 노력해야 한다. 이것이 바로 도시형 성전의 개념이라 하겠다.

제6장
무너진 담을 지나가는 담대함

시작하면서

평등과 인간의 존엄성과 민주주의가 미덕이 된 21세기 사회에 과연 계급이라는 것이 존재할까? 비록 과거의 카스트 제도와는 다르지만 우리는 여전히 다른 사람들의 자가용 브랜드로, 주거지로, 아침에 마시는 커피로, 휴가 다녀온 지역으로, 출근하는 직장으로, 그리고 초대받은 파티 등으로 서로의 계층을 파악한다.[273] 계층화는 사람들을 차별하고 서로 사이에 담을 만든다. 사람들이 서로 간에 담을 쌓으면 자연히 그들에게는 영역의식이 생겨난다. 이 영역의식이 굳어지면 사람들은 나와 상대방을 강력하게 구분 짓고 여간해서는 상대방의 영역으로 들어가지를 않는다.

사람 사이의 분열은 단순한 외형적 차이를 넘어선 영적 현상이다. 단절은 분열과 우열감, 미움과 차별을 만드는 악한 것이다. 결국 분열은 상대방 속에 있는 신적 존엄성dignity을 짓밟아서 점점 서로를 악인으로 만든다. 즉 단절은 상대방을 자신과 동일한 인격체로 보지 않고, 파괴해도 괜찮은 '그들' 정도로 여기게 만든다.

본 장에서 우리는 사람 간의 분열과 시공간 사이에 어떤 관련이 있는지를 볼 것이다. 그리고 이런 분열과 경쟁 앞에서 예수님이 어떤 분이신지를 생각할 것이다. 나뉨이 만들어내는 무관심과 분노 그리고 유리 천장glass ceiling

---

[273] Hiebert and Meneses, *Incarnational Ministry*, 322-30.

을 깨면서 다른 계급을 따라잡으려는 우리에게 성경은 무엇이라 말씀하시는지를 알아볼 것이다. 그 결과로 우리는 다른 사람들과의 화해와 용서, 용기와 섬김이 도시 사역에서 얼마나 중요한 위치를 차지하는지 알게 될 것이다. 이를 위해 본 장은 다음 몇 가지 질문에 대답하는 방식으로 구성할 것이다.

1. 무엇이 도시인들 사이에 그룹과 경계선을 만드는가?
2. 도시의 모든 계층들에서 볼 수 있는 단절 현상은 어떤 특징을 갖는가?
3. 단절된 도시 계층들 사이를 다시 연결하기 위해 하나님이 주신 기회는 어떤 것이 있는가?

마지막 선교학적 고찰에서는 화해와 용서를 위해 그룹 간의 경계선을 넘어야 하는 그리스도인의 용기와 갈등하는 곳을 찾아가는 도시 교회에 대해 고찰하겠다.

경계선으로 가득 찬 곳

도시에는 여러 그룹이 공존한다. 각 그룹에는 내부와 외부를 나누는 경계선group boundary이 있다. 이들 수없이 많은 그룹 때문에 도시는 경계선으로 가득한 곳이 된다. 그룹의 경계선들은 사람들이 어떤 정체성이나 계획을 가지고 정한 하나의 합의된 인식이다. 5장에서 플링언이라는 동네가 폭력적이고 악명이 높은 곳이 된 것은 사람들의 마음속에 플링언 마을 안쪽은 악하고 밖은 그렇지 않다는 합의가 형성되었기 때문이다. 그러면 이제 사람들이 세운 이 경계선 들이 역으로 사람들에게 어떠한 영향을 미치는지를 알아보도록 하자.

장소 매김과 장소의 정체성

사람들은 주변의 모든 장소들에 이름을 붙인다. 예를 들어 회사 안에는 복사실, 사장실, 화장실 같은 이름을 붙이고 동네나 지역에도 각각 이름을 부여한다. 이러한 이름을 부여하는 행위를 장소 매김place-making이라 한다.[274] 장소 매김은 목적이나 용도가 모호하던 곳에게 의미와 용도라는 개념을 부여하는 개념적 행위이다. 예를 들어 1851년 짐 D. 세이비지Jim D. Savage, 1817-1852와 의사 라파예티 버넬Lafayette Bunnel, 1824-1903는 요세미티 계곡을 발견한 후 이 사실을 세상에 알렸다.[275] 그렇다고 해서 이 요세미티가 그전에는 존재하지 않은 것은 아니다. 하지만 이 요세미티가 사람들의 뇌리에 레저 공간, 추억을 만드는 곳, 국가의 상징으로 장소 매김을 할 수 있었던 것은 그 장소에 요세미티라는 이름을 부여하고 사람들의 생각 속에 합의된 존재감이 정착된 후에야 가능했다. 이처럼 이름의 부여는 해당 장소를 우리의 삶에 통합하고, 사회적 맥락 속에서 적절한 위치를 부여하는 행위이다.[276]

장소 매김은 장소의 정체성을 만드는 행위이다. 이 장소의 정체성은 매우 여러 요인에 의해 만들어진다. 그중에 하나는 역사와 지리적 특징이다. 예를 들어 산 언덕 동네는 그 지역의 자연환경을, 또 샌프란시스코San Francisco의 경우는 존경하는 성인의 이름을 도시에 부여함으로써 그 도시의 정체성을 정하는 것이다.

이 장소의 정체성은 사회 공동체의 합의 속에서 합의된 방식으로 만들어진다. 만약 그곳의 공동체가 같은 생각을 갖고 있다면 이 장소 매김은 신속하게 이루어진다. 예를 들어 1970년대 한국의 부산 해운대구 재송동에 세워진

---

274) Paul G. Hiebert and Eloise Hiebert Meneses, *Incarnational Ministry: Planting Churches in Band, Tribal, Peasant, and Urban Societies*(Grand Rapids, Mich.: Baker Books, 1995)
275) Bunnell Lafayette H., *Discovery of the Yosemite, and the Indian War of 1851*(New York, Chicago: F. H. Revell Co., 1892), 41.
276) Tim. Cresswell, *Place : A Short Introduction*. (Hoboken : Wiley, 2013)

베트남 선상 난민의 캠프 장소는 당시 한국인들에게 공산주의에서 탈출한 불쌍한 사람들이라는 이미지와 동서냉전을 상징하는 장소였다. 그러나 이후, 선상 난민들이 모두 떠난 뒤 재송동은 한국과 베트남의 우정을 상징하는 장소로 의미가 변화하였다.

정치적 상황이나 이데올로기도 장소 매김Place making을 한다. 예를 들어 러시아 도시 페테르부르크는 1차대전 때에 독일의 이미지를 없애기 위해 독일식 이름에서 러시아 이름인 페트로그라드로 바꾸었다. 그 후 10년 뒤 공산정권의 상징을 떠올리기 위해 레닌그라드로 개명하였다. 또 그 후 1990년대 초에는 처음의 이름에 가까운 상트페테르부르크로 다시 명명하였다.

구획 정책Zoning도 장소매김을 만든다. 이 지역화란 시 정부에서 지역들의 특성과 행정 효율을 위해 각 지역에 부여한 번호 체계이다. 예를 들어 소득 수준, 산불 다발 지역별, 토질 오염 수준별로 지역마다 코드를 부여한다. 거의 모든 정부는 이런 지역화 제도를 개발하여 지역을 구획하고 개발 계획을 세우는 데 사용을 한다. 시간이 가면서 사람들은 오염 지구 사람들이나 부자 동네 사람들과 같이 그곳 주민과 이 지표들을 하나로 묶어서 이미지화한다.

장소 매김과 장소 정체성이 만들어지는 데에는 이처럼 장소의 위치, 역사, 공동체적인 인정, 정치와 사회의 상황, 도시의 행정적 체계 등 다양한 요인들이 작용한다. 그리고 이 장소의 정체성은 한번 정했다고 고정이 되는 것이 아니라 시간이 가면서 변화한다.

장소와 상징들이 그룹과 만나다

장소 매김은 나아가 그 장소에 대한 위치를 선정하도록 유도한다. 이 위치선정이란 사람들의 인식 속에 그곳은 어떤 사람의 자리이기 때문에 어떤 방식으로 사용해야 한다는 합의된 생각을 합의 하는 행위이다. 예를 들어 남녀

화장실은 물론, 공구 판매소는 주로 남성들을, 봉제 공장은 주로 유색인종을, 그리고 게토는 주로 가난한 외국인 노동자들을 떠올리게 만드는 것처럼 어떤 장소를 어떤 위치에 있는 사람에게 먼저 적용해야 할지를 정해주는 것이 위치선정이다. 이 장소의 상징성으로 인해 그곳에 온 사람들이 누가, 어떻게 행동해야 할지를 예상할 수가 있다. 이 역시 일종의 사회적 합의이기 때문에 장소 매김도 일종의 사회적 장소 매김socioplace-making인 것이다.

사회적 장소 매김은 나아가 사회적 이미지를 만들어 낸다. 사람들의 마음 속에 그 지역 사람들에 대한 이미지는 점점 굳어져 마침내 '그곳 사람들은 이러할 것이다'라는 생각을 갖게 만든다. 즉 장소와 그곳의 사람들을 묶어서 그곳 사람들의 이미지를 만들고 그에 합당한 대접을 하는 것이다. 예를 들어 태국인 직장동료는 더위에 익숙할 것이라는 생각 때문에 그의 책상은 에어컨이 약하게 나오는 곳에 배치해도 될 것이라는 생각하도록 유도한다.

합의된 사회적 인식은 나아가 그 지역 또는 그 지역과 관련된 사람들에 대한 사회적 심볼들을 만들어 낸다. 예를 들어 지역화는 상권과 주택가도 나누지만 사람도 나누어서 결국 가난한 인종끼리, 비슷한 직종끼리 가까이 살게끔 유도한다.277 그러면 그 지역은 '가난한 동네', '연예인들의 동네', '유학파의 동네'와 같은 이미지를 갖게 된다. 상자 C의 오토씨의 사례에서 사람들은 플링언 지역은 낙후되고 그곳 사람들은 질이 좋지 않다고 낙인을 찍었다.278 사람들의 뇌리 안에는 그 지역과 그곳 사람들을 떠올리게 하는 상징이 자리 잡는다. 예를 들어 소비 패턴은 그 사람들의 사회적 상태를 보여 주는 하나의 상징이다. 그들이 입고 먹고 어떤 차를 타고 주로 어디에서 모이는지는 그들의 사회적 상징으로 굳어진다. 그들이 주로 모이는 지역과 소비하는 물

---

277) Tim. Cresswell, *Place : A Short Introduction*.(Hoboken : Wiley, 2013)
278) Ibid.

건은 그 사람들의 그룹과 계층을 설명하는 상징인 셈이다.

그곳 사람들에 의해 만들어진 사회적 심볼들은 이제 역으로 그들을 만든 그룹과 계층들의 정체성을 강화한다. 특히 한 지역에 특정 민족, 특정 계층, 특정 연령처럼 같은 배경을 가진 사람들이 모여 살게 되면 그곳의 장소적 정체성은 더욱 강화되고 나아가 그곳 사람들은 그곳에서만 통용할 수 있는 공간적 규범spatial norm들을 만들어 낸다. 이 공간적 규범은 사람들로 하여금 이곳에서는 어떻게 생각하고 행동해야 하는지와 같은 무언의 약속을 말한다.

공간적 규범이 정착을 하면 그 공간에서 통용하는 생각과 행동, 예절이나 문화 같은 공간적 체제spatial regime를 갖게 된다. 사람들은 이 공간적 체제에 의하여 무엇이 정상적 상태이고 무난한 행동인지를 약속한다. 즉 그 지역의 사회 안에 그 지역만의 차별적인 체계가 만들어지는 것이다.[279] 이 공간 체제는 같은 상징이나 같은 모양이라도 장소에 따라 다르게 해석하게끔 만든다. 예를 들어 중국의 소수 민족인 회족들은 거리에서 자기 민족을 상징하는 흰 모자나 스카프를 머리에 착용한다. 일반 중국인들은 이들 무슬림들을 어느 지역에서 마주치느냐에 따라 다른 생각을 한다. 만약 이들을 모슬렘 마을에서 마주친다면 한족들은 그들을 흔한 이슬람 식당의 직원이거나 거리의 노동자 정도로 생각한다. 반면, 주류 민족의 지역에서 마주친다면 그들은 '돼지고기를 먹지 않은 독특한 사람을, 또는 심할 경우 이슬람 테러리스트나 소매치기'를 떠올리며 경계한다.[280] 이처럼 같은 대상일 지라도 지역에 따라 다른 생각을 떠올리게 만드는 이유는 중국인들이 지역마다 서로 다른 공간적 규범과 공간적 체제들을 설정해 놓았기 때문이다. 남자들만의 일터, 백인들만의 교회, 청소년들의 카페, 노인들만의 공원같이 특정한 사람들의 영역이라 생

---

279) Jaffe and Koning, *Introducing Urban Anthropology*, 63.
280) 일반 중국인들의 회족에 대한 관점은 필자가 1995년부터 약 16년동안 한족 중국인들을 관찰한 결과이다.

각하는 장소에는 여지없이 이러한 공간적 체제와 공간적 규범이 작동한다.

이처럼 도시의 장소들은 같은 배경의 사람들을 한데 모으고 지역적 특성을 만들어내는 사회적인 공간이다. 이들 지역성 집단들은 자신들을 형상화할 수 있는 심볼들을 만들고 그 공간을 살아가는 자신들의 사회를 유지하기 위해 공간적 규칙을 만들어 낸다. 이들 지역, 상징, 집단 등은 서로가 서로를 만들어 주는 원인과 결과가 되고 나아가서는 그 지역과 그곳 사람들을 표시하는 대명사로 작용한다.

사회적 자리매김과 경계선들

앞에서 소개한 구획 정책Zonning이나 장소 매김은 포괄적이고 정확한 데이터를 기반으로 시 정부가 행정적 효율성을 위해 시행하는 정책이다. 문제는 이 구획 정책이 단순한 정책을 내리는 데에서 끝나지 않고 그 지역 사람들의 사회적 위치 매김까지 영향을 미친다는 사실이다. 그 결과 사람들은 단순히 '그 지역은 어떠하다.'를 넘어 '그곳 사람들은 어떠하다'라는 관념을 갖는다. 나아가 그곳 사람들은 얼마나 좋고 나쁜지와 같은 사회적 지위를 부여한다. 예를 들어 사람들은 가난한 아파트촌에서 사는 외국인 노동자들과 우주 과학 연구원들이 사는 동네 사람들에게 동일한 사회적 지위를 부여하지 않는다. 사람들은 지역과 그곳 사회를 동일시하고 결국 그 사람들을 계층화한다.

계층화는 사람들 사이에 사회적 경계선을 만들고 서로를 다른 그룹으로 보도록 만든다. 이 사회적 경계선은 나아가 다른 사람이 자기 지역에 들어오지 못하도록 만드는 일종의 영역표시territorial mark인 셈이다. 예를 들어 부자들만 사는 동네는 이에 어울리지 않는 사람들을 밀어내려 하는 지역적 합의가 만들어진다.[281] 이러한 사람 간의 나뉨은 상대방에 대한 편견과 적대감 그리

---

281) Jacobsen, *Sidewalks in the Kingdom*, 29-32.

고 서로의 사이에 경계선을 형성한다. 서로 동질감을 느끼는 사람들은 공동체를 만들기도 하지만 그렇지 않은 사람들과는 구분하고 적대적으로 된다.[282] 이처럼 두터워진 경계선과 뚜렷해진 사회적 지위의 격차는 아무리 현대 사회라 할지라도 여전히 계층을 만들어 낸다.

이처럼 그룹과 배경의 차이로 인해 도시는 수없이 많은 경계선들이 생겨난다. 사람들은 이들 보이지 않는 경계선들에 대하여 잘 알고 넘어가지 않으려 하고 익숙한 곳으로만 다니려 한다. 경계선들은 삶에 효율성을 주기도 하지만 사람 간의 나뉨이 고착되면 서로 간 무관심과 편견이 늘어난다. 이는 결코 하나님이 기뻐하시는 현상이라 할 수는 없다. 갈 5:20; 고후 12:20

단절의 연속

도시를 미시적 관점으로 들여다보면 그 안에는 수없이 많은 그룹이 역동적으로 살아가고 있다. 사람들은 문화, 배경, 신분과 계층별로 자기 그룹을 만든다. 그루핑은 정서적 안정감과 삶에 효율성을 만드는 장점이 있다. 하지만 다른 그룹들에 대하여서는 무관심이나 적대성이 많아져서 점점 더 우리끼리의 세상을 만들어 낸다. 도시의 문화는 우리에게는 관심을 집중하지만, 남에게는 무관심하면서도 남을 이겨야 하도록 사람들을 자극한다. 그 결과 사람들 사이에는 나뉨의 골이 더 깊어진다. 사람 간의 나뉘는 현상은 우리 주변에 편만해 있어서 같은 사무실 안에서도 비슷한 배경의 사람끼리만 어울리고 같은 민족끼리만 비즈니스를 하기도 한다. 또한, 지역의 영역을 알리는 표지판, 집과 집을 나누는 담장, 외부인을 감시하는 CCTV, 허락을 받아야 들어갈 수 있는 출입구 등은 들어와도 되는 사람과 그렇지 못한 사람들을 나눈다. 이러한 단절은 사람들을 소외되고 고립되게 만들고 타인들과 경쟁과 질시를

---

282) Leong and Rah, *Race and Place*, 39.

유발하여 결국은 사람 간에 분노와 분열을 만들어 낸다. 이런 분열은 경쟁의 패자는 물론 승자에게도 고립을 경험하게 만든다. 이제 도시 안에 만연해진 서로 간의 나뉨과 고립 현상을 살펴보도록 하겠다.

승자들의 단절

사회의 승자들은 자신들의 권력과 부를 지키기 위해 다른 사람들을 경계하고 외부와 차단을 하려 한다.[283] 고대에는 성 밖과 안을 성벽으로 나누었고 성안에도 구획을 만들어 서로를 구별하며 살았다. 사실 담장과 성벽이 사람을 나눈 것이 아니라, 사람들 사이의 경계감과 차별이 그러한 물리적 경계선을 만든 것이다. 귀족의 집은 천민과 구분하기 위해 벽을 세우고 그 사이에 큰 길을 두었고 또 어떤 곳은 신분이 높을수록 왕궁과 가까운 곳에서 살았다. 식민지에서는 외국인 거주 지역에 높은 탑을 세워 현지인들이 들어 오지 못하도록 통제했다. 자신을 외부와 차단하려는 승자들의 생각은 건축물을 통해 잘 나타난다. 예를 들어 게이티드 커뮤니티gated community에는 내부인들만 아는 비밀번호와 곳곳에 감시 카메라들이 있어 자신들을 외부와 분리한다.

승자들이 보이는 배타성은 담장 같은 물리적인 것 외에도 사용하는 시설과 서비스로 드러난다. 예를 들어 그들은 편의시설, 교통시설, 집 주변의 꾸밈새, 커뮤니티 활동 등을 자신들과 비슷한 계층들과만 할 수 있기 위해 회원권과 사교 모임을 만든다.

세계화의 조류는 이들 가진 자들의 단절을 더욱 가속한다. 왜냐하면 이제 이들은 가까이 거주하는 사람들과의 경쟁뿐만 아니라, 세계적 트렌드와 우월한 집단과의 경쟁에도 직면하게 되기 때문이다.[284] 이들은 강한 사람들에

---

283) Low, "Spatiality," 23.
284) Ibid.

게 잠식당할지 모른다는 불안과 기득권 유지를 위해 더욱 약한 자들로부터 거리를 둔다.

패자들의 단절- 머리 둘 곳 없는 자들

사람들은 조금이라도 더 좋은 지역을 확보하려 경쟁한다. 왜냐하면 땅과 장소란 단지 활동하고 생활하는 공간을 넘어 엄청난 경제적 이익을 만들어 주는 수단이기 때문이다. 사람들은 땅값이 비싼 곳, 자녀 교육하기 좋은 곳, 회사의 전망이 좋은 방, 또 식당에서 높은 사람이 앉는 자리를 차지하기 위해 경쟁에 뛰어든다. 이러한 공간 경쟁space battle에서 실패를 거듭하면 사람들은 점점 더 기회와 성공으로부터 멀어지고 소외되어 마지막에는 자신이 거할 수 있는 공간마저 확보를 못 한다. 이처럼 경쟁에 패배한 실패자losers들은 도시의 주변으로 밀려난다. 이들은 자신의 공간이 없고, 또 있더라도 높은 사회적 경계선 때문에 고립된 공간에서 멀리 나가지 못한다. 이들은 보통 집단을 형성해 게토, 슬럼, 달동네shanty town, 불법 거주지squatter, 민족촌ethnic enclave 등에 모여 산다.

사전적 의미로 빈민가슬럼는 "그다지 공동체라 할 수도 없는 가난한 동네에 얼기설기 세운 주택이 빼곡히 들어찬 곳"을 말한다.285 빈민가 주택이란 시정부의 허락과 상관없이 그때그때 본인들이 직접 주거공간을 세운 주택을 말한다. 합당한 절차를 무시하고 세운 동네이기 때문에 이 빈민가는 충분한 사회적 시설을 기대할 수가 없다. 빈민가에 허술하고 쓰러져 가는 건물들이 많은 이유는 단순히 건축재료가 부족해서만은 아니다. 오히려 공공시설의 부족, 낙후된 의료·교육 환경, 다양한 가정 문제, 그리고 사회 전반의 무관심

---

285) Mark Gottdiener and Leslie Budd, *Key Concepts in Urban Studies*(London; Thousand Oaks, CA.: SAGE Publications, 2005), 135.

이 복합적으로 작용하여 이들을 빈곤 상태에 머물게 만들었기 때문이다.[286] 다행히 이러한 슬럼에 사는 인구는 점차 줄어들어 2000년에 세계 도시인구의 40%이었던 것이 2014년에는 30%로 줄었다. 이 시기 동안 "3억 2천만이 넘는 인구가 급수, 배수, 안정되고 덜 비좁은 주거 환경을 확보할 수가 있었다."[287]

달동네shanty town도 슬럼의 한 형태이지만 주로 타지에서 온 이주자들이 불법으로 거주한다는 특징을 가진다. 가난한 이주자들은 삶의 모든 면에서 가난과 역기능적인 삶을 짊어지고서 살아간다. 이들은 육체노동이나 단순노동으로 생계를 이어간다. 이들은 주로 온 가족이 가장의 일터에서 그리 멀지 않은 곳에서 살아간다. 이처럼 빈민촌과 달동네는 정부의 주택 정책을 따라가기에는 역량이 부족하여 불법적으로 거주지를 지어 사는 곳이다. 이러한 이유로 보통 슬럼 인구는 갑작스러운 압축성장을 한 신흥 경제국가에 많지만, 달동네는 이주자가 많은 산업도시나 이민자가 많은 선진국의 도시에 많다.

게토나 도시 민족촌ethnic enclaves은 외형상 슬럼과 유사하지만 주로 특정 인종이나 민족들이 함께 산다는 특징을 갖는다. 슬럼을 사회로부터 분리하는 원인이 가난이라면 이 게토나 도시 민족촌을 사회로부터 멀어지게 하는 원인은 "이들 지역이 주류사회로부터 소외된 종교, 피부색이나 민족들이 사는 곳이기 때문"[288]이다. 하지만 실제로 사람들을 게토 안에 살게 만드는 요인은 슬럼과 마찬가지로 여전히 가난이다. 게토라는 단어의 어원은 분명치 않으나 게토의 전통적 이미지는 마을이나 도시에서 가장 가난하고 뒤처진 유대인 마을이었다. 그 후 2차대전이 끝난 미국에서는 남부에서 북부 대도시로 이주한 흑인들이 특정 지역에 집중 거주하면서 게토의 이미지를 이어받았다.[289] 나중

---

286) Ibid., 136.
287) United Nations, "The Millennium Development Goals Report 2015"(New York: United Nations, 2015), 60.
288) Abercrombie, Hill, and Turner, "Dictionary of Sociology," 165.
289) Ibid., 35.

에 게토는 주로 선진국으로 이민 온 외국인이 사회적으로 적응하는 이민자 동네로 또 한 번 그 이미지를 바꾸었다.[290]

민족촌ethnic enclaves은 게토와 흡사하지만, 주류 사회와 다른 민족들이 자기 문화를 유지하며 사는 곳이라는 특징을 갖는 곳이다. 그리고 이들 민족촌에서 자라난 다음 세대들은 주로 주류 사회 속으로 이동하려 한다는 점이 게토와 다르다. 이주자들은 생존에 필요한 사회적 자원과 경제 능력이 부족하므로 서로가 필요하고 가까이 살기 원한다. 이런 점에서 이주자들의 민족촌은 주류 사회와 이민자들간의 일종의 완충지대 역할을 한다. 이런 역할 때문에 민족촌은 하나의 독특한 하부 문화권을 만들어 낸다. 상당수 이민의 첫 세대들은 외부와는 단절된 채 거의 평생을 이 하부 문화권에서만 살아간다. 그들은 쇼핑도, 경제 활동도, 친교 모임도, 심지어는 교회도 자기 민족들끼리 한다. 한편 세계화의 영향력은 이 민족촌과 지구 반대편의 모국 문화권 간의 거리도 좁혀주었다. 그 결과 민족촌은 초국가적인transnational 역할의 허브가 되기도 한다. 아이러니하게도 이들 일부 민족촌은 거주하는 도시에서는 단절되었지만, 모국과의 교류는 매우 활발하다.

마지막으로, 노숙인homeless은 도시의 공간을 차지하려는 경쟁에서 가장 낙오자 그룹이다. 노숙인이란 "자신이 거할 공간을 유지할 능력이 부족한 사람"[291]을 말한다. 이들은 고정적으로 거할 수 있는 장소가 없어 바깥이나, 길, 문가, 공원, 지하철 같은 공공장소에서 잠을 잔다. 이들은 어쩌면 슬럼에서 불법 가옥을 가진 사람들과는 비교할 수 없을 정도로 공간이 없는 사람들이다. 근래에는 모든 살림살이를 자동차에 싣고 다니며 그곳을 집 삼아 사는 사람들도 늘어간다. 이들은 낮에는 정상적으로 출근을 하나 퇴근 후에는 차에

---

290) Louis Wirth, *The Ghetto* (Chicago, IL.: The University of Chicago press, 1928), 4.
291) Gottdiener and Budd, *Key Concepts in Urban Studies*, 49.

서 생활한다.

    선진국이나 개발 도상국을 막론하고 노숙자 증가의 가장 직접적인 원인은 저렴한 주택의 공급부족으로 알려졌다.[292] 도시의 치솟는 집값은 심지어 잠잘 공간도 확보하지 못하는 사람들을 만들어 내기 때문이다. 또한 2007년 써브프라임 주택담보대출Subprime mortgage 사태나 IMF 구제 금융 요청과 같은 국가적인 재난은 수많은 사람의 자립 능력을 빼앗고 노숙 자를 양산한다. 이 외에도 불평등, 가난, 집과 의지의 상실, 구직 기회의 부족, 강제 퇴거, 사회 안전시설과 보건 환경의 부족[293] 가정폭력, 사고, 정신질환, 약물남용, 구직 실패, 폭력 집단 가입 등으로 사람들은 노숙자로 전락한다. 이들 노숙인들 이야말로 사회 모든 곳으로부터 단절된 그룹이라 하겠다.

새로운 장소에서의 단절들

    도시의 확장과 재개발은 오래된 도시를 다시 젊게 하고 기능과 효율을 증대시킨다. 그 결과 그 안의 사람들과 문화도 바뀐다. 이러한 변모하는 도시의 모습은 도시를 과정으로 보려는 과정이론에 설득력을 더해준다.[294] 이 도시의 확장과 재개발 과정은 크게 세 가지재개발, 교외권화, 대량 주택계획로 나눌 수 있다.

    첫째로 재개발이란 도시의 변화로 인해 기존 시설이 "기능상 장애를 초래하고 도시를 쇠퇴시킬 우려가 있을 때, 공권력으로 기존의 도시환경을 변화시키는 도시계획사업"을 말한다.[295] 재개발하는 이유는 단지 건물이 낡아서

---

292) Janet Ward, "Mayors Want Homelessness Back on National Agenda," *The American City & County* 115, no. 2(2000): 4.
293) "Affordable Housing and Social Protection Systems for All to Address Homelessness," Commission for Social Development(United Nations Economic and Social Council, 2019), 6.
294) 하비 칸, 매누엘 오르티즈, 도시목회와 선교, 한화룡 역(서울: 기독교문서선교회, 2001), 207-10.
295) 노춘희, 김일태, 도시학 개론, Revised(서울: 형설, 2004), 210.

만이 아니라 현대인들의 필요와 수요를 채워야 할 필요가 생겼기 때문이다. 하지만 재개발은 원 주민들의 자존감과 정서에 위협을 가할 수 있다. 어떤 원주민들은 수 대에 걸쳐 그곳에서 살아왔다. 그들에게 그곳은 조상들의 영혼이나 민족의 역사와 전통이 거하는 곳이고 자신들이 세웠던 민족의 종교 사원은 그들의 존재감 그 자체이다. 그러나 개발이라는 명분으로 추진하는 이 공간 정화spatial cleansing는 현지 주민들을 흩어놓고 전통과 커뮤니티를 분산시킨다.[296] 공간 정화는 문화재도 위기에 처하게 한다. 재개발로 인해 땅값이 상승하면서 개발자와 자본의 원리는 문화재보다는 쇼핑몰을 들여오기 원한다.

재개발은 불가피하게 해당 지역의 물가와 부동산 가격을 상승시킨다. 왜냐하면 자본가들이 값싼 재개발 지역의 부동산을 사들인 후 "지역의 건조 환경과 함께 가격까지 엄청나게 올려놓기" 때문이다.[297] 그 결과 기존에 살던 원주민들이 견디지 못하고 떠나는 젠트리피케이션gentrification 현상이 나타난다. 젠트리피케이션은 자연스럽게 새로운 소셜 네트워크와 경제 능력을 갖춘 새로운 사람들로 그 땅의 주인을 바꾼다. 그 결과 흩어진 원주민들은 자신의 전통과 추억을 잊어야 하고 찬란했던 민족 공동체와 전통 유산들과도 단절을 해야 한다. 이처럼 재개발 계획은 원주민들을 과거와 단절하도록 만든다.[298]

도시 개발의 두 번째 유형은 교외권의 개발이다. 교외권이란 도시와 그 외곽의 시골과의 중간쯤을 가리킨다.[299] 보통 비대해진 도시의 인구를 분산하기 위해 도시와 시골 사이의 넓은 지역을 주거와 생활 공간으로 개발하는 것을 의미한다. 교외권의 개발은 1930년대 이후에 특히 미국과 같은 선진국에서 도시권 인구의 과밀화 해결, 주택문제 해결, 대규모 토목공사로 인한 경제

---

296) Gillette, *Between Mecca and Beijing*.
297) Tim. Cresswell, *Place: A Short Introduction* (Hoboken : Wiley, 2013), 93.
298) Leong and Rah, *Race and Place*, 142.
299) Gottdiener and Budd, *Key Concepts in Urban Studies*, 154.

부양을 위해 시작한 하나의 재개발 프로젝트이다. 1950-60년대까지 이 교외권은 일종의 잠만 자고 낮에는 도심에서 생활하는 베드타운과 같은 역할을 했었다. 그 후 교통시설과 각종 기술이 발전하면서 교외는 도시 못지않은 하나의 생활권으로 변모했다. 교외권의 성인들은 도심까지 승용차로 출퇴근하고 가족들은 주택지 근처의 교육과 소비 시설을 사용한다.[300]

교외권의 출현은 도시도 농촌도 아닌 새로운 풍속도와 문화를 만들어 냈다. 직장과도 거리가 멀고 주택간에도 사생활이 충분히 보장되다 보니 교외권은 매우 개인적 문화라는 특징이 있다. 가족 내의 풍속도도 달라졌는데 가전제품의 발달은 가사노동을 줄여주고 또 사회 인식도 변화하여 많은 여성들이 사회로 진출하도록 만들었다. 이렇게 향상된 여성의 경제 능력은 가정 안에서의 권한도 향상할 뿐 아니라, 가사의 분담도 촉진할 수 있었다.

교외권의 등장 역시 또 다른 유형의 나눠짐을 만들어 냈다. 교외권에서 산다는 것은 비싼 집값을 지불하고 도심으로 출퇴근을 할 수 있을 정도의 능력을 요구하기 때문에 자연히 이를 감당할 수 있는 계층만을 모으는 결과를 낳게 되었다. 미국의 경우 부동산 회사나 담보 대출 은행들은 흑인들이 백인 마을에 이사 오지 못하도록 구조를 만든 적도 있다. 그 결과 교외권의 주거지는 그 가격과 유지비가 비쌀수록 백인 위주의 거주지가 된 적도 있다.[301] 이러한 구조는 단순히 인종 간의 분리만이 아니라 나아가서 서로를 다른 문화, 교육, 공공 서비스, 경제 환경에 살아가도록 하는 구조가 된 셈이다.

도시 개발의 세 번째 유형은 신도시의 개발이다. 땅이 좁고 인구밀도가 높은 국가들은 황무지를 개간하기보다는 대도시 주변에 다수의 인구를 수용할 수 있는 대규모 주거 단지를 조성한다. 이 신도시 개발 모델은 인구를 도시

---

300) Mark Gottdiener, Randolph Hohle, and Colby King, *The New Urban Sociology*, 6th ed.(N.Y.: Routledge, Taylor & Francis Group, 2019), 125-28.
301) Gottdiener and Hutchison, *The New Urban Sociology*, 2011, 128.

외곽으로 분산시켜서 인구와 사회 시설이 과밀하게 집중되는 것을 막으려는 의도에서 나왔다. 이를 위해 정부는 저렴한 외곽 지역에 정책적으로 같은 모양의 집을 대량으로 건설함으로써 효율적으로 주택을 공급하려 한다.[302]

땅값이 비싼 지역들은 신도시에 고층 아파트를 밀집형으로 세워 좁은 땅에 많은 인구가 살 수 있도록 설계한다. 정부의 대량 주택 건설 계획은 교외권을 개간하고 현대식 주거공간을 많은 사람들에게 공급한다는 긍정적 효과를 가져다주었다. 그러나 도심의 젠트리피케이션 현상과 비슷하게도, 신도시 개발 역시 원 주민들 보다는 이러한 시설을 구입하고 유지할 능력이 있는 외지인에게 그 혜택이 돌아간다. 그 결과 여기서도 원 주민들의 분리 현상은 마찬가지로 나타난다.

한편 고층 아파트의 구조는 거주자들이 서로 분리하기 쉽게 만든다. 주민들은 건축 회사가 일방적으로 설계한 주거 환경에 자신들을 맞추며 살아간다. 고층 아파트촌의 주민들은 자신이 사는 건물 구조의 설계에 거의 의견을 낼 수가 없다. 거주환경의 내부 외부가 모두 대량 인구의 효율적 거주에 맞추어 설계 되지만, 정작 개인의 창의성이나 자연과의 친화성은 우선순위에서 밀리게 되어 있다. 고층 아파트는 주로 핵가족 단위 그리고 주로 실내의 생활을 염두하고 설계한다. 그러다 보니 삶이 철저히 가족 단위 개인주의가 되고 이웃이나 자연과는 철저히 분리된 생활을 한다.

신도시인들은 많은 시간을 도로에서 소모해야 한다. 경제 사회시설들은 여전히 도시의 중심에 있다 보니 신도시 인구의 대다수가 도시의 중심으로 출근해야 한다. 그 결과 신도시 주민들은 매일 대중교통을 이용해 장시간 도심으로 출퇴근해야 한다. 많은 시간을 일과 경쟁과 출퇴근에 소모해야 하다 보니 그 외의 삶은 거의 생각할 겨를을 갖지 못한다. 결과 이러한 획일적인 환경

---

302) Ibid., 98.

에서 여유 없는 삶을 살아가는 사람들은 이웃과 커뮤니티와도, 친구와 가족과도, 어쩌면 자신의 꿈으로부터도 소외된 삶을 살아간다.

이처럼 재개발, 교외권, 그리고 신도시 건설과 같은 도시의 재개발은 낙후되고 비효율적인 도시환경을 탈피하는 데에는 많은 역할을 했다. 동시에 이런 재개발 계획들은 필연적으로 장소의 정체성, 거주하는 사람, 그곳의 규칙과 체제를 바꾸어 냈다. 그뿐 아니라 편리하고 효율적인 주거 환경을 제공하려 했던 재개발 과정은 의도치 않게 누군가를 소외시키고 분리했던 것이다.

민족 간의 단절

다민족 사회에서 주어지는 경제력과 힘은 개인의 능력뿐 아니라 출신이나 민족적 배경에도 큰 영향을 받는다. 왜냐하면 민족 간에는 이미 거대한 경제 정치적 불균형이 존재하기 때문이다. 이런 모순적 현상은 동일한 수준의 경제적 지위를 가진 동일 민족이 특정 지역에 집중적으로 거주하도록 만든다. 예를 들어 주택 구매의 경우 주택 융자를 제공하는 주택자금 대출 회사의 대출 조건이 경제적 능력이나 신용등급에 따라 다르다면(실제로 그렇다) 사회적인 약자들은 주택 구매마저도 불리해진다.[303] 나아가 좋은 지역에 살지 못한다는 것은 주택뿐 아니라 의료 혜택이나 자녀 학교 등 사용하는 모든 시설과 환경이 열악함을 의미한다.[304]

도시 거주 지역 간의 분리 현상은 가난한 소수민족에게는 훨씬 더 큰 타격을 주게 되어 있다.[305] 왜냐하면 그룹별로 주거지가 나뉜다는 것은 소수민족에게 구조적으로 교육과 고용의 기회를 불리하게 하고 또 그러한 불균형은

---

303) Camille Charles Zubrinsky, "The Dynamics of Racial Residential Segregation," *Annual Review of Sociology*, no. 29(2003): 194; Low, "Spatiality."
304) Flanagan, *Urban Sociology*, 2010, 287-88.
305) Douglas S. Massey and Nancy A. Denton, *American Apartheid : Segregation and the Making of the Underclass*(Cambridge, Mass.: Harvard University Press, 1993)

가난의 원인, 인종별 소득수준 차이의 주요 원인이 되기 때문이다. 나아가서 이러한 환경적 격차는 범죄와 폭력 발생률도 자연스럽게 증가시킨다. 이런 높은 폭력성과 교육 기회의 부재는 더더욱 이들을 소외된 주변인으로 만들고 그 결과 다시 한번 삶의 환경, 건강과 교육 수준을 저하시키는 악순환에 빠지게 된다. 이처럼 장소 매김, 거주지별 소외, 구조적 인종차별은 서로 원인과 결과가 되어 사회 계층 간 차별적 구조를 심화시킨다. 그 결과 계층 간의 벽은 두꺼워지고 낮은 계층에 있는 사람은 계층 상승에 더욱 불리해진다.

이 인종 간, 민족 간 단절은 단순히 구조적인 문제, 역사적 경험, 개인의 노력 문제 중 한두 가지에서만 야기되는 것이 아니기 때문에 사회와 교회, 그리고 개인들은 먼저 자신들이 할 수 있는 곳에서부터 시작하여 선순환을 끌어낼 수 있어야 한다. 키가 작은 사람에게 높은 의자를 주듯, 불리한 장소 매김으로 구조적 어려움에 처한 인종과 민족에게는 소외에서 벗어날 수 있도록 실질적 혜택을 제공해야 한다.

지금까지 살펴보았듯이 도시인들 사이에는 수없이 많은 경계선들이 존재한다. 이러한 단절로 사람 사이에는 소외, 불안, 적대감이 쉽게 자란다. 이런 도시에 만연한 단절은 하나님이 우리의 도시를 어떻게 보시는지를 이해하는 중요한 단서이자 또 우리가 어떻게 하나님과 동역하는 사역을 할지를 알게 하는 실마리이다.

화해를 위해 주신 하나님의 선물들

단절과 소외감은 쉽게 분노와 경쟁심을 만들고 상대방을 적대시하게 만든다. 하지만 성경은 분명 원수 맺는 것, 분쟁과 시기와 분냄과 당 짓는 것과 분열함은 우상숭배나 음행과 마찬가지로 육체에 속한 일이라 경고한다. 갈 5:19, 20 나아가 이러한 나님을 방치하고 화해를 미루는 자들은 하나님의 유업과 멀어진다고 말씀하신다. 갈5:21 진정 우리가 사랑과 희락과 오래 참음, 자비함과 양선 그리고 온유함갈 5:22을 갖기 원한다면 그 앞에 언급한 분열과 당짓기 같이 성령을 훼방하는 일을 방치하지 말아야 한다.

화해하려면 먼저 나뉘었던 둘 사이를 다시 연결해야 한다. 도시 안의 무관심과 단절을 극복하고 단절된 자들을 다시 연결하기 위해서 제일 먼저 우리가 해야 할 것은 하나님은 이 일을 위해 어떤 계획을 갖고 계시는지를 아는 것이다. 왜냐하면 감사하게도 하나님은 우리가 생각지 못하는 사이 그의 거룩하신 계획을 위해 우리 도시 가운데에 이미 많은 일을 해 놓으셨다. 이를 발견하기 위해 이제부터는 어색한 사람이라도 자연스럽게 만날 수 있는 중간 지대라는 공간과 낯선 사람과도 쉽게 소통할 수 있게 만드는 교차성에 대하여 살펴볼 것이다.

도시 안의 중간지대들

도시 안에는 집과 같은 개인공간이나 사무실 같은 공적 공간과는 다른 중간지대middle zones들이 많이 있다. 사람들은 이 중간 지대를 통해 개인공간이나 공적 공간에서는 충족하지 못하는 만남을 가진다. 자기 가족은 아니지만 개인적인 친분이나 업무적 목적을 위해 많은 사람들을 만나야 하는 도시인들에게 있어 이 중간 지대는 일종의 완충지대이며, 정서적으로 자연스럽고 편하며, 인간관계나 업무적인 필요를 충족할 수 있는 장소이다. 이 중간 지대는 다시 '제3의 장소' 'the third place'와 도시의 교차점Urban Juncture으로 나눌 수가 있다.

제3의 장소는 집도 회사도 아닌 곳에서 사람들이 만나기 위해 모이는 곳이다. 전통적으로 사람들은 집에서 손님을 맞이해 왔다. 사람을 집으로 초대한다는 것은 상대방을 신뢰하고 또 가족만의 공간까지 오게 할 수 있을 정도의 친근함을 표하는 행위이다. 또, 집으로 초대한다는 것은 손님에게 내가 갖고 있는 문화와 세계관을 노출해도 괘념치 않는 가능한 관계라는 것을 의미한다. 손님을 맞이하는 행위 안에는 언어와 문화적인 요소는 물론 예의와 둘 사이의 권력관계까지도 포함된 행위이다. 보통 손님은 초대자의 문화나 입장을 어느 정도는 존중하게 되어 있다. 그러므로 집으로 초대받는 것은 단순히 남의 집이라는 영역으로 찾아가는 것을 넘어, 그 가정이 소속한 문화와 종교 영역 안으로 들어가는 것을 의미한다. 그러므로 손님맞이란 불편한 관계보다는 배경이 같거나 평소에 신뢰와 우정이 잘 쌓여 있는 사람들에 관한 얘기이다. 같은 회사 동료더라도 업무적인 동료는 업무적인 관계뿐이지만 집에까지 올 수 있는 동료란 업무와 개인적인 친분이 섞여 있는 관계라 이 둘은 많이 다르다.[306]

    사회가 도시화하면서 손님을 집으로 초대하는 것이 이전보다 부담스러워졌다. 먼저 사회생활 하는 곳과 집 사이의 물리적 거리가 너무 멀어졌다. 이전에는 사회생활을 주로 집 주변에서 많이 했기 때문에 자연히 손님 역시 그리 멀지 않은 곳에 살았다. 그러나 이제 집으로 초대하려면 손님은 멀리서 차를 타고 와야 한다. 더구나 하루 종일 회사에서 수고하고 주말에도 다양한 일들이 있는 바쁜 도시 생활때문에 사람들은 점점 더 손님 맞이를 부담스러워 한다. 또한 개인주의나 가족주의에 습관이 된 현대인들은 남이 자신의 개인 영역으로 찾아오는 것을 여간해서는 즐거워하지 않는다.

    도시인들은 여전히 과거 어느 전통적인 마을보다 더 풍성하게 손님들과 교류를 할 수가 있다. 레이 올렌버그Ray Olenburg는 이러한 도시인들이 부담 없이 손님을 만나고 비공식적인 공식모임informal public gathering을 하기 위한 장소로 '제3의 장소'를 언급한다. 이 제3의 장소란 손님을 집으로 초청하는 부담

---

306) 레이 올렌버그(Ray Olenburg)는 이러한 사람들과의 만남을 비공식적 공식모임이라 표현을 했다. Ray Oldenburg, *The Great Good Place : Cafés, Coffee Shops, Bookstores, Bars, Hair Salons, and Other Hangouts at the Heart of a Community* (Cambridge: Da Capo Press, 1999), 9-19.

도 없고, 회사같이 너무 업무적인 분위기도 피할 수 있는 커피숍, 책방, 술집 같이 장소를 지칭한다. 제3의 장소란 "오락성도 있고 집과 같이 편안함과 필요한 것을 제공받을 수"[307] 있는 곳이다. 사람들은, 이 제3의 장소에서 같이 서로 마주 앉아 주로 대화로서 교제나 업무를 한다. 그렇기에 이 제3의 장소에서 만나는 사람은 어느 정도 신뢰가 쌓여 있든지 아니면 꼭 만나야 할 이유가 있는 사람들이다.

어쩌면 현대 그리스도인들에게 있어 이 제3의 장소란 과거 가정 교회의 역할을 일부 분담하는 장소이기도 하다. 사람들은 이곳 장소를 편하게 생각하고 자신을 받아주는 사람과 깊은 대화와 삶을 나눌 수 있기 때문이다. 실제로 토요일 아침이면 전 세계의 여러 커피숍에서는 둘이 성경을 놓고 공부하는 사람들을 볼 수가 있다. 목요일 저녁 햄버거 하우스에서도 중년 부부들이 앉아 그중 한 남자에게 예수님을 소개하는 모습을 쉽게 볼 수 있다.

도시 중간 지대의 두 번째 모델로는 이임스와 구디Eames and Goode가 소개한 도시의 교차점Urban Juncture이 있다.[308]

이 도시의 교차점이란 서로 잘 모르고 배경도 다른 사람을 자연스럽게 만나는 도시의 공간을 말한다. 평소에는 대화를 할 필요가 없지만 어떤 장소는 낯선 사람이더라도 교류를 해야만 하는 곳이 있다. 예를 들어 앞에 소개한 오토씨의 가게는 개인적인 배경과 관련 없이 가게의 물건을 사기위해 누구라도 찾아온다. 이런 점에서 도시는 잘 모르는 사람이더라도 함께 할 수 밖에 없는 교차점들이 많다.

도시의 교차점은 그 유형에 따라 크게 네 가지로 나눌 수가 있다. 먼저 병원, 관공서, 공원, 식당 같은 상황적 도시 교차점, 함께 응원하는 운동 경기

---

307) ibid., 42.
308) Eames and Goode, *Anthropology of the City*, 216.

장, 국가의 건국기념절 행사, 어린이날 행사 준비와 같이 개인적 관계는 없지만 함께 하고 마음을 모으는 한시적 장소, 정치활동, 레저 활동, 동호회 같이 유사한 관심을 가진사람들이 모이는 관심 그룹등이 있다. 그리고 근래에 많이 생겨난 교차점으로 컴퓨터 수리소, 사이버 공간 같은 현대 공간이 있다.[309]

앞에 나온 제3의 장소가 기본적인 신뢰가 있는 사람을 만나는 곳인데 반해 이 도시의 교차점은 나와는 전혀 배경도 다르고 처음 보는 사람을 만날 수 있는 곳이다. 이곳에서의 만남은 좋아하는 활동이나 공통적인 관심사 때문에 이루어진다. 도시에는 다양한 도시 교차점들이 많이 있어 낯선 사람들과도 교류가 용이하다.

이처럼 도시인들은 사회적 활동을 위해 도시 교차점이나 제3의 장소와 같은 중간지대로 나온다. 이곳은 자신의 꿈을 이루는 일터이면서, 같은 관심과 감정을 나누는 재 충전소이며, 서로를 받아주고 격려하는 친구들이 있는 곳이고, 또 나 홀로의 시간을 가질 수 있는 곳이다. 이 중에서도 가상 현실 안의 제삼 장소와 도시의 교차점은 확대일로에 있다. 공통 관심과 목표만 있다면 전 세계의 어떤 사람도 이곳 온라인상에서 만날 수가 있고 또 그 안의 소그룹에서는 관심과 도움을 자연스럽게 가질 수가 있다.

예수님이 사마리아 여인에게 물 한 잔을 요청했던 우물가요 4장 도 중간지대의 하나이다. 비록 예수님과 여인은 다른 민족, 다른 지역, 다른 종교, 다른 신분, 그리고 다른 성별을 가진 사람이지만 둘 다 물이 필요했기 때문에 우물가로 찾아왔고 또 물을 주제로 자연히 시작한 대화는 그녀가 메시아를 알 수 있었던 출발점이 되었다.

분열과 나뉨을 화해와 용서로 바꾸기를 원하시는 예수님은 어디를 가나 "… 둘로 하나를 만드사 원수 된 것 곧 중간에 막힌 담을 자기 육체로 허시고엡

---

309) 김에녹, 『도시선교전략: 민족 간의 공감대에 주목하라』(서울: 죠이북스, 2019), 198-210.

2:14"으로서 나타나신다. 늘어난 도시의 중간 교차점은 그리스도인들이 사용하기에 따라서 평화와 화해의 영향력이 흘러갈 수 있는 중요한 만남의 장소가 된다. 만약 이 화해의 메시지를 자신이 속한 그룹을 곳곳으로 확산시킬 수 있다면 이것이 바로 선한 영향력이다. 비록 앞에서 우리는 도시 사회에 경계선과 불신이 늘어난다지만 화해와 용서의 예수님은 도시인들에게 이미 수많은 만남의 장소들을 허락하신 것이다.

교차성

교차성intersectionality이란 개인이 소유한 사회적 특징들이 서로 교차한 결과 그 사람의 이미지가 사회에 강력한 메시지로 되는 현상을 말 한다. 예를 들어 백인 남성들이 모인 사회에서 흑인 여성은 흑인이라는 불리한 특징과 여성이라는 불리한 특징이 겹쳐지면서 불공정한 대접을 받을 확률이 매우 커지는 현상이다.[310] 이 개념은 교차로는 일반 도로를 건너갈때 보다 훨씬 더 교통사고의 위험이 높다는 점에 착안한 것이다.

이 교차성의 개념은 그 사회에서 사람을 분류하는 방식이 특정 그룹에게 얼마나 심하게 사회적 불리함을 만들어 내는지를 설명하는 과정에서 나왔다. 이 개념은 개인이 사회로부터 받는 특권이나 불평등감은 젠더, 계급, 학력, 배경, 인종과 같은 배경들중 두 가지 이상이 교차할 때 훨씬 증폭된다.[311] 한 사람의 정체성은 구조적, 상징적, 개인 차원으로 분류할 수 있다. 이 중에 그

---

310) 상호교차성(intersectionality)이라는 용어는 미국의 법 인종 이론(critical legal race)연구자이면서 흑인여성사회학자인 킴벌리 크렌셔(Kimberle Crenshaw)에 의해 처음 고안되고 체계화되었다.
311) 킴벌리 크렌셔(Kimberle Crenshaw)는 한 사람이 받는 사회적 압력은 그가 갖고 있는 다양한 배경들과 당시 사회적 인식들이 서로 상호작용을 한 결과라 하였다. Kimberle Crenshaw, "Demarginalizing the Intersection of Race and Sex: A Black Feminist Critique of Antidiscrimination Doctrine, Feminist Theory and Antiracist Politics"(University of Chicago: University of Chicago Legal Forum, 1989) Kimberle Crenshaw, "Demarginalizing the Intersection of Race and Sex: A Black Feminist Critique of Antidiscrimination Doctrine, Feminist Theory and Antiracist Politics"(University of Chicago: University of Chicago Legal Forum, 1989), 139-67.

사회에서 불리하게 작용하는 요소가 둘 이상인 사람은 하나인 사람보다 훨씬 더 불리한 사회적 입장에 놓인다.[312]

본래 교차성은 개인의 사회적 유불리를 설명하는 데 쓰여왔다. 하지만 의사소통의 관점으로 다시 보면 높은 교차성은 상당한 장점이 된다. 사람들의 배경과 관심 분야는 다양할 수록 여러 사람들과의 소통이 가능하기 때문이다. 공통점은 소통을 가능하게 하는 필수적 기반과 같다.[313] 아무리 서로 다른 사람들이더라도 한 가지만의 공통점이 있다면 그들은 최소한의 소통이 가능하다. 여기에 공통적 정체성 공통점이 더 늘어날수록 두 사람은 더 확대되고 깊은 소통을 할 수 있다. 예를 들어 언어만 같은 것이 아니라 같은 고등학교를 나오고 전공이 같은 사람들은 훨씬 많은 공감대를 공유한다.

〈그림 14〉 교차성과 커뮤니케이션 경로

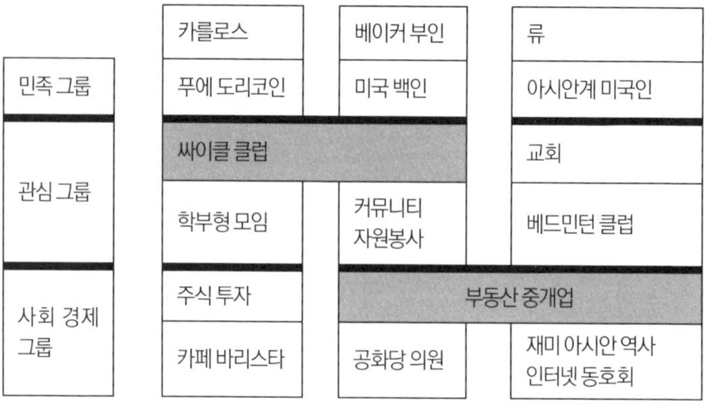

민족 그룹	카를로스	베이커 부인	류
	푸에 도리코인	미국 백인	아시안계 미국인
관심 그룹	싸이클 클럽		교회
	학부형 모임	커뮤니티 자원봉사	베드민턴 클럽
사회 경제 그룹	주식 투자	부동산 중개업	
	카페 바리스타	공화당 의원	재미 아시안 역사 인터넷 동호회

---

312) Patricia. Hill Collins, Memphis State University. Center for Research on Women., and Research Clearinghouse and Curriculum Integration Project on Women of Color and Southern Women., *Toward a New Vision : Race, Class and Gender as Categories of Analysis and Connection*(Memphis, TN: Research Clearinghouse and Curriculum Integration Project, Center for Research on Women, 1989), 40-41.
313) 도날드 스미스 저, 김에녹, 윤조엔 역, 『마음으로 만나는 문화간 소통: 서로간 이해를 통해 사역하는 기독교적 접근』(Pasadena CA: Creating Understanding, 2016), 31-56.

이 교차성의 개념은 왜 이중 문화 체계를 가진 도시인들이 다른 배경의 사람들과도 소통할 수 있는지를 쉽게 설명해 준다.[314]

〈그림 14〉는 베이커 부인, 류 씨 그리고 카를로스가 앞 3장에서 언급한 도시인들의 주요 그룹거주지, 민족, 그리고 사회경제적 그룹에서 어떤 정체성을 갖는지 또 각자의 정체성은 서로를 어떻게 연결해 주는지를 보여 주는 예시이다. 이 세 사람들은 민족적으로 전혀 다른 배경을 갖고 있으나, 일부 거주지 그룹과 사회경제적 그룹에서 같은 그룹에 속해 있다. 희색 칸 여기의 카를로스와 류는 한 번도 만나본 적이 없고 민족이나 관심사, 심지어는 직종도 전혀 연관이 없는 관계이다. 그렇지만 중간에 있는 베이커 부인은 매주 토요일 아침 자전거 클럽에서 카를로스를 만난다. 그리고 주중에 두 번은 부동산 회사의 에이전트들 간의 회의에 류를 만난다. 만약, 류가 정말 좋은 소식을 베이커 부인에게 전해준다면, 류가 모르는 카를로스에게도 전해질 수가 있다. 이는 베이커 부인의 교차성이 더 높기 때문이다. 이처럼 다양한 정체성은 도시인들의 교차성을 높이고 높은 교차성을 가진 사람들은 한쪽의 좋은 것이 다른 쪽으로 확산되는 데 중요한 역할을 할 수 있다.

도시인들의 높은 교차성은 여러 부류의 사람들이 쉽게 교류하게도 하고 여기에다 수많은 중간 지대라는 물리적 환경은 모르던 사람들에게 말을 걸고 정보를 나누는 데 부담을 훨씬 덜어 준다. 〈그림 15〉는 이런 이중 문화 구조를 가진 도시인들이 중간 지대나 회사와 같은 공공장소에서 교류하고 정보가 확산하는 현상을 사례로 개념화한 도표이다. 모든 사람은 이중 문화 구조를 갖고 있는데 내부원이 큰 사람은 자신의 원 문화 요소가 강하다는 것을 의미한다. 편의상 각 사람의 문화적 요소를 A, B, C, D 등으로 표시했다. 먼저 카를로스A, B는 자전거 클럽에서 가운데 있는 베이커 부인D, B과 규칙적으로 만

---

314) 이중 문화 체계에 관한 설명은 이 책의 그림 9를 볼 것.

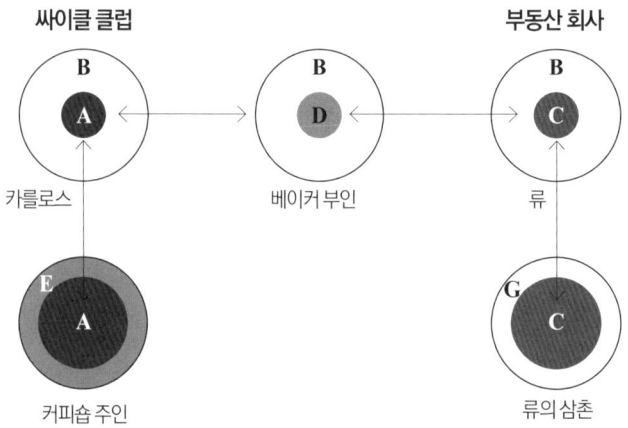

〈그림 15〉 교차성을 통한 정보의 확산

난다. 이들 둘은 원 문화A와 D는 다르지만, 자전거를 규칙적으로 탄다는 외각 사회적 원B이 이들 둘을 자주 만나고 중요한 정보도 나눈다. 베이커 부인D, B 또한 같은 부동산 회사 동료인 류C, B를 회사 미팅을 통해 규칙적으로 만난다. 상단의 세 사람 모두는 안쪽의 원 문화적 요소 들과는 관계없이 외곽의 B 문화 체계로 중요한 정보를 소통한다. 반면, 하단부에 있는 커피숍 주인A, E와 사촌 C, G은 내층이 두터우므로 도시 사회의 정보를 제한적으로만 받는다. 하지만 커피숍 주인A, E은 같은 고향 출신인 카를로스가 자주 가는 커피숍의 주인이다. 류의 사촌도 내부의 원 C로 인해 류에게 정보를 들을 수 있다. 〈그림 15〉에 나온 사람 중에 교차성이 가장 좋은 사람은 베이커 부인이고 그다음으로는 카를로스와 류이며 마지막으로는 커피숍 주인과 류의 사촌이다.

하나님은 도시인들 간의 막힌 담을 무너뜨리고 화해와 용서를 할 수 있도록 하기 위해 도시인들이 다중카드소지자가 되어 낯선 사람과도 소통이 가능하도록 만드셨다. 그들이 가진 높은 교차성과 많아진 도시의 중간 지대들은 한쪽의 정보를 빠르고 효율적으로 확산시킬 고속망인 셈이다. 그 결과 카페의 주인이나 류의 사촌과 같이 도시의 한 귀퉁이에 있는 사람도 넓은 세계와 연결이 가능하고 심지어 다른 민족이나 다른 사회계층까지도 영향을 줄 수 있는 것이다.

이처럼 악한 영은 사람들이 서로 분열하고 미워하도록 장벽을 높이 세우게 하지만 선교의 하나님은 이들 나뉜 자들을 다시 연결하시기 위해 도시 곳곳에 소통할 수 있는 사람들과 환경 등을 보내주셨다. 비록 조상들은 수백 년간 서로 싸우고 미워해 왔었으나 하나님은 그러한 파괴적인 관계를 우리 대에서는 반복하지 않고 오히려 기쁜 소식을 선물로 나누기 원하신다. 그러므로 중간지대들, 교차성은 바로 선교하시는 하나님이 도시 그리스도인들에게 주신 아름다운 선물이다.

선교적 고찰: 도시 중간지대에서의 용서와 화해

> 육체의 일은 분명하니 …원수 맺는 것과 분쟁과 시기와 분냄과 당 짓는 것과 분열함과 … 이런 일을 하는 자들은 하나님의 나라를 유업으로 받지 못할 것이요. 오직 성령의 열매는 사랑과 희락과 화평과 오래 참음과 자비와 양선과 충성과 갈 5:19-22

도시는 공간을 두고 지금도 총성 없는 전쟁 중이다. 사람들은 곳곳에 장소 매김을 하고 서로 더 좋은 공간을 차지하기 위해 싸우고 그 결과 이기는 자와 패배한 자들이 생겨난다. 이제 우리는 막힌 담을 무너뜨리신 예수님을 바라보며 이 도시 사회에서 무엇을 해야 할지를 알아보도록 하겠다.

도시 그리스도인들의 사역: 경계선을 넘어가기

도시의 시공간 모든 곳에 하나님의 주권이 회복되고 좋은 것이 흘러가게

하기 위해서 도시의 그리스도인은 다음 몇 가지를 유념해야 한다.

첫째 도시 내의 단절은 영적인 문제이며 이는 화해와 용서라는 선교적 행위를 통해서 해결해야 한다. 단절은 단순히 사람들을 나눠 놓는 것만이 아니라 서로 간의 분열, 우월감과 질시, 인격적 모독과 차별같이 인간의 죄성을 집단적이고 구조적으로 강화하기 때문에 이는 분명 영적인 문제이다. 악한 영은 바로 사람들의 악함을 자극하여 결국 자신의 궁극적 목적인 도둑질하고 죽이고 멸망시키요10:10려 한다. 단절은 사람들로 하여금 상대방을 자신과 동일한 인격체로 보지 않고 파괴적으로 대해도 되는 '그들'로 보게 한다. 그 결과 서로 안에 있는 신적 고결성dignity을 짓밟으며 결국은 모두가 악의 자식으로 남는다. 또한 단절은 서로 협력하고 신뢰할 때 만들어 낼 수 있는 신적 존엄성과 하나님의 문화 명령을 이루지 못하도록 만든다.

단절은 소통을 가로막아 좋은 소식과 기회를 나누지 못하게 만든다. 결과 단절은 필요한 곳에 복음이 흘러가지 못하게 한다. 단절은 선교사를 거절하게도 하고 다른 부류에서 온 사람들을 적대시하게 만든다. 이처럼 단절로 인한 불신과 미움은 결국 하나님의 영광을 가리고 사탄이 일하도록 하는 영적 문제이다.

둘째로, 도시의 그리스도인은 단절을 다시 연결하시는 예수님께 주목해야 한다. 예수님은 그의 십자가를 통해 둘로 나뉜 것을 하나로 만드시고 원수 된 것 곧 중간에 막힌 담을 자기의 육체로 허셨다.엡 2:14 그분 자신이 우리의 화평이고 둘을 하나로 만드시는 분이시다. 그가 행한 화평이란 부드럽고 순진한naïve 삶이 아니라 모두가 불가능하다고 믿던 높고 견고한 장벽을 무너뜨릴 만큼 강력하고 적극적인 것이다.

예수님이 오셨던 1세기 고대 근동은 로마 치하의 강력한 계급 사회였으며 내부는 여러 갈래로 나뉘어 서로 대립하던 시기였다. 그러한 환경 속에서 예수님이 가르쳐 주신 것은 계급 투쟁도 성공 주의도 아니라 단절되어 서로를 불신하고 미워하는 이 세계에 화평케 하는 자로 살아가는 것이었다.

셋째로 도시의 그리스도인은 무너진 곳을 건너가는 수고를 해야 한다. 예수님이 막혔던 담을 허무셨다고 해서 즉시 양측이 연결되는 것은 아니다. 양쪽에 있는 사람들이 예수님의 연결하시는 노력을 구경만 해서는 아무 일도 되지 않는다. 예수님은 양쪽 사람들이 지켜보는 가운데 중간의 담을 망치로 부수었을 뿐 그 뚫린 곳을 건너가는 것은 우리의 몫이다. 마치 예수님이 천국에서 이 땅에 내려오셨던 것처럼, 한쪽 편 사람이 그 뚫린 담을 용기 있게 걸어 상대방으로 넘어가야 연결은 시작되는 것이다.315 이 건너가는 행위란 우리가 다리를 만들고 연결자가 되는 것을 의미한다. 데이빗 리옹David Leong은 우리가 다리를 만들기 이전에 먼저 우리 자신을 찬찬히 들여다볼 필요가 있다고 한다.316 왜냐하면 진정한 장벽은 상대방을 보는 우리의 자세와 우리의 무관심에 있기 때문이다. 우리 속에 존재하는 장벽, 즉 상대에 대한 분노와 멸시함, 불편해함이 있음을 분명히 인정하고 회개하는 것이 벽을 건너가는 그것보다 먼저 해야 할 일이다.

넷째로, 무너진 곳을 넘어간 그리스도인은 화해라는 수고를 해야 한다. 왜냐하면 주님이 화평인 것처럼 우리가 그들에게 갈 때 우리는 화평케 하는 자라는 신분으로 찾아가는 것이기 때문이다. 이 화해와 용서를 위해 찾아간다는 것은 주님이 우리의 이름을 화평케 하는 자로 부르셨음을 의미하는 것이다. 상대방으로 넘어가 단지 내가 원하는 '일'만하고 돌아 나오는 것은 주님을 따르는 미션이라 할 수는 없다. 뚫린 벽을 지나 사람들과 결국 화해하는 행위는 하나의 선교적인 행위이다. 왜냐하면 화해란 성육신적이고 겸손한 자세

---

315) Leong and Rah, *Race and Place*, 103, 105.
316) Ibid., 102.

로 익숙하지 않은 남을 찾아가야 하는 수고스럽고 곤혹스러운 행위이기 때문이다. 이뿐 아니라 화해로 인해 상대방 그룹과 우리 그룹 사이를 차지하던 어두움을 없애고 빛이 지배하게 하는 행위이기에 더더욱 선교적 행위라 할 수 있다.

하나님은 도시라는 환경에 그리스도인들에게 화해할 기회와 물리적인 환경을 제공하셨다. 다시말해 하나님은 도시에 수많은 중간지대들을 만드셨고 또 전혀 배경이 다른 사람들과도 소통할 수 있도록 교차성을 갖도록 하셨다. 화해란 선교의 첫 출발이자 선교의 완성이다. 왜냐하면 복음을 갖고 모르는 사람에게 찾아가는 것이란 화해 없이는 불가능하기 때문이다. 이 화해는 복음을 받아들인 이후에도 계속해서 있어야 하는 진행 중인 사역이다. 복음을 받아들인다는 것은 이전에 미워하던 사람과도, 조상 대대로 증오하던 타민족들과도 화해를 한다는 것이 포함되었다는 뜻이기 때문이다.

도시 교회의 사역: 공공장소로서의 교회, 갈등을 찾아가는 교회

아파트촌, 슬럼가, 가상 공간, 젠트리피케이션Gentrification 현상들 앞에서 도시 교회는 무엇을 해야 하겠는가? 경제 상황은 양극화가 되고, 사람들은 자기 경력과 성과를 위해 과도하게 충성해야 하고, 가족들은 같은 집에 살지만 서로 어떻게 사는지도 모르는 도시인들에게 영적 안식은 무엇인가? 이처럼 편리하면서도 고달프고, 연결된 것 같으면서도 그룹별로 무관심한 이 도시 사회에서 과연 교회는 어떻게 해야 하겠는가?

도시 교회는 먼저 도시인들의 곁으로 찾아가는 교회가 되어야 한다. 좋은 목자는 양들이 찾아오기 전에 양을 찾아가야 하기 때문이다. 이처럼 찾아가는 교회가 되기 위해서 도시의 교회들은 다음 몇 가지를 시도할 수 있을 것이다.

첫째 자신의 공간 일부를 주변의 비 신자들도 편하게 사용할 수 있도록 개방하는 것이다.317 교회 공간 자체에 과도하게 성스러움을 부여하면 교회는 쉽게 커뮤니티와 단절되기 쉽다. 주변에 쉽게 자기의 공간 나누기 힘들어하는 실제적인 이유로 교회는 그나마도 공간이 너무 부족하다고 생각하기 때문이다. 사실 대부분의 교회는 항상 공간의 부족으로 허덕여 왔다. 하지만 그 이유는 공간이 좁은 것이라기보다 주일날 몇 시간 동안 최대 인원이 들어와 활동하므로 부족할 수밖에 없는 것이다. 특히 도심의 부동산 가격이 비싼 나라에서는 다른 사람들에게 공간을 허락하는 것이 사실상 비현실적이며, 교회는 그나마 있는 공간을 최대한 활용해야 하므로 교회의 공간은 마치 대량 생산 공장의 컨베이어 벨트라인과 흡사하다.

하지만 주중 교회 공간은 많은 시간 동안 비어 있다. 교회의 공간이 주변의 믿지 않는 사람을 위한 커뮤니티 공간의 일부로서 공유할 수 있다면, 동네 위원회와 함께 행사를 개최할 수 있다면, 교회의 마당을 방과 후 아이들이 놀이공간으로 사용하고 또 피아노나 영어를 배우고, 노인들이 건강 검진을 받을 수 있다면 교회 공간은 주변 커뮤니티와 소통하는 공간이 될 뿐 아니라 중립적이고 반공공적 장소가 되어 평소 관심을 주지 않던 우리 밖의 양들에게도 한 걸음 더 갈 수 있을 것이다.

둘째로 도시의 교회는 공간에 대한 개념을 좀 더 유기적으로 할 필요가 있다. 만약, 예배당만 교회의 공간으로 여긴다면 아무리 넓고 편리한 교회 공간이라도 성도들은 이미 거리상 한계를 느낀다. 바쁜 현대인들이 퇴근 후 교회 한번 오려면 큰마음을 먹어야 한다. 만약 교회의 공간을 예배당 건물에 제한받지 않고 여러 개로 잘게 쪼개어 양들이 있는 곳마다 조금씩 배치할 수 있다면 어떻겠는가? 예를 들어 사무실에도, 잔디밭에도 커피숍에도 그리고 가

---

317) 반 공공장소에 관한 개념과 설명은 앞장의 선교적 고찰 부분을 참고할 것.

상공간Virtual Space안에도 교회의 공간은 존재할 수가 있는 것이다. 왜냐하면 주님이 "두세 사람이 내 이름으로 모인 그곳에는 나도 그들 중에 있느니라"마 18:20 라 하셨듯이, 성경에서 언급한 교회는 어떤 공간의 개념보다는 그 모임의 주인이 누구인가에 관한 것이기 때문이다. 그렇기에 수많은 도시의 반 공공장소들은 누가 어떻게 사용하느냐에 따라 교회가 될 수도 있다. 만약 도시 중심의 사무용 건물 옥상에 작은 기도실이나 소수가 예배할 수 있는 장소가 있다면 그곳이야말로 도시한 가운데에서도 하나님을 만나는 장소가 되는 것이다. 또한 이 작은 교회들에서 전화로 채플린사목이나 직장 생활 경험이 많은 장로들과 연결이 가능하다면 그곳이야말로 영적 상담소며 기도해 주는 영적 장소가 되는 것이다. 이처럼 도시 교회는 그 공간을 어디로든 확장할 수 있다. 예배당의 공간을 넘어 예배의 공간을 양들이 실제 일하고 시간을 보내는 곳에다 배치할 수 있어야 한다.

세 번째로 도시의 교회는 갈등이 있는 자리를 의도적으로 찾아가려 해야 한다.[318] 도시는 본래 서로 다른 배경의 사람들이 갈등과 경쟁으로 인해 항상 서로 나뉘고 적대적으로 될 수밖에 없는 곳이다. 그렇기에 도시의 교회가 할 수 있는 선교이자 위대한 기여는 갈등의 한가운데를 찾아가 화해와 용서의 다리가 되는 것이다. 다리가 된다는 뜻은 세상의 가치 앞에 교회가 대안적인 답을 내고 대안적인 공동체가 나올 수 있도록 그 과정의 일부에 헌신하는 그것을 말한다.[319] 교회는 도시가 끊임없이 뿜어내는 분노와 분열에 성도들이 희생이 되거나 세상의 가치를 흡수하지 않도록 보호해야 한다. 양을 보호하는 목자란 사자와 곰과 용감하게 싸우고 양을 구해낸 다윗과 같이삼상 17:34-35 자신의 성도를 보호하기 위해 용감하게 갈등의 한가운데에 찾아갈 수 있어야

---

318) Leong and Rah, *Race and Place*, 116-19.
319) Ibid., 160.

한다. 이런 목자들은 자신의 성공을 위해 강한 자의 편에 서거나 목자 자신의 성공을 '만들어 내기 위해' 양을 이용하지 않는다. 반대로 그들은 양의 안전을 해치는 대상과 용감하게 맞설 줄 안다. 그렇기에 도시의 교회는 교인 간의 갈등이나, 불법과 부정이 있는 곳처럼 양들의 건강을 해치는 일이 발생할 때는 가만히 있지 않아야 한다.

갈등의 한가운데로 찾아가는 교회란 나눠진 두 대상 사이에 서서 고통스럽게 둘 사이를 연결하고 어렵지만 화해와 용서의 다리가 된다는 뜻이다. 이는 교회 속에 있는 디아코니아diakonia 기능의 발휘를 의미한다. 디아코니아란 개인이 실천하는 사랑과 섬김을 넘어 공동체적으로 약한 자들을 돌보고 갈등하는 관계의 갈라진 틈을 이어 유기체의 건강을 회복시키는 것들을 포함한다.[320] 교회가 자원하여 갈등 가운데 들어간다는 것은 교회가 개인 간의 화해를 넘어 그룹과 그룹 간의 갈등, 지역과 인종 간의 차별, 법이나 구조적인 모순을 해결하기 위해 교육하고 운동을 일으키고 관계자들을 설득하는 것들을 포함한다. 구조와 법 제도의 모순은 마치 기울어진 운동장과 같아서 한두 개인이 해결하기는 어렵지만 교회와 교단 같은 조직이 나설 때는 얘기가 달라진다. 특히, 태어날 때부터 부여받은 인종과 성별, 외모나 건강 때문에 사회적 불리함을 받는 일을 교회는 이를 묵과해서는 안 된다. 이런 힘든 일들은 누구라도 피하고 싶은 일이지만 진정 양을 사랑하는 선한 목자라면 그런 힘든 일이 바로 자신이 해야 할 일이라고 생각한다. 교회가 이 땅의 갈등 한가운데에 뛰어들 수 있는 이유는 그리스도께서 반목하고 갈등하는 우리 속으로 들어오셔서 우리 사이의 벽을 무너뜨리셨기 때문이다.

---

320) 박종찬, "선교신학에서의 디아코니아에 대한 가치," 선교신학 62(May 31, 2021): 179-81, http://db.koreascholar.com/article.aspx?code=407248.

4부

도시의 플로우들: 도시를 변화시키는 선한 이웃들

제7장
뛰지 않으면 실패한다

시작하면서

도시는 사람들이 전 세계로부터 모이고 또 정보와 생각, 유행을 흡수하는 곳이다. 마치 영양소가 몸에 들어오듯이 사람, 재화, 아이디어들은 도시로 들어와 변화의 동력이 된다. 이들 도시의 변화동력은 사람들이 성공하고, 더 좋은 생각을 하게 하고, 또 새로운 소비생활과 유행을 창조하도록 해준다. 좋은 직장에 취직한 사람들의 환호성, 새롭게 이사 온 낯선 사람들, 집집마다 설치한 와이파이 안테나, 그리고 새로 생긴 백화점 등은 도시가 뭔가 엄청난 힘으로 변화 중이라는 것을 보여준다. 도시의 변화 동력 들이란 사람들에게 새로운 꿈을 꾸게 하고 기회를 제공하여 그들이 성공하고 신분 상승을 하게 만드는 에너지이다.

반대로, 도시의 변화 동력은 사람들을 경쟁과 두려움, 불신과 패배감도 만든다. 사람들은 신분을 상승하기 위해 평생을 헌신하며 한 단계씩 계단을 오른다. 안타깝게도 몇 안 되는 예외를 제외하고 대부분은 중간 유리 벽에 걸려 상승을 중단한다. 미디어가 보여 주는 성공한 사람들과 화려한 도시의 소비 문화는 오히려 이들을 좌절과 두려움으로 몰아간다. 그 결과 사람들은 자신에게 '더 뛰지 않으면 실패한다!' run or lose! 라고 외친다. 위의 예화에 등장하는 알프 씨는 바라던 좋은 직장을 다니게 되었지만 애써 거머쥐게 된 이 행운이 오히려 그를 더 불안하게 만들고 열심히 뛰지 않을 수 없게 만들었다.

모든 사람들이 성공과 신분 상승을 위해 밤낮 없이 뛰는 터키의 이스탄불에서 알프(Alp)씨는 직장생활을 한다. 알프씨는 본래 기독교 집안에서 자랐다. 그는 시골에서 올라와 자동차 부품을 만드는 회사의 사무 직원이다. 취직 이후에는 성공하지 않으면 큰일난다는 생각 때문에 일에만 몰두하다 보니 최근에는 주일 예배 시간을 제외하고 매일 직장에 출근하고 있다. 하지만 그는 그의 앞길에 늘 뭔가 방해와 차별을 받는다는 생각을 지울 수가 없다. 그럴 때마다 알프씨는 자신이 시골 소수민족 출신인 것이 좌절스럽고 주류 사회인들은 쉽게 성공하는 것 같아 원망스러웠다. 더군다나 지난번 대규모 감원 때 발생한 직원 간 갈등은 다시 한번 사내의 민족 간 골을 깊게 만들었다.

한번은 주류민족이자 옆 부서 동료인 에미르(Emir)와 업무상 저녁식사를 한 적이 있었다. 그리고 에미르가 알츠하이머로 고생하는 어머니를 모시고 산다는 것을 알았다. 어머니로 인한 부담감은 점점 부부간 불화로 번져 이제 에미르는 이혼까지 생각한다고 하였다. 알프는 평소 성실하고 밝기만 했던 에미르가 이런 힘겨운 짐을 지고 살아가는 것이 안쓰러웠다.

다음날 오후에 에미르는 알프를 찾아와 자기 얘기를 들어주어 고맙고 그로 인해 마음이 많이 가벼워졌다 했다. 이에 알프는 용기를 얻어 자신의 장모도 같은 병을 갖고 있다 털어놓았다. 그리고 알프는 장모의 건강문제가 부부 사이를 힘들게 하지 않기 위해 그간 부부가 해왔던 노력을 에미르에게 나눴다.

이 일후에 알프는 주변 동료를 보는 눈이 조금 바뀌었다. 어떨 때는 이겨야 할 경쟁자로서, 일만 같이 하면 될 업무상 파트너로서만 보던 사무실 동료들이 이제는 나와 다르지 않는 하나의 사람으로 보인 것이다. 알프에게 있어 에미르는 그저 '그들' 중 하나였으나 얘기를 나눌수록 에미르는 나와 다를 것 없는 똑같은 인간이라는 생각이 들어갔다. 사실 그들도 주류사회에서 성장했든 그렇지 않든 모두 미래를 불안해하고, 실패할까 봐 걱정도 많고, 식구들에 대한 책임감으로 억울함도 많지만, 단지 숨기고 웃는 모습으로 출근하여 동료들을 대하는 나와 다를 것 없는 사람들이었다.

제7장과 8장은 도시 변화의 동력이라 할 수 있는 도시의 플로우 즉, 유동물flow에 대한 연구이다.[321] 이 플로우는 사람들의 성공과 실패를 만드는 기회

---

321) 플로우는 영어의 flow를 번역한 단어로서 사회적 영향력이 마치 유체(fluid)처럼 사회의 단위들 사이로 흘러 다니면서 영향을 끼치는 실체를 지칭한다. 이 플로우는 세타 M. 로우(Setha M. Low)가 설명한 도시의 플로우(urban flow)의 개념을 가져온 것이다. 그는 사람, 아이디어, 재화를 대표

와 자원에 관한 얘기이다. 본 장은 성공의 욕망과 실패의 두려움에 놓인 도시인들을 사회학적인 눈으로 분석할 것이다. 이를 위해 본 장은 다음과 같은 질문으로 시작할 것이다.

- 도시의 플로우Urban flow란 무엇인가?
- 도시 계층간의 위계는 어떻게 형성되는가?
- 도시의 플로우는 사회의 계층에 어떠한 충격을 주는가?
- 도시의 풍요로운 기회는 왜 사람들을 더 불안하게 만드는가?

본 장의 마지막 선교학적 고찰 섹션에서는 이러한 도시인의 성공과 불안에 대하여 도시의 그리스도인들과 교회가 가져야 할 선교적 자세에 대하여 살펴볼 것이다.

도시의 모든 곳을 연결하는 플로우들

도시는 끊임 없이 변화하는 생물체와 같다. 이는 그 안의 여러 생태계적 요소들이 있어서 도시의 양분을 흡수하고 성장하며 병들고 퇴화하기를 반복하기 때문이다. 한동안 도시 학자들은 도시를 '공간의 개념' 즉 고정된 곳으로 여겨 왔다. 초기 도시학은 이 고정된 공간 개념을 바탕으로 큰 발전을 이룰 수 있었다. 예를 들어 인구 통계학을 사용해서 도시의 규모에 따른 정책 수립을, 사회학을 통해 도농 간의 사회학적 격차를, 그리고 생태학이나 인류학을 통해서는 도시인의 삶을 연구 하는등 다양한 학문적 진전을 이룰 수 있었다.[322] 반면 도시를 고정된 공간으로 보는 관점은 도시를 마치 플라스틱 레고

적인 플로우로 지칭했다. Low, "Spatiality," 15–27.
[322] Simmel, "The Metropolis and Mental Life"; Cooley, *Human Nature and the Social Order*; William Isaac Thomas and Morris Janowitz, *On Social Organization and Social Personality: Selected Pa-*

블록Lego brick 모형처럼 고정된 단위들을 모아 설계자가 원하는 대로 모양을 만들 수 있다는 관점이다. 그 결과 도시 현상의 원인과 결과는 어떤 공식과 원리를 통하면 충분히 해석과 예측이 가능하다 믿었다.

하지만, 나중 과정적 관점을 도입하면서 도시를 기계적이기 보다 마치 생물처럼 그 안의 여러 요소들이 작용하고 생존과 퇴화를 거듭하는 역동적 공간으로 보게 되었다. 즉, 도시를 살아 움직이고 매 순간 변화 하는 하나의 과정 중in the process의 존재로 보는 것이다.[323]

도시가 변화의 과정 중에 있으려면 외부와 연결이 되고 에너지와 영향을 주고 받아야 한다. 외부로부터 들어온 엄청난 양의 물자, 인력, 그리고 정보는 도시 곳곳을 돌아다니며 도시를 살아 움직이도록 만든다. 세타 M. 로우 Setha M. Low는 이러한 도시에 공급하는 에너지의 흐름을 도시의 플로우urban flow라 이름했다. 이 도시의 플로우란 "공간, 시간, 그리고 인터넷 등에서 유례없이 빠르게 이동하는 노동력, 자본, 상품과 서비스를 말하며 이들을 활용해… 사회적 재생산과 재창조를" 해주는 것들을 말한다.[324] 마치 강이 밖에서 도시 한가운데를 관통해 다시 나가는 것처럼 도시의 플로우들은 외부로부터 유입flow in한 후 도시 곳곳에서 소비, 재분배, 재생산을 한다. 이러한 과정이 계속되기에 도시는 변화의 과정을 계속할 수 있는 것이다. 이처럼 도시를 활기 있고 변화하는 곳으로 촉진한 후 플로우들은 다시 새롭고 창조적인 에너지를 담아 도시 밖의 다른 곳을 향해 흘러나간다.flow out 도시는 외부로부터 영향을 받고 이에 반응하고 자신들의 영향력을 다시 도시 외부로 행사하는 것이다. 현대 도시들은 단순히 자신과 주변을 넘어 세계적 현상에도 노출돼 있다.

---

pers(Chicago: University of Chicago Press, 1966); Wirth, *The Ghetto*; Wirth, "Urbanism as a Way of Life"; Park and Burgess, *Introduction to the Science of Sociology, Including the Original Index to Basic Sociological Concepts*; Burgess, "The Growth of the City"; ibid.

323) 하비 칸, 매누엘 오르티즈, 『도시목회와 선교』, 한화룡 역, 207-10.
324) Low, "Spatiality," 15.

이들 도시들은 매 순간 세계적인 영향을 어떻게 흡수하고 또 어떻게 반응할지를 정한다. 이처럼 도시는 플로우라는 외부의 자원을 흡수해서 변화와 활력을 얻고 다시 플로우를 통해 다른 곳에 자신의 영향을 주는 일종의 중심점node 이라 하겠다.[325]

물류와 사람과 생각이 흐르다

수없이 많은 물류와 인적 자원들은 도시들 사이를 흐르며 곳곳에 변화와 활력을 공급한다. 도시 안을 흘러 다니는 플로우들은 그 종류가 셀 수 없이 다양한데 로우Low는 이들을 크게 물류, 인적자원, 그리고 생각이라는 세 가지로 묶었다.[326]

첫째, 사람들의 이동이 많다. 출퇴근처럼 가까운 거리를 반복해서 움직이는 사람부터 외국에서 온 이민자까지 도시는 사람들의 이동으로 가득하다. 이동 중에서도 이주migration와 이민immigration은 자기 거주지를 비교적 영구적으로 바꾸는 형태를 뜻한다.[327] 그중 이주는 주로 국내에서 하는 항구적인 이동을 말하고, 이민은 타국으로의 이동을 가리킨다.[328] 이주와 이민을 통한 인구의 유입은 도시를 빠르게 성장하게 만드는 주요 원인이다. 이주는 보통 사람들이 외부에서 도시 안으로 유입하는 것을 가리키지만 근래에 교외권의 발달로 시 도심을 떠나 교외권으로 이동하는 탈도시 현상도 나타난다.

도시 플로우의 두 번째는 물류와 재화commodities and finances 이다. 도시는

---

325) Gary W. McDonogh, "Flow," in *A Companion to Urban Anthropology*, ed. Donald Macon Nonini(Chichester, West Sussex: Wiley-Blackwell, 2014), 33.
326) Ibid., 33-44.
327) J. J. Mangalam and Harry K. Schwarzweller, "Some Theoretical Guidelines toward a Sociology of Migration," *Intemigrrevi International Migration Review* 4, no. 2(1970): 8.
328) Merriam-Webster, Incorporated "Immigration", Accessed August 28, 2020, https://www.merriam-webster.com/dictionary/immigration

본래부터 주변의 농어촌과 공업단지로부터 대량의 식량, 원료와 물품을 흡수해 왔다. 이제 도시는 뛰어난 연결성으로 인해 전 세계의 물류를 흡수한다. 그 결과 세계의 물동량과 재화의 유통은 엄청난 속도로 증가한다. 1985년 1.9조 달러였던 세계 수출입 물동량이 2018년에 이르러서는 19.45조 달러로 증가했다.[329] 이런 거대한 흐름이 가능했던 것은, 세계의 여러 나라들이 이러한 대량의 물동량을 처리할 수 있을 만큼 경제력이 성장했고, 이를 실제로 가능하게 하는 과학기술과 수송 수단이 뒷받침되었기 때문이다. 여기에 국가 간의 무역과 재화의 이동에 규제가 줄고 송금 체계나 기술이 발전한 점도 이바지했다. 특히, 국가 간 재화의 플로우는 물류의 흐름보다도 훨씬 더 자유롭게 국가 간의 장벽을 뛰어넘어 이동한다.

도시 플로우의 세 번째 범주는 생각과 유행thoughts and fashion이다. 도시는 사람들이 모여 창의적이고 좋은 생각들을 만들어내는 곳이다. 즉, 도시는 예술, 과학, 문학을 발전시키고 자유와 휴머니즘 그리고 민주주의와 이데올로기를 만드는 창조적인 공간이다.[330] 풍성한 유통망들은 이런 도시의 창의성과 열정이 열매를 맺을 수 있도록 사람들의 생각을 촉진한다. 새로운 정보와 거센 경쟁은 사람들에게 새로운 욕구를 만들고 많은 시설과 서비스는 이들의 열정을 성취할 수 있도록 돕는다. 여기에 미디어와 기술의 혁명적 발전은 오랫동안 잠재됐던 사람들의 자아의식과 시민 의식을 깨운다. 태생적인 문화권과 국가 안에 갇혀 있던 사람들에게 이 세계화의 물결과 도시의 플로우들은 새로운 아이디어, 기호, 유행, 욕구, 유통망, 인간관계를 만드는 에너지이다.

이처럼 물류, 사람, 생각들은 도시의 곳곳을 물 흐르듯이 돌아다닌다. 여

---

329) Statista 2020 − Trends in global export volume of trade in goods from 1950−2018. https://www.statista.com/statistics/264682/worldwide-export-volume-in-the-trade-since-1950/
330) William Alexander Robson, *Great Cities of the World; Their Government, Politics and Planning*(London:Allen and Unwin,1954)

기에 사람들 간의 상호작용과 성공에 대한 욕구는 펌프와 같이 이들 도시 플로우들을 힘차게 퍼 올리는 구동력이다. 그리고 세계화의 영향력과 현대의 과학기술은 이들 플로우의 영향력을 엄청나게 증가시킨다.

 물류, 인구, 생각의 플로우들은 각자 단독적으로 움직이기보다 서로서로 자극하며 함께 흐르고 또 서로를 구동시키는 원인과 결과이다. 먼저 물품과 물자의 플로우들은 여러 다른 플로우들을 함께 흐르게 자극한다. 예를 들어 청바지 하나를 생산 유통하는 것만 생각해 보아도 쉽게 알 수 있다. 청바지 하나가 소비자의 손에 도착하기 위해서는 수없이 많은 회사와 유통업자들이 연결 해야 한다. 만약 공장을 해외로 옮기면 원료를 재배하는 농장, 화학공장, 소모품 공장들은 물론 인력시장과 금융 역시 엄청난 지각변동을 겪는다. 해외의 공장에서도 파견된 직원과 현지 직원들 가운데 많은 문화간 접촉이 발생하고 그 결과로 상대방의 문화와 소비 패턴이 확산한다. 물류의 플로우에도 영향을 주는데, 파견한 주재원과 그의 가족을 위해서 세계적인 체인망을 가진 식당, 소비재 그리고 유명한 학교의 분교가 지구 반대편으로 흘러간다.[331] 이와 반대로 본래 회사가 있던 곳에는 그 떠나버린 공장으로 인해 하청업체, 노동 시장과 금융시장에 충격이 가고 이로 인한 사회적 긴장과 경제위기가 생겨난다. 나아가 그곳의 정치적 지각도 변화한다. 이처럼 하나의 청바지를 생산하는 데에도 단순히 물품이 이동하는 것만이 아니라 수없이 많은 플로우들이 역학관계를 만들며 함께 흐른다.

 사상과 생각이라는 플로우가 흐를때에도 다른 플로우들이 함께 움직인다. 사회가 다원화pluralistic하면서 한 귀퉁이에만 있던 사람들의 생각, 철학, 종교, 그리고 가치관과 유행이 여러 문화권과 지역으로 쉽게 확산한다. 어떤

---

[331] Ulrich 1944-2015 Beck and Ciaran(Ciaran P.) Cronin, *The Cosmopolitan Vision*(Cambridge, UK ; Polity, 2006)

사상이나 종교, 가치관이나 유행 같은 생각의 플로우가 확산할 때는 이와 관련된 물자와 사람 간의 왕래도 늘고 이를 가능케 하는 교통, 유통 시설들도 늘어난다. 한 예로 이슬람 신앙이 확산할 때 이는 단순한 신앙만의 확산을 넘어 아랍과의 물적 인적자원의 교류가 늘어나고, 이에 따른 아랍 민족들의 언어, 정치·경제적 지위도 향상된다. 여기의 해마다 수백만의 무슬림들이 성지순례를 하면서 만들어 내는 플로우의 이동과 소비는 엄청난 경제효과를 만들어 낸다.

사람들의 이동도 플로우의 복합적인 흐름을 만들어 낸다. 이민은 물론 해외 유학파들이 귀국을 하거나 새로운 기술을 수입할 때도 단순히 기술과 학문만 들어 오는 것이 아니다. 이들을 통해 외국의 철학, 가치, 취향, 오락 등이 함께 따라 들어온다. 결과, 사람들은 다른 지역의 음식과 유행을 좋아하고 새로운 가치관과 철학은 확산한다. 이런 현상은 국내 이주에서도 찾아볼 수 있다. 예를 들어 시골에서 도시의 노동 시장에 진출한 젊은 부부로 인해 재화가 시골의 부모에게 흘러가고 자녀들은 도시 학교에서 부모들이 배워보지 못한 교육을 받는다.

세계적 차원의 플로우들

도시는 세계화의 영향을 가장 직접적으로 받는 공간이다. 사람들은 도시에서 도시로 이동하고, 또 사람들이 많은 곳에는 정보와 물류가 모인다. 세타 M. 노니니Setha M. Nonini는 현대 도시를 "세계적 자본에 좌우되는 플로우의 공간과 장소가 복잡하게 상호작용을 하는 곳"이라 했다.[332] 도시는 세계화의 영향을 일방적으로 받기만 하는 것이 아니라, 자신들의 영향을 세계의 다른 도시들에게도 미친다. 이런 이유로 도시는 세계화를 촉진하는 주도적 공간이

---

332) Low, "Spatiality," 25-26.

라 할 수 있다.

세계화 현상은 멀리 떨어져 있던 대상과 이슈들을 연결하여 상관관계를 형성하고, 그 결과 많은 사람들이 세계적 현상에 직·간접적으로 영향을 주고받도록 한다.[333] 세계화는 곳곳에 흩어져 있던 사람, 재화, 아이디어가 세계적 차원에서 연결되는 현상이다. 그러므로 세계화는 사람들이 "…지구 반대편에 있는 사건에 커다란 영향을 받는 매일의 삶"을 살도록 만든다.[334] 세계화는 도시와 그 주변에 머물던 플로우의 규모와 범위를 이제 도시와 도시로 나아가서는 다른 국가의 도시들과 연결하도록 만들었다.

플로우 흐름의 범위가 세계적인 규모로 성장하기까지는 기술의 진보와 국제적 협력이 있었기에 가능했다. 교통과 통신 같은 과학기술의 엄청난 진보는 지구 반대편에 있는 자원들까지도 쉽게 접근할 수 있게 했다. 대규모 물량을 수송하는 컨테이너 터미널과 공항, 대량 생산 기술, 식량 생산 및 보건·기술, 금융시스템, 그리고 신속 정확한 미디어의 발달 모두는 세계적 연결을 촉진한다.

국제적인 협력 기구와 조약treaty들도 플로우가 세계적인 규모로 발전하는 데 크게 이바지한다. 예를 들어 국가 간에 자유무역협정Free Trade Agreement을 맺거나, 유럽연합the European Union 같은 경제 블록이 탄생하는 경우 해당 나라들 사이의 교류는 엄청나게 증가한다. 영어는 물론 중국어, 아랍어, 스페인어, 프랑스어처럼 언어권이나 역사적 관계를 기반으로 한 정치·경제의 블록화 역시 교류를 증대한다. 여기에 기술의 발전으로 통역과 번역이 수월해지

---

333) 여기서는 세계화 현상의 특징중 하나인 connection에 대하여만 다룬다. 그 외의 세계화 현상의 개념으로는 다음을 참조할 것. Bryant L. Myers, *Engaging Globalization: The Poor, Christian Mission, and Our Hyperconnected World*, Mission in Global Community(Grand Rapids, Michigan: Baker Academic, a division of Baker Publishing Group, 2017), 33-51.

334) Smart Alan and Smart Josephine, "Urbanization and the Global Perspective," *Annual Review of Anthropology*, 2003, 265.

면서 서로의 간격은 더욱 가까워진다. 인류의 안전과 번영을 위해 결성한 유엔the United Nations같은 국가 간 협력 기구와 세계 무역기구World Trade Organization나 세계보건기구World Health Organization같은 국제적 기관들도 세계 인류를 보건과 혜택이라는 주제 아래 서로 연결한다.

이민자의 증가로 인해 등장한 초국가성trans nationalism 도 세계적 연결을 촉진하는 동력이다. 본국과 정착지 간의 다리 역할을 하는 이민자들은 음식과 물자의 수출입은 물론 여행, 경제, 금융, 정치적 영향력이 흘러갈 수 있는 초국가적 연결망들을 세계 곳곳에다 만든다. 해외의 도시 민족촌은 대표적인 초국가적 장소이다. 예를 들어 전 세계 주요 도시의 유대인이나 중국인 거리에는 어김없이 이들이 운영하는 금융, 보석점, 식당, 플라자들이 성행한다.335 이들 연결망 들은 모 국가와 이민 국가 사이에 엄청난 물품과 인적 교류를 만들어낸다. 초국가주의는 자신들의 고향 땅에도 변화를 불어넣는다. 이민한 사람들이 고향에 소개한 새로운 기술, 유행, 소비재와 정보는 이들의 고향을 세계라는 무대 앞으로 나오도록 만든다. 이러한 연결됨의 결과로 세계의 도시들은 전 세계적인 플로우의Intra-global flow 입구와 출구가 되는 것이다.

네트워크와 플로우의 만남

도시는 사람 간 상호 교류의 중심지node of interaction 역할을 한다. 일방적으로 도시를 관통하는 강과 달리 사회적 플로우는 바로 사회적 필요라는 구동력에 의해 플로우가 도시 안으로 유입, 분배, 재생산된다는 점이다. 즉 플로우를 주도적으로 수입하고 재분배하고 재창조하는 것은 여전히 사람들이다. 역으로, 플로우도 사람들을 움직인다. 마을 사람들이 빨래를 하기 위해서 강

---

335) P. Levitt and Schiller Gulick, "Transnational Perspectives on Migration: Conceptualizing Simultaneity," *Internationl Migration Review* 38, no. 3(2004): 1002-39.

가로 모이듯이 도시의 플로우들은 사람들을 모으고, 서로 협업과 경쟁을 하고 또 창조와 파괴적인 행동을 하도록 만든다. 사람과 플로우 간의 상호 교류는 새로운 건조 환경을 만들어 내고 이들 건조 환경은 역으로 다시 새로운 상호 교류를 하도록 촉진한다. 그래서, 게리 W. 멕도노우Gary W. McDonogh는 "플로우들은 사람들 간의 상호 교류를 만드는 강력한 도구이면서 물질문명과 인간 사회와 문화를 건설하는 데에 뗄레야 뗄 수 없는 존재이다."[336]라고 했다. 이러한 도시의 풍부한 플로우들과 사람들의 상호 교류로 인해 도시의 건조 환경은 계속 변화한다.

이처럼 플로우와 사회의 상호 교류는 도시를 고정된 것이 아니라 '변화의 과정 중'에 있게 만든다. 마치 사람이 태어나고 성장하고 생산하고 마지막에 노쇠하여 죽듯이 도시도 플로우를 섭취하고 창조적인 활동을 하면서 일생을 살아간다. 이 변화의 과정 중이라는 관점은 나아가 도시를 시공간적 차원뿐 아니라 플로우의 공간as a space of flows으로 볼 수 있도록 만들었다. 그 결과 도시학의 범위를 도시의 플로우, 다양한 변화 과정, 그리고 도시 안의 역학관계에까지 확대할 수 있도록 하였다.[337]

전 세계적인 연결망은 도시인들의 삶에 막대한 영향을 준다. 이들 외부 세계와의 연결은 사람들의 인식과 가치를 바꾸고 또 새로운 가능성과 기회를 만들어 낸다. 확산된 자유와 인권의식은 사람들에게 더 많은 기회를 얻고 능력을 발휘하도록 하였다. 아이러니하게도 이 세계적인 연결은 개인들의 삶을 다시한번 더 불안하고 피폐하게 만들기도 한다. 사람들은 무한 경쟁에 강제적으로 참여해야 하고, 물질만능주의와 성공주의라는 덫에 걸려들어 비인간적인 삶에 노출되기 때문이다. 이 세계적인 연결은 사람들의 소셜 네트워크와

---

336) McDonogh, "Spatiality," 44.
337) Ibid., 28-29.

사회적 신분도 요동치게 만든다. 새로 생긴 기회들로 인해 하루아침에 신분 상승을 하는가 하면 반대로 신분이 급락하거나 특권층이 사라질 수도 있다. 사람들은 경쟁에 뒤처지지 않기 위해 사회적 자원을 최대한 확보하고 자신의 소셜 네트워크의 확장에 어느 때보다 큰 노력을 기울인다.

지금까지 살펴본 대로 도시의 플로우들은 마치 몸의 혈관과 같이 몸의 곳곳을 다니며 영양을 공급한다. 도시의 플로우들은 한 가지가 단독적으로 흐르기보다는 서로에게 원인과 결과가 되어 복합적으로 반응하며 흐른다. 이 플로우 자신의 힘으로 흐르는 것이 아니라 관련된 사회의 필요라는 구동력에 의해 이동한다. 세계화는 도시의 곳곳을 세계적 연결망 아래에 두었다. 본래부터 새로운 생각과 욕구를 생산해오던 도시 사회는 이 세계적인 규모의 연결됨으로 인해 자신의 관심을 세계적인 차원으로 확대하였다. 여기에 기술의 혁명은 그 연결망을 실제로 작동할 수 있도록 했고 또 시공간을 압축하여 사람들의 욕구를 보다 실현할 수 있도록 만들었다. 그러므로 플로우, 도시 사회와 연결망은 펌프와 파이프처럼 플로우를 흘려보내는 상호 보완적이며 서로의 원인과 결과라 할 수 있다.

계층을 고착시키는 플로우

평등을 가치로 여기는 현대 사회에도 신분과 사회계층은 여전히 존재한다.[338] 사람들은 자신의 신분에 맞게 행동하면서 사회의 균형을 깨뜨리지 않으면서 살아간다. 신분은 사람들을 그룹으로 나눌 뿐 아니라 정보와 권력을 차별적으로 소유하게 만든다.

---

338) 게리 페라로(Gary Ferraro) 는 평등의 정도에 따라 사회를 세가지로 구분을 했는데, 주로 사냥이나 채집사회를 하는 Egalitarian society, 우두머리 밑에서 자원을 재분배받는 Rank society, and 산업사회(industrial society)나 시장 경제(market economies) 국가에서 볼 수 있는 Stratification society 이 그것이다. Ferraro, *Cultural Anthropology*, 267.

사회계층이란 그룹 간에 불평등함이 반복되다가 나중 제도적 또는 관념적으로 불평등이 정착 된 체계이다.[339] 위계질서가 있어야 하는 이유는 필요로 하는 자원과 기회, 즉 플로우에 한계가 있어 불평등한 분배를 줄 수밖에 없기 때문이다.[340] 이런 불평등한 상태가 사회 전체에 나타나면 이 과정을 계층화stratification라 하고 이 계층화가 굳어지면서 만든 구조를 계층구조라고 한다.[341]

계층을 구분하는 척도scale는 여러 가지가 있지만 이들 척도들이 공통적으로 가리키는 것은 그 사회의 희소한 플로우를 소유할 수 있는 능력에 대한 것이다. 예를 들어 칼 마르크스Karl Marx는 사회의 희소자원을 경제와 생산능력에 국한한 결과 사회의 계층을 자본가 브루조아와 프롤레타리아 층으로 나누었다. 경제적 능력을 계층 형성의 척도로 삼는 것은 서구 사회에서도 마찬가지이다. 이들 역시 계층을 경제 수준을 기준으로 나누는 것에 익숙하다.[342] 그러나 경제적 플로우만을 가지고 그 계층을 나누기에는 사회가 너무나 복잡하고 유기적이다. 즉, 경제 외의 다른 조건도 계층형성에 기여한다. 예를 들어 사람들은 "종교, 민족, 상징성의 차이 그리고 정치권력의 소유 여부"[343]를 가지고도 사람들 간의 계층을 만든다. 또한 좋은 전통, 교육, 지도력, 활동,

---

339) 한완상, 한균자, 『인간과 사회』(서울: 한국방송통신 대학교 출판부, 2011), 236.
340) 사회의 계층화는 경제적 자원이나 특권이 불평등하게 부여되는 것을 반복적으로 경험 할때 만들어 진다. 계층화된 사회에서는 개인이 경제적 자원이나 명성을 얻을 수 있는 기회가 개인주의 사회 보다 더 많다. 결과 경제적 정치적 차이가 불평등으로 이어지고 계급의 차이는 계층별로 다른 집단에 소속 된것으로 만든다. James P. Spradley and David W. McCurdy, *Anthropology, the Cultural Perspective*(New York: Wiley, 1980), 151.
341) 한완상, 한균자, 『인간과 사회』, 236-37.
342) 로이드 W. 워너(Lloyd W. Warner)와 폴 S. 런트(Paul S. Lunt)는 경제 능력을 기준으로 미국인들의 계층을upper upper, lower upper, upper middle, lower middle, upper lower, and lower lower로 나누었다. W. Lloyd Warner and Paul S. Lunt, *The Status System of a Modern Community*(New Haven; London: Yale University Press; H. Milford, Oxford University Press, 1942), 262-70.
343) Mark Gottdiener and Ray Hutchison, *The New Urban Sociology*, 3rd ed.(Boulder, Colo.: Westview Press, 2006), 140.

음악, 예술, 언변술 등으로 그 사회의 문화적 신분을 정한다. 높은 문화적 수준을 유지하는 사람들에게 사회는 소위 뼈대 있는 집안이라는 지위와 특권을 부여해 주고 사람들의 존경을 받는다.[344] 법적 신분은 훨씬 강력한 신분을 보장한다. 예를 들어 시민권, 군대의 상관, 면책 특권 등은 국가가 법적으로 보장하는 자격이다. 이처럼 계층이란 눈에는 뚜렷이 보이지 않더라도 모두가 이미 잘 알고 있는 차별된 그룹 간의 역학관계이다. 이처럼 그 사회의 중요한 플로우의 확보능력은 그 사회의 신분을 보장 하고 그 보장된 신분은 다시 더 많은 플로우를 확보하는 기회가 된다. 그러므로 플로우의 확보는 그 사회의 신분과 계층을 굳히는 힘이 되는 것이다.

단절을 만드는 플로우

사회 안에 계층구조가 조성되면 그 사회는 사람들에게 신분을 나눠준다. 플로우들은 기존의 사회체계를 강화하기도 하고 반대로 변화를 유도하기도 한다. 사회계층은 오랜 역사를 통해 형성된 견고한 사회적 구조여서 사람들은 그것을 당연히 지켜야 할 질서로 받아들인다.

계급과 계층은 서로 흡사한 개념이나 계급은 좀 더 구별이 뚜렷하고 응집력이 강한 경우에 주로 사용한다. 예를 들어 마르크스의 이론Marxism에서 자본가와 무산자처럼 두 그룹 간의 단절과 대립을 조명하는 경우는 계급이라는 단어를 사용한다.[345]

일단 계층화가 굳어지면 그들은 자신에게 맞는 사회적 자원, 소비 스타일, 생활 반경과 네트워크 같은 사회적 체계social system를 만든다. 같은 계층

---

344) Eugene Albert Nida, *Message and Mission*; *the Communication of the Christian Faith*, [1st](New York: Harper, 1960), 160-62.
345) 카스트 제도가 많이 없어진 현대에 와서는 계급을 사회계층과 혼용해서 사용 한다. 이 책에서도 사회계층(social stratification)과 계급(class)을 특별한 구분 없이 사용할 것이다. 한완상, 한균자, 『인간과 사회』, 237-38.

사람들은 시간, 재화, 소셜 네트워크, 기회와 같은 사회적 자원을 사용할 수 있는 능력이 비슷하므로 사회생활도 신분별로 특징을 보인다. 예를 들어 같은 직업군에 속한 사람들은 생활 스타일도 어느 정도 유사해진다.[346] 연구에 따르면 산업직 기술자들은 직장 안에서는 물론 직장 밖에서도 사무직 사원과는 다른 삶의 패턴들을 갖는다.[347] 마찬가지로 상류층도 자신만의 패턴을 만들고 유지하기 위해 자신의 신분에 걸맞은 생활 스타일과 소비재를 사용한다.

소비활동은 사람들의 계층을 표현하는 대표적인 문화적 상징이다. 비록 법적으로는 평등하더라도 사람들의 직장, 자가용, 거주지, 식료품 판매소, 선호하는 음료, 심지어는 출석하는 교회를 보면 그들의 신분을 짐작할 수가 있다.[348] 이처럼 같은 계층 사람들은 "각자 자기 계층의 신분을 강화하는 방식으로 소비활동을 한다."[349]

소비활동과 장소가 결합하면서 계층화는 더욱 뚜렷하게 드러난다. 비슷한 수준의 사람들은 비슷한 장소에서 집을 구하고 비슷한 수준의 직업을 갖기 때문이다. 사람들의 성별, 인종, 지위와 같은 사회적 요소들은 그들이 활동하는 장소가 결합하면서 그 지역만의 독특한 이미지와 사회적 이슈들을 만들어낸다. 예를 들어 어떤 지역은 빈곤과 불 균형적인 개발, 인종별 갈등과 높은

---

346) 이임스(Eames)와 구디(Goode)는 도시안의 노동 분업을 사회 계층과 소단위로 나누어 생각을 했다. 사회계층에는 부, 권력, 명성 등의 측면에서 정의된 거시 구조적 계층(hierarchically ranked strata)이 있고, 소 단위에서 노동 분업에서 특정 역할을 통해 정의된 다양한 직업 집단으로 나뉜다. Eames and Goode, Anthropology of the City, 198.
347) E. E. 르 마스터스(E. E. Lemasters)는 블루칼라 노동자들이 비슷한 생활 패턴과 생활 수준을 가지고 있다는 것을 발견했다. 블루 칼라 노동자들이 퇴근 후 동료들과 술집에서 시간을 보내거나 주말에 가족과 시간을 보내는 방식역시 화이트칼라의 생활과 달랐다. Lemasters, *Blue Collar Aristocrats*.
348) 폴 히버트와 메네시스 엘로이스 히버트저, 이대헌과 안영권 공역, 『성육신적 선교사역: 교회사역을 위한 선교현장 이해』, 323–30.
349) Gottdiener, Hohle, and King, *The New Urban Sociology*, 262.

범죄율을 보이고 또 어떤 지역은 주로 과학자나 정치인들이 살면서 사회적 이미지를 만든다. 즉, "… 사회적 요소와 공간적 구조의 상호작용에 의해" 사람들 간의 계층도 강화가 된다.350

굳어진 계층이 특별한 이변이 없는 한 계속 유지되는 이유는 그러한 사회적 체계를 유지할 힘 있는 집단이 있기 때문이다. 상위 계층으로 갈수록 힘이 있다 보니 권력자들은 자신의 기득권을 보호하기 위해 플로우를 최대한 끌어 모은다. 자신의 계층을 유지하고 다른 계층의 견제를 막기 위해 고급 계층은 고급 플로우를 선점한다.

계층간 불균형이 클수록 폐쇄성도 강화되고, 이는 필연적으로 다른 계층과 심한 단절을 일으킨다.351 이러한 단절은 타 계층에 대한 편견과 피해의식을 부르고 서로 간의 담을 높인다. 이러한 불신과 높은 담은 하나님 나라와 복음화의 차원에서 보면 그 문제가 훨씬 더 심각하다. 플로우의 독점은 특권의 세습과 가난의 대물림의 차원을 넘어 사람들을 나누고 서로 미워하도록 만든다. 또한 사람들의 성공 주의를 자극하여 그리스도인들 마저도 성공의 노예로 만든다. 결과적으로 도시는 기쁜 소식이 강물처럼 흘러가기에는 통로가 너무 많이 차단되고 통로 역할을 해주어야 할 사람들마저도 길을 잃기가 쉽다. 결과 도시는 다시 한번 앞 4장에서 설명한 도시형 신 미전도 그룹들을 양산하는 것이다.

민족과 인종의 담을 높이는 플로우

민족 간의 알력과 경쟁 역시 사회적 자본과 기회라는 한정된 플로우를 차지하고 우위를 선점하려는 노력이다. 민족 간 경쟁에서 승리하기 위해 그들

---

350) Ibid., 226.
351) Ibid., 266.

은 자신의 규모, 역사와 전통, 인적자원이나 정치적 힘도 동원한다.[352] 시간이 가면서 "이러한 민족 간의 서열은 점점 굳어지고…" 이것이 발전하면 "자원을 차별적으로 분배하도록 만드는" 민족 간 서열ethnic hierarchy 체계가 정착한다.[353]

제도화된 민족 간 서열은 사람들의 생각 속에 어떤 민족에게 높거나 낮은 지위를 정하는 민족 간 자리매김ethnic positioning을 하도록 만든다. 어떤 경우는 이 민족 간 자리매김이 대단히 뚜렷해서 심지어 법과 제도로 이러한 차별을 보장하기도 한다.

그 민족의 자리매김은 그들의 주요 직업군에서 쉽게 나타난다. 주류 사회는 자신들 위주로 공용언어를 정하고 사회 제도를 운영하기 때문에 사회적 기반이 약한 소수민족에게는 같은 성과를 내기 위해서도 훨씬 더 많은 에너지를 사용해야 한다. 심지어 아무리 대학을 졸업해도 취업이나 승진에 필요한 사회적 자원들이 주류 민족과 비교가 안 될 정도로 열악하므로 사회활동이 불리할 수밖에 없다.

더군다나 일상생활을 주로 민족이라는 경계선 안에서 하는 사람들은 항상 내부의 정보만으로 살아가야 한다. 외부 정보의 부족과 제한된 기회로 인해, 소수민족은 유사한 직업군에 종사하며 서로 인접한 지역에 거주하는 경향이 있다. 예를 들면 백인들은 주로 고소득 업종과 사무직 직종에 편중된 반면 소수 유색 인종들은 택시 운전이나 재단업에 종사한다면 그 사회의 민족별 자리매김은 선명하다고 볼 수 있다.[354] 한번 자리매김을 한 사회는 그에 맞는 플로우를 흡수하고 그 결과 민족별 자리매김은 점점 더 고정된다.

---

352) Donald Noel, "A Theory of the Origin of Ethnic Stratification," *Social Problems* 16, no. 2 (1968): 157-72.
353) Philip Q. Yang, *Ethnic Studies : Issues and Approaches* (Albany: State University of New York Press, 2000), 61-62.
354) John Gulick, *The Humanity of Cities : An Introduction to Urban Societies* (Granby Mass: Bergin & Garvey, 1989), 141-42.

계층은 매우 섬세하고 복잡하여, 동일한 인종과 민족 내부에서도 다시 세분화된 계층이 존재한다. 예를 들어 이민자들 중에도 과거 모국이 가난하던 시대에 이민 온 사람들은 대다수가 이민지의 민족촌에서 평생 낮은 계층으로 살아간다. 하지만 모국이 부강해지면서 고등교육을 받고 전문 기술직에 종사하다 이민 온 사람들은 처음부터 중산층과 전문직으로 진입해 살아간다. 거주지 역시 도시 내의 민족촌이 아닌 좋은 학군과 교외로 흩어져 산다. 따라서 같은 민족이더라도 그 안에는 엄연한 계층적 자리매김이 있는 것이다.

이주민이나 인종 중에 주류 사회와의 교류가 많은 그룹은 재정적 사회적으로 지위가 상승하지만 자민족 내부와의 교류는 감소한다.355 예를 들어 미국의 흑인들 간에도 중산층 진입에 성공한 젊고 교육받은 흑인들은 소비와 문화가 백인들과 비슷하고 거주지도 백인들과 같은 동네에서 살아간다.356 결국 그들 사이에도 계층이 생기고 그 계층 역시 고정이 된다.357

계층에 변화를 주는 플로우

플로우가 계층의 고착화를 부추길 수도 있지만 반대로 계층을 유지하던 굳은 틀에 변화를 유도할 수도 있다. 마치 굳어버린 흙 사이로 물이 스며들듯이 도시의 플로우들은 단단하고 고정된 도시의 사회계층에 변화를 준다. 현대 도시에서 유통되는 자원은 시민들이 더 많은 정보와 사회적 자원을 접하게 한다. 이는 다시 새로운 자아 인식과 시민의식이 되어 오랫동안 변할 수 없이 보이던 곳의 사회적인 개혁social movement의 원동력이 된다.

사회의 변화는 기본적으로 기존의 사회체계와 권위, 가치와 자아의식에

---

355) Achor, *Mexican Americans in a Dallas Barrio*, 116-21.
356) Ulf Hannerz, *Soulside : Inquiries into Ghetto Culture and Community*(New York: Columbia University Press, 1969), 38-57.
357) Steven Gregory, *Black Corona: Race and the Politics of Place in an Urban Community*(Princeton, N.J.: Princeton University Press, 1998)

대한 문제의식이 있어야 시작할 수 있다. 정보의 보편화는 새로운 의식을 열어가는 데 선도적 역할을 한다. 정보 공급을 확대하면 특정 계층만이 갖던 기회도 전체에게 확산하고 그 새 정보를 익숙하게 다룰 수 있는 새로운 엘리트 집단이 등장한다.[358] 정보화 시대에서는 다양한 엘리트 집단들이 출현할 뿐 아니라 사회를 움직이는 사회적 권력층도 재편된다. 그렇기 때문에 정보사회의 도래는 권력을 이동시키고 새로운 엘리트층의 등장도 잦아진다. 결국, 정보와 권력의 확산은 사회를 개혁하는 힘을 만들어 낸다.[359]

정보만이 아니라 인구의 이동, 소비재의 확산, 산업과 경제 구조의 변화, 정치 환경의 변화도 사회 개혁의 모멘텀을 바꾸는 힘이다. 변화 현상의 뒤에는 항상 플로우 흐름의 변화가 있다. 마치 혈관을 통해 근육에 영양을 공급하면 그 근육이 창조적인 일을 하듯이 플로우들은 도시의 사이 사이를 흘러 다니며 변화할 수 있는 힘을 공급한다.

도시의 계층을 흔드는 플로우

사회계층이나 신분은 보통 부모와 문화권으로부터 물려받은 귀속적 ascribed 신분과 자신의 노력과 행불행으로 인해 성취한 업적적achieved 신분이 합하여 만들어 낸다. 신분제도에는 계급과 카스트caste가 있는데 카스트는 성취한 지위가 아닌 태생적 지위로 사회를 운영하기 때문에 사회적 유동성을 크게 제한하는 제도이다. 어떤 카스트 제도는 심지어 현대 도시 안에서도 여전히 그 힘을 발휘한다. 예를 들어 인도에서는 가죽을 다루는 일은 천한 일이어서 주로 낮은 계층들이 가죽을 다룬다.[360] 자연히 가죽 장사는 천한 일이 되고

---

358) Manuel Castells, *The Rise of the Network Society*, 2nd ed., vol. 1, Information Age(Malden, Mass.: Blackwell Publishers, 2000)
359) 여기서 소개한 마뉴엘 카스텔스(Manuel Castells)와 에릭 스윈게도우(Erik Swyngedouw)의 케이스는 게리 W. 멕도오(Gary W. McDonogh)의 글에서 아이디어를 얻은 것이다. McDonogh, "Spatiality."
360) Gregory, *Black Corona: Race and the Politics of Place in an Urban Community*; Owen Lynch, *The*

이 일에 종사하는 사람은 가난을 대물림하며 살아간다.

신분의 변화란 사회계층을 이동하는 것을 말한다.[361] 매우 드물었지만, 전통사회에도 결혼, 입양, 출세, 기부, 큰 공로, 가문의 몰락, 자연재해 등으로 신분의 이동이 있었다. 사회는 귀속이 아니라 노력과 성과를 통해 신분을 획득할 수 있어야 계층 이동이 가능하다. 그리고 사회와 문화의 구조가 다양하고 세분되어 진출할 기회가 풍성하고, 희소한 자원에도 공평하게 접근할 수 있는 투명하고 공정한 사회일수록 계층이동이 용이하다.[362]

도시 사회는 상대적으로 사회계층의 이동성이 좋아서 신분의 변화가 비교적 용이하다. 도시 사회는 성취와 기능이 중요한 사회이므로 태생적 신분보다 성취한 신분적 성격이 강하다. 더군다나 사회구조는 무한대로 분화하고 개인들이 선택할 수 있는 곳도 다양하고 권력이 여러 사람에게 분산되어 있다. 고용주 역시 경쟁에서 이기기 위해서는 직원들로 부터의 좋은 평가가 중요하다.

사회의 분화는 사회적 자원을 수없이 재분배해야 하고 이 과정에서 그룹과 그룹 간에 상호 교류가 폭발적으로 증가한다. 이러한 가운데 많아진 기회들은 계층 간 이동을 용이하게 하고 신분 상승도 가능해진다. 이러한 기회와 경쟁적 환경으로 인해 도시인들은 재정적인 성공, 고급 학력, 중요한 사람들과의 연결망과 같은 신분 상승의 사다리를 확보하기 위해 불철 주야로 노력한다.

이처럼 전통적 사회계층이 변하고 개인들이 자발적으로 신분 상승을 위해 뛰어들 수 있는 것은 계급 투쟁과 같은 폭력적 혁명도 아니고 순전히 개인

Politics of Untouchability(New York: Columbia University Press, 1969)

361) 제임스 P. 스프레들리(James P. Spradley)와 데이빗 W. 멕커디(David W. McCurdy)는 계층의 이동이란 사회계층 구조에서 지위를 얻는 과정"이라 정의 했다. Spradley and McCurdy, *Anthropology, the Cultural Perspective*, 160.

362) 한완상, 한균자, 『인간과 사회』, 252-54.

들의 노력만도 아니다. 여기에는 플로우가 자유롭게 흐를 수 있는 도시환경과 그 도시의 플로우를 많은 사람들이 접할 수 있게 한 사회환경이 있었기에 가능한 것이다.

민족 간 계층을 흔드는 플로우

플로우의 흐름은 오랫동안 유지해 오던 민족 간 우열에도 지각변동을 일으킨다. 이러한 지각변동을 촉발한 요인 중 하나는 국가 주도의 정책 변화이다. 많은 국가는 국내의 여러 민족들에게 공평한 기회를 제공하기 위한 제도들이 있다. 심지어 소수민족에게 오히려 더 많은 혜택을 주는 소수민족 우대 정책을 실행하기도 한다. 그 결과 그동안 소수 민족들에 대한 고정관념에도 변화가 일어난다.[363] 열등한 민족으로 여겨왔던 어떤 민족은 개선된 교육 환경과 성공의 기회들을 적극적으로 활용해 사회적 지위를 상승시킨다.

각 민족들의 개방성과 변화에 대한 적극성 역시 민족 간 자리매김에 영향을 미친다. 국가적 시행을 신속하게 받아들이고 기회를 선점하는 민족들은 그렇지 못한 민족에 비해 빠르게 힘을 얻고 우월한 위치를 확보한다.[364] 예를 들어 2000년 현재 중국의 대졸자 비율은 민족별로 크게 차이가 난다. 국가 전체의 4년제 대졸자의 비율이 3.7%인데 비해 몽골족이 5.1%, 만주족이 4.7%, 그리고 조선족이 8.4% 이어서 주류 민족인 한족 3.8%보다 높다.[365] 이 세 소수민족은 모두 중국의 동북 지역에 가까이 사는데 그들은 유독 자녀들의 교육을

---

363) 밀톤 M. 고돈(Milton M. Gordon)은 미국의 흑인들과 현대 국가의 소수 민족이 유사한 역동성이 만들어 지는 것을 발견하여 이를 liberal expectancy라 명하였다. 이 liberal expectancy란 소수민족들이 전통적으로 받아왔던 기대(stereotyped expectancy)를 탈피하여 다른 기대들을 좀더 자유롭게 할 수 있게 되는 현상을 말한다. Milton M. Gordon, "Toward a General Theory of Racial and Ethnic Group Relations," in *Ethnicity*, ed. Nathan Glazer and Daniel Moynihan(Cambridge, MA: Harvard University Press, 1975), 84-110.

364) Horowitz, "Ethnic Identity," 111-40.

365) "National Bureau of Stastics of China"(Council Census Office, 2002), http://www.stats.gov.cn/english/Statisticaldata/AnnualData/.

중요시해 온 전통이 있다 보니 기회가 생기자 곧바로 자녀들을 대학에 진입시킨 것이다. 그 결과 이들 소수민족은 주류 사회인보다 더 빠르게 좋은 직장과 경제적 안정을 누려 소위 신흥 엘리트 그룹으로 등장한다. 하지만 이처럼 발 빠르게 국가의 정책을 수용하는 민족들은 자신의 정체성과 문화도 빨리 잊고 주류 사회로 흡수되기 때문에 민족 전통의 보존차원에서 불리 할 수 있다.

모국의 국제적 지위가 변하면, 이민지 사회에서 이민자들의 사회적 평가 또한 달라진다. 한때 전쟁 난민이나 가난한 국가에서 이민 왔던 사람들도 원 국가가 경제 정치적으로 위상이 격상하게 되면 자연히 그들의 지위도 격상한다. 이처럼 도시의 변화는 오랫동안 굳어있던 민족 간의 자리매김에도 많은 변화를 준다. 보통 민족의 위상이 바뀌면 그들의 직업군에도 변화가 생긴다. 한때 택시 운전이나 부동산업에만 몰려있던 직업군이 이제는 주류 사회에 들어가 다양한 직업군에서 일을 한다. 나아가 이 위상의 변화는 그 민족의 주거지, 교육 수준과 소비 트랜드까지도 변화하게 만든다. 이처럼 국가의 정책, 변화에 대한 수용성, 모국의 위상은 소수민족의 위상에 큰 영향을 미친다. 민족들의 변화에도 그 배경에는 여전히 플로우의 공급이 작용한다.

플로우를 흔드는 플로우

사회를 변화하기 위해 플로우의 효과적인 사용은 매우 중요하다. 그동안 사회의 지도자들은 변혁을 위해 새로운 기술의 도입도, 혁명도, 정책 선전도 시도해 왔다. 그러나 많은 경우 표면적인 성취는 이루었으나 사회가 구조적으로 변하고 커뮤니티 전반이 건강해지는 경우는 흔치 않았다. 이는 사회가 현재의 모습을 형성한 배경에 복합적 요인이 얽혀 있어, 일부 요소의 변화만으로는 질적 변화를 기대하기 어렵기 때문이다. 예를 들어 주민들의 건강 문제를 해결하기 위해서는 보건소 설치도 좋겠지만, 만약 그 건강 문제의 원인이 도시 빈민의 무기력함, 높은 범죄율, 인종적 편견 등 수많은 난제들이 얽혀서 만들어진 것이라면 보건소의 역할은 대단히 표면적이고 사후 처방에 그치기 쉽다.

도시 플로우의 흐름은 그 도시의 사회적 상태를 보여 주는 일종의 지표이다. 어떤 플로우를 생산하고 소비하는지 만으로도 그곳 사람들의 경제력, 보건 상태, 교육 상태 등을 추론할 수 있기 때문이다. 이 중 한 예는 에릭 스윙도우Erik Swyngedouw가 에콰도르Ecuador 의 과야퀼Guayaquil 지역주민들이 섭취하는 식수의 수질과 사회적 문제 간의 상관관계를 조사한 결과이다.[366] 스윙도우는 상류사회 사람들의 동네에서는 오염된 물을 마시지 않기 위해 멀리서부터 식수를 끌어 오는 반면 대중은 관개시설을 설치할 능력이 안 되어서 오염된 물을 마시며 사는 현상에 주목했다. 오염된 물로 인한 각종 질병은 가난과 교육 결핍에 이미 시달리던 대중의 삶을 한층 더 궁핍하게 할 뿐아니라, 범죄와 가정 문제의 증가라는 악순환으로 몰아넣었다. 이처럼 수질이라는 단 하나의 플로우만 보더라도 그 사회의 보건이나 교육과 같은 여러 생활상을 파악할 수 있는 지표가 된다.

도시 변화의 플로우들은 강물처럼 저절로 흐르지 않고 사회의 상태와 필요라는 구동력이 있어야 흐른다. 스윙도우가 "… 자연을 활용하느냐 마느냐는 그 사회의 움직임이 좌우한다. 그러므로, 자연과 사회와 도시는 따로 떨어진 것이 아니라 서로 연결하며 존재한다."[367]라 말한 것처럼 자원의 이동과 사용은 사람들이 결정한다. 그렇기에 도시 지도자의 지도력은 도시 자원의 사용에 관한 의지이기도 하다. 만약 사람들의 사회가 왜곡되고 불합리한 힘에 의해 움직인다면 사회 자원의 공급 역시 불합리한 경로로 왜곡되어 흐른다.

---

366) Erik Swyngedouw, *Social Power and the Urbanization of Water: Flows of Power*, Oxford Geographical and Environmental Studies(Oxford ; Oxford University Press, 2004)
367) Ibid., 175.

사회의 변화에 있어 효과적인 플로우의 사용은 절대적인 영향을 미친다. 예를 들어 도시 빈민촌이 새롭게 수도시설을 갖추게 되면 단지 멀리 물을 길으러 가지 않아도 되는 것을 넘어 집을 청결히 하고 수세식 화장실을 설치해 감염과 유아의 사망률을 낮춘다. 그리고 가사 업무가 효율적이 되면서 여성들도 경제활동에 참여하고 자녀들도 안정적으로 학교에 갈 수 있다.

새로운 미디어의 활용은 수도시설보다 더 광범위하고 빠르게 사회를 변화시킨다. 특히 온라인 미디어는 대중들을 실시간으로 움직일 수 있을 만큼 정보 전달의 속도를 높였다.[368] 예를 들어 1963년 8월 28일 약 250,000명이 참여한 '구직과 자유를 위한 워싱턴 행진' The March on Washington for jobs and freedom을 시행하는 데에는 준비만 수개월이 걸렸다. 그리고 이들의 요구가 받아들여져 미 의회를 통과하고 또 린든 대통령의 서명을 받기까지는 1년여의 세월이 걸려야 했다.[369] 하지만 2010년 튀니지를 시작으로 전 아랍에 확산한 아랍의 봄 집회나, 2017년 트럼프 대통령을 반대하기 위해 약 740,000명이 모인 워싱턴 여성행진 Washington Women's March은 해당 집회의 기획과 실행에 불과 며칠밖에 소요되지 않았다. 심지어 2014년 홍콩의 우산 혁명과 2020년의 민주 시위에서 사람들은 거의 실시간으로 장소를 옮겨 다니며 시위했다. 이처럼 새로운 미디어의 도입은 사회의 양상을 크게 바꿔 놓는다.

소수의 권력가가 사회의 어떤 한 분야를 바꿈으로 일으키는 변화와 달리 효과적인 플로우의 도입과 확대는 그 사회 내부에 변화의 힘을 부양해 줌으로써 성원들의 자발적이고 광범위한 변화를 끌어낸다. 왜냐하면 하나의 공급 경로를 변경하면 사회는 연속적으로 또 다른 플로우를 변경하면서 선순환을

---

368) "How online social movements translate to offline results", PBS NewsHour, broadcasted Jun 10, 2017. Accessed Sep 10, 2020. https://www.youtube.com/watch?v=_DTOc1uMOIU
369) Drew D. Hansen, *The Dream : Martin Luther King, Jr., and the Speech That Inspired a Nation*, 1st ed.(New York:Ecco,2003), 177.

끌어내기 때문이다. 나아가 사람들이 스스로를 개선할 수 있는 역량을 증대시키고 변화에 대한 희망과 자신감을 느끼게 한다.

이처럼 플로우들은 사용하기에 따라서 기존의 구조를 더욱 견고하게 하기도 하고, 반대로 메마른 흙 사이로 흘러온 물처럼 단단한 사회의 구조를 녹여 낼 수도 있는 것이다.

달리지 않으면 진다는 생각

도시가 주는 기회와 희망은 사람들이 이전에 갖지 않던 욕구와 꿈에 눈뜨게 만든다. 사람들은 TV에 나온 헐리우드 스타와 재벌을 보면서 부러움과 동경을 품는다. 세계화, 미디어 혁명, 자유와 평등 의식, 소셜 네트워크의 확장, 풍성해진 기회들은 도시인들을 '성공'을 향해 뛰도록 자극한다. 많은 사람들에게 기회를 나눠 주기 때문에 도시는 그만큼 경쟁도 치열하다. 도시인들은 그 성공을 위해 밤에도 낮처럼 일하고 성공을 위해서라면 어떤 것도 희생하겠다는 각오를 한다. 심지어 그들은 자신과 소중한 사람들을 돌보기보다는 사회에서 손뼉 쳐주는 그 성공을 향해 달려간다. 하지만 도시의 신분 상승은 노력한다고 쉽게 그 자리를 내어주지 않는다. 기득권층은 자신의 카르텔을 사용해 새롭게 자기 계층으로 들어오려는 이방인을 경계하고 배척하려 한다. 사회의 계층 구조는 복잡하고 상호 연결되어 있어, 기존의 계층을 벗어나기도 어렵지만 보이지 않는 유리천장을 뚫고 높은 계층으로 진입하기는 더더욱 어렵다.[370] 그래서 그들은 유리천장 한쪽에 있는 작은 구멍을 찾아내기 위해 모든 것을 걸고 노력한다.

아이러니하게도 이러한 신분 상승에 대한 절박함은 낮은 계층보다는 상

---

370) 본래 이 유리천장(Glass Ceiling)이라는 단어는 여성과 소수의 그룹이 신분상승이나 성공을 위해 올라가다가 부딪히는 장애물을 일컬을 때 사용하던 단어이다. 그러나, 이 유리천장은 신분 상승을 위해 노력하는 모든 약자들이 겪는 슬픈 현실이기도 하다.

류층이 더 강하다. 조사에 의하면 미국의 경우 보통 상위층의 사람들은 다른 계층 사람에게 더 배타적이며, 자신의 계층에서 떨어져 나가지 않기 위해 훨씬 더 큰 노력을 하는 것으로 나타났다. 반대로 중산층이나 낮은 계층 그리고 소외계층으로 갈수록 사람들은 계층 간의 경계의식도 줄고, 다른 신분으로 이동하는 것에 대한 거부감도 덜 한 것으로 나타났다.[371]

도시인들이 성공을 위해 이렇게 노력하는 또 다른 이유는 실패에 대한 두려움 때문이다. 가만히 있으면 뒤처지고 신분까지 추락할 수도 있다는 위기의식은 강력한 힘이 되어 그들을 전력투구하게 만든다. 이 두려움은 또 남을 돌보고 나눠줄 여유를 빼앗고 오직 성과를 내어야 한다는 절박함으로 자신을 몰아간다. 결국 이들은 쉬지 않고 달리지 않으면 실패자가 된다고 생각한다. 비록 정보가 많아지고 보편화되었지만, 이런 성공을 향한 절박함은 더더욱 도시의 자원들을 독점하고 또 좋은 것을 남들과 나누지 않으려 한다. 모두 달리거나 실패하기 move or lose 사이에서 살아남아야 한다고 생각하기 때문이다.

선교적 고찰

도시의 플로우들은 사회계층을 견고하게 하기도 하고 변혁을 일으키고, 또 신분 상승의 기회가 된다. 그 결과 사람들은 신분 상승을 향한 열정과 신분 하락에 대한 두려움을 함께 갖고 살아간다. 이러한 열정과 두려움은 기독교 사역자들에게도 예외는 아니다. 성공주의는 교회를 주님의 마음에 합당하게 하기보다는 더 크고 유명한 교회를 만드는 일에 몰입하도록 만든다. 비록 자신은 주님을 위해 일한다고 생각하지만, 그들 마음에는 역시 일반 일들과 마찬가지로 '달리든지 실패하든지'가 선명하게 새겨져 있다. 하지만 성공 주의는 자신과 사랑하는 사람들을 쉽게 파괴시키는 결과를 낳는다. 그렇다면 이

---

371) Warner and Lunt, *The Status System of a Modern Community*.

성공주의와 그 부작용으로 뒤덮인 도시에서 그리스도인은 어떤 사람이 되어야 하고 교회는 어떤 존재가 되어야 주님이 기뻐하실까?

도시 그리스도인들의 생각: 진정한 성공 분별하기

신분 상승을 위해 밤낮으로 노력하는 도시인들에게 주님은 어떤 말씀을 하실까?

성경은 계급 자체를 부정하지 않을 뿐 아니라 사회의 질서를 위해 그 필요를 인정한다.롬 13:1-5 심지어 자신의 한계를 인정하고 마땅히 생각할 그 이상을 품지 말고 믿음의 분량대로 지혜롭게 생각하라고 권한다.롬 12:3 그러면서도 성실히 노력한 결과 합당한 보상을딤후 2:6 받고 또 성공하여 높은 자리에 올라가는 것은 공의로운 하나님의 성품에 합당한 이치이다. 즉 노력은 성공을 위한 주요한 동력이요 하나님의 원리라 할 수 있다.살후3:6-10 성경에도 하나님의 축복을 받은 자들은 성공하고 높은 사람이 되기도 한다.창26:12-14; 39:2, 23

하나님은 새로운 계층으로 진입하는 것이 얼마나 수고로운 일인지 잘 아신다. 성경에서도 이삭이 농사를 통해 갑작스럽게 성공하자 그 땅의 블레셋 사람들이 위협을 느끼게 되었다. 정착민들의 눈에는 야만스러운 목축업자이자 외지인이었던 이삭이 정착민이라는 새로운 사회계층으로 진입하는 것에 당연히 거부감을 느꼈던 것이다. 그 결과 야곱은 자신이 공들여 판 우물을 정착인인 블레셋인들에게 수차례나 빼앗기고 또 아비멜렉 왕으로부터는 이주명령까지 받았다.창26: 14-25 비슷한 예로 목축업만 하던 롯이 소돔 성이라는 도시로 이주한 후 그곳 도시 사회의 일원이 되기위해 역시 신분 변화를 시도한다. 롯은 한동안 성공적으로 도시사회에 진입하는 듯했으나, 이해가 충돌하게 되자 소돔인들은 롯을 '우리'의 일원으로 여기지 않고 다시 외부인으로서 배격했다. 창 19:9 이처럼 성경의 인물들 역시 계층이동은 엄청난 노력이 필요했고 본토 세력은 여전히 이주민들의 정착을 어렵게 만들었다.

우리는 신분상승과 성공을 구별해야 한다. 주님은 신분 상승을 위해 고군분투하다 지친 도시인들에게 진정한 성공이 무엇인지 말씀하신다. 주님은 가지가 포도나무에 붙어 있어야 하듯이 무릇 그리스도에게 접붙여진 삶을 살 때만 우리가 열매 맺고 성공하는 삶을 살 수 있다 하신다. 요15: 4-5 즉, 우리의 성공과 삶의 만족은 무엇보다도 그리스도에게 접붙여 있고 그에게로부터 삶의 양분을 받는 삶이 되는 것이라 가르쳐 주신다. 고후3:5

그리스도께 붙어 있고 참된 양분을 받는 삶을 위해서 도시의 그리스도인은 어떤 생각을 해야 할까? 이를 위한 첫걸음은 지금의 나됨을 신분적 차원이 아닌 하나님의 섭리로 읽어야 한다. 왜냐하면 사람들이 만든 신분 개념과는 관계없이 나의 나됨 안에는 엄청난 하나님의 일하심이 들어 있기 때문이다. 하나님은 내가 어떠한 신분과 계층을 갖고 태어났는지를 잘 알고 계신다. 내가 태어난 국가와 민족, 나의 부모와 언어, 나의 피부색과 몸과 같이 주어진 ascribed 정체성은 내가 어머니의 태중에 있을 때부터 이미 하나님께서 정해 주신 것들이다. 사49:1; 시139:13 만약 그리스도인들 마저 나의 나됨을 인정하지 않고 연예인의 외모나 성공한 CEO와 비교하는 습관을 멈추지 않는다면 그리스도가 말씀하신 참된 성공은 불가능한 셈이다.

하나님의 섭리는 우리 삶 속에 있었던 신분 변화에도 작용한다. 전쟁 고아가 좋은 부모에게 입양이 되던지, 갑자기 가문이 몰락하거나, 지인의 소개로 행운을 얻든지, 불치병 치료를 위해 전 재산을 소진해야 했던 인생의 파도 속에서도 하나님의 섭리적 개입하심은 여전하다. 믿음의 눈으로 하나님의 섭리를 읽는 자는 어떤 일이 일어나더라도 욥처럼 '주신 이도 여호와요 거두신 이도 여호와시오니 여호와의 이름께 찬송'을 드릴 수 있는 자이다. 욥1: 22

우리는 현대 도시가 제공하는 풍성한 플로우 속에 살아간다. 하지만 사회의 계층은 여전히 높은 담장에 싸여있고 기득권자들은 여전히 자원과 정보를 통제할 힘을 가지고 있다. 모두가 뛰지 않으면 실패한다는 생각으로 밤낮없이 신분 상승을 위해 노력한다. 이때 그리스도인은 자신과 사랑하는 사람들을 위해 가져야 할 진정한 성공이 무엇인지 알고 자신을 지킬 수 있어야 할 것이다.

도시 교회들의 생각: 바꿔야 할 것과 지켜야 할 것

플로우의 흐름은 도시인들의 삶을 풍요롭게 하지만 성공 주의와 계층 간의 불신을 자극하였다. 이 성공주의 철학은 교회가 경각심을 가지기에 충분할 만큼 위협적이다. 왜냐하면 성공 주의는 교회의 관심을 과도하게 내부로 돌리고 교회의 본질과 정체성을 망가뜨리기 때문이다. 성도들 역시 성공할 미래를 위해 오늘을 희생하고 소중한 사람들을 놓치는 일이 빈번하다. 이러한 성공주의의 희생을 막기위해서 교회는 다음 몇가지를 가르쳐야 한다.

먼저, 교회는 성공에 대한 이원론적 자세를 내려놓으면서도 성공 주의를 옹호하지 않도록 주의를 주어야 한다. 교회는 성도들이 성공한 사람들을 존중하고 배울 점들은 배우도록 격려해야 한다. 한동안 교회는 사회적 성공을 세속적이고 속물다운 것으로 가르쳐 왔다. 그러나 성공은 밤낮없는 수고가 있으므로 가능한 것이기에 우리는 그 성실함을 인정하고 축하해 주어야 한다. 반면 성공 주의는 그리스도인들의 생각을 혼미하게 하여 나만을 위한 삶을 살게 만든다. 이런 사람은 겉으로는 하나님을 위해 일한다고 하나, 실제로는 자기 성공을 추구하는 비그리스도인들과 다르지 않다. 그러므로 우리는 신학생들이 대형 교회를 꿈꾸고 또 사역자들이 밤낮으로 열심히 사역하는 것이 소위 말하는 큰 성공을 위한 것이 되지 않도록 주의해야 한다.

그러므로 교회의 리더들은 예수님의 생애를 통해 참된 성공을 배워야 한다. 기업의 성공과는 근본적으로 달리 교회의 성공이란 이 땅에서 왕 노릇 하고 높임을 받는 것이 아니라 사람들이 하나님 나라를 맛볼 수 있도록 하기 위해 보냄을 받은 존재가 되는 것이다. 즉 교회의 성공이란 선교적인 존재와 상황적인 교회가 되어 듣는 사람들 사이에 성경적 변화를 일으키는 것을 의미한다. 요20:21 이를 위해서 교회는 성육신 하셨던 예수님처럼 지금 눈앞에 있는 사람들과 소통할 수 있으면서도 세상의 흙에 때가 묻지 않을 수 있어야 한다.

둘째, 교회는 세상의 신분이 아닌 하늘의 시민권을 받은 자들의 공동체가 되도록 해야 한다. 우리의 신분과 관련하여서 무엇보다 큰 것은 우리의 신분이 바로 하늘의 시민권이며 새로운 피조물이 되었다는 점이다. 고후5:17 성경은 신분상승과 성공을 위해 한평생을 소모하려던 우리에게 우리는 이 땅에 속한 것이 아니라고 말씀 하신다. 그리스도인은 사도바울 당시 사람들이 그렇게 부러워하던 로마 시민권이나 현대 선진국의 시민권과는 비교가 되지 않는 하늘의 시민권을 소유한 자들이다. 빌3:20 교회는 성도들이 도시인으로서 하늘의 시민권에 합당한 삶을 살도록 가르쳐야 한다. 이 가르침이란 신자들이 세상의 신분을 내려놓고 형제자매로서 교제할 수 있도록 돕는 것이다. 약2:1-6 아무리 노력해서 얻은 성공이라는 신분도 하늘의 신분 앞에서는 모두 같은 입장이 된다. 도시의 교회는 이처럼 교회 밖의 권력 구도나 계층 간 편견이 교회 안에서는 작용하지 않는다는 것을 알 수 있도록 해야 한다.

셋째, 교회는 도시의 플로우의 흐름이 교회에 미칠 위기와 기회에 대하여 의식하고 있어야 한다. 도시 안의 풍성한 플로우들은 유동적이기 때문에 자연히 사람들의 이동을 동반한다. 그 결과 교회 주변 환경을 새로운 선교지로 바꿔 놓는다. 단지 이민자들이 교회 주변으로 이사 오는 것만이 아니라 사람들이 변하고 쉽게 이동하기 때문이다. 교회는 고정 멤버들 중심의 폐쇄된 공동체보다는 새로운 사람들이 유입될 수 있는 자세를 가져야 한다. 과거 전성기에 통하던 형식이나 전통이 오늘날 교회에 짐이 되거나 새로운 교인들에게는 걸림돌이 될 수 있다. 그렇기에 교회는 항상 주변의 변화를 이해하기 위해 열고 오래된 담을 낮출 수 있어야 한다.

제8장
회사 앞 큰길에 온 선한 사마리아인

시작하면서

월요일 오전 회사 앞 큰길에 온 선한 사마리아인이 어떤 사람을 부축하고 있다면 그 쓰러졌던 사람은 어떤 모습이었을까? 현대적 모습으로 그린 선한 사마리아인의 그림에 자주 등장하는 병자나 노숙인의 모습일까?

예수님이 얘기해주신 선한 사마리아인은 여리고를 가는 길목에서 강도 당한 사람을 보자 치료하고 안전한 곳에서 회복할 수 있도록 해준 사람이다. 눅 10:26-37 오늘날의 노숙인과는 반대로 성경의 강도 만난 자는 나약하거나 무력한 사람이 아니었다. 왜냐하면, 그는 험한 예루살렘과 여리고 사이를 오갈 정도로 건강했다. 그 길은 꼭 필요할 때만 가는 험하고 위험한 길이었기에 그는 분명 원거리를 다니는 상인이나 업무가 뚜렷한 공무원처럼 사회적으로 견실한 사람인 것이다. 이처럼 그는 성공하려는 꿈과 열정도 있고 할 일도 뚜렷하고 능력도 있던 사람임이 분명했다.[372] 그러므로 회사 앞 큰길에 쓰러진 사람은 노숙인과는 달리 바로 얼마 전까지만 하더라도 분명 건강하고, 삶의 목적도 분명하고, 의욕도 많아 새벽부터 밤까지 일을 멈추지 않고, 퇴근 후에도 자료를 탐색하고 주말에도 온라인으로 석사과정을 하는 활동적인 사람인 것이다. 이런 의욕적인 사람에게 갑자기 날아든 강도의 칼날은 그동안 그의

---

372) 실제로 선한 사마리아의 비유(눅10:30-35)에 등장하는 모든 사람들은 모두 가상적인 인물들이므로 알레고리적인 해석을 하지 않기 위해 너무 구체적인 상상을 하지 않도록 하였다. 대신, 여기서는 강도 만난자가 현대의 노숙인과는 사회적 정체성이 다를 것이라는 점만 강조한다.

삶을 한순간에 무너뜨릴 만한 엄청난 위협이었다.

　오늘날 도시인들 역시 하루아침에 삶을 무너뜨릴 수 있는 위협을 안고서 살아간다. 그들이 두려워하는 강도의 그 칼날은 삶을 바치던 회사에서 이용만 당하고 버림받거나, 동료와의 경쟁에서 실패하거나, 피부색과 성별로 인해 차별받거나, 외국인인데도 자국인과 같은 성과를 요구받아 불이익을 받거나, 파산 후 이혼 절차 서류를 제출해야 하거나, 나이 많은 사람 취급해서 거절당하거나, 의사가 부정적인 진단 결과를 선고하거나, 어린 이들을 태운 교회 버스가 사고를 당하거나, 아들이 아버지에게 자신은 아버지 같은 사람이 되지 않겠다고 소리를 지르거나, 뒤집힌 차 옆에 주저앉아 있거나, 아무리 노력해도 장애를 가진 딸에게 희망이 보이지 않거나, 갑작스러운 주식 침체로 은퇴 연금이 반토막이 나거나, 우리 부서를 1/3로 축소한다는 소식을 듣는 것들이다. 한때 주변 사람들이 부러워하는 학력과 화려한 경력은 갑자기 휘두른 강도의 칼 앞에 절망 속으로 빠져든다.

　잘되는 줄 알았던 인생에 갑작스럽게 들이닥친 강도의 칼날은 의욕적이던 사람들을 순식간에 무너뜨린다. 앞 장에 나온 알프와 에미르 역시 애써 거머쥔 출세를 놓칠까 봐 두려워하기에 더욱 방어적이 된다. 비록 겉으로는 아무 문제 없고 유쾌해 보이지만 실상 에미르나 알프는 자신의 성공을 위협하는 칼날을 힘겹게 피해 가며 살아가야 한다. 겉으로는 말끔한 정장으로 가린다 하더라도 안에서 피 흐르는 상처를 누르며 고통스러워한다.

　이번 장은 모든 사람이 전력투구 하는 도시 사회에서 선한 이웃이 된다는 것은 어떤 것인지, 또 선한 이웃은 도시의 플로우를 어떻게 이해해야 할지를 살펴 볼 것이다. 이를 위해 본 장은 다음과 같은 연구 질문을 제기한다.

- 도시 안의 여리고 가는 길에는 어떤 사람들이 있는가?

- 선한 이웃은 도시의 플로우를 어떻게 필요한 자들에게 연결하는가?
- 어떻게 하면 플로우의 길목에서 선한 이웃이 될 수 있을까?
- 유사한 사회계층에서 어떻게 하면 타문화 인들에게 선한 이웃이 될 수 있을까?
- 선한 이웃은 경쟁과 성취를 어떻게 대해야 할까?

마지막 선교학적 고찰에서 우리는 하나님은 선한 이웃의 등장을 위해 도시인들 사이에 엄청난 유사성proximity을 준비하셨음을 알게 될 것이다. 결과 우리는 아직 제대로 그 가치를 인정받지 못하던 새로운 리더의 도래를 기대하게 될 것이다.

도시 플로우의 길목: 선한 자, 악한 자, 불쌍한 자들이 모이는 곳

사람들은 성공하기 위해 더 좋은 플로우가 흐르는 길목으로 모여든다. 이들의 성공에 대한 열망은 너무도 간절하여 조금이라도 더 좋은 플로우가 있는 곳에 찾아온다. 과거 성공과 꿈을 위해 위험한 여리고 길을 마다하지 않았던 것처럼, 현대인들도 성공을 위해 좋은 플로우가 있는 곳을 찾는다. 그 결과 마치 여리고로 가는 길이 그러했듯이 오늘날 이 좋은 플로우가 흐르는 곳에는 사마리아인 같은 좋은 사람the Good도, 강도와 같은 악인the Bad도, 강도 만난 불쌍한 사람the Victim도 모두 모여든다.[373]

도시 플로우의 길목은 어디에 있고 또 그곳에 모이는 사람들은 누구인가? 그리고 플로우의 공급경로는 전통사회의 그것과 무엇이 다른가? 현대 도시의 플로우를 공급하는 경로는 과거에 비해 훨씬 다양하다. 〈그림 16〉은 도

---

373) 좋은 사람(the Good), 악인(the Bad), 불쌍한 사람(the Poor)은 영화 황야의 무법자(1966)의 영어 제목 (the Good, the Bad, and the Ugly)에서 패러디 한 것이다.

시와 전통사회의 한 개인이 연결할 수 있는 자원과 정보의 공급경로를 좌우에 놓고 비교한 개념도이다. 두 개념도 안에는 모두 나의 문화권과 내가 속한 사회계층이 있고 그 위아래는 나의 계층보다 높거나 낮은 계층이 있다.[374]

〈그림 16〉 도시와 전통사회 개인들의 플로우의 통로

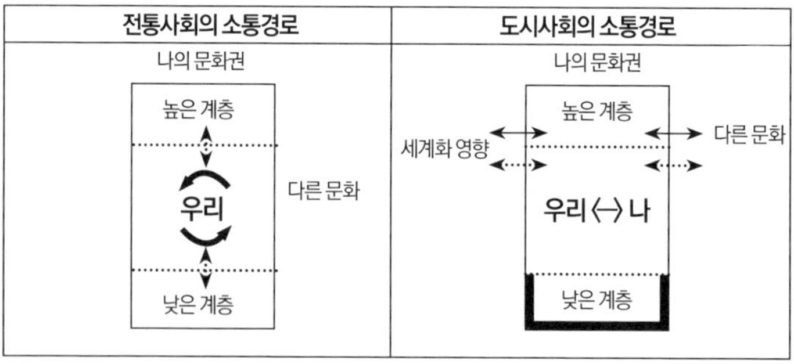

전통사회의 소통경로	도시사회의 소통경로
나의 문화권 높은 계층 우리 다른 문화 낮은 계층	나의 문화권 높은 계층 다른 문화 세계화 영향 우리(↔)나 낮은 계층

왼쪽은 전통사회의 사회계층과 플로우의 경로를 나타내는데 대부분의 플로우들은 같은 문화권의 같은 계층 안에서 순환한다. 다른 문화권과의 플로우 경로는 매우 제한적이다. 그 결과 사람들은 같은 계층, 같은 그룹 안에서만 교류한다. 이러다 보니 그들이 가진 정보와 자원은 옆 사람들과 별 차이가 없다. 계층과 민족별로 차단될 뿐 아니라 계층 안의 연결망은 새로운 정보도 부족하고 밖으로 영향을 미치기도 어렵게 되어 있다. 복음도 마찬가지여서 자연스러운 방식으로는 외부에서 들어오지 않을뿐더러 설사 들어왔다 하더라도 주변 계층으로 확산하기는 더욱 어렵다. 만약 이 집단이 문화적으로 집단적 사회collective society라면 사람들은 의사결정을 할 때도 그룹 전체의 여론을 고려해 가며 정한다. 이런 그룹은 개인I보다는 우리We라는 정체성이 강할 수밖에 없다. 이런 집단에게 외지인이 복음을 전할 경우 집단

---

374) 〈그림 16〉에서는 보여준 플로우 경로는 전통사회와 도시의 특징을 비교하기 위해 다소 양극화(bipolarization)적 접근과 표현을 하였다. 현실에서는 도표처럼 극명하게 다르지 않다는 점을 유념해야 할 것이다.

압력이 강하기 때문에 사람들은 복음 수용을 지나치게 일탈적이라고 인식한다.

오른쪽 그림은 현대 도시들에 관한 것이다. 도시인들이 성공과 경쟁에 많은 힘을 기울이는 만큼 훨씬 더 많은 정보와 자원을 필요로 한다. 이러한 필요는 계층 내부가 제공하는 플로우만으로는 부족하여 다른 계층과 다른 문화권에다가도 플로우의 통로를 연결해야 한다. 플로우를 흡수하는 방식은 계층마다 그 형태가 다르다. 예를 들어 CEO나 정치가들과 같은 상위 계층은 엄청난 양의 정보를 필요로 하기에 플로우의 통로를 민족과 국가를 넘고 또 고급 정보에까지 연결해야 한다. 반면 낮은 계층에 속할수록 필요한 자원이 비교적 단순하므로 타민족은 물론 심지어 같은 문화권의 다른 계층과도 교류할 필요가 적다.[375]

문화권마다 차이가 있지만 도시는 보통 개인주의적 성향이 짙으므로 의사결정에서 '우리' 보다는 '나' 의 의견이 더 무게를 갖는다. 도시인들의 2차 네트워크가 다양하므로 그들은 여러 곳에서 다양한 플로우들을 흡수한다. 이런 곳에서는 개인들이 공동체의 의사에 맞추기보다는 각자가 자신의 의지를 표명하는 편이다.

도시는 세계화의 영향을 강하게 받는다. 즉 이들은 한 도시의 시민이자 세계의 시민이 되어 자신들의 플로우 경로를 전 세계에 연결한다. 여기에 가상 커뮤니티 안에서 유사성 그룹들이 폭발적으로 늘어나면서 현대인의 연결 경로는 지역과 시간의 한계를 넘어 확장한다. 이처럼 거대한 연결 통로에서 사람들은 낯선 사람들과 함께 취미생활도, 신앙생활도, 직장생활도, 또 마을

---

[375] 예를 들어, 장(Zang) 등은 중국의 회교도 회족의 사회적 계급의 차이가 계급간 및 민족 간의 교류와 갖는 상관관계에 대하여 다음과 같이 하였다 ". . . 이웃과 자주 교류하는 회족은 주로 공무원, 전문직 종사자, 간부 등 지위가 높고 현대적인 회족 이웃과 교류가 적은 편이다." Zang, Lipman, and McKeever, "Ethnicity and Urban Life in China," 21.

위원회에서도 활동한다.

플로우가 신분 상승의 자원과 기회이다 보니 플로우 주변에는 항상 많은 사람들이 모여든다. 마치 강가 빨랫터에서는 자연히 낯선 사람과도 나란히 앉아 빨래를 하는 것처럼 플로우가 흐르는 곳에서는 항상 새로운 관계들이 시작한다. 이곳에서는 지인과 낯선 이, 신앙인과 비신앙인 모두가 빨래라는 공통의 활동을 통해 사회적 거리를 자연스럽게 좁힌다.

과거에 성공하려는 사람들이 여리고로 가는 길로 모였던 것처럼 오늘의 도시인들도 이곳 플로우의 길목에 모여든다. 그리고 악한 자the bad도 따라와서 성공을 위해 새벽부터 열심히 노력하는 사람들의 삶을 순식간에 절망으로 빠뜨린다. 강도의 칼날은 평범한 사람들의 인생에 갑작스런 재앙이 되어 그들을 수치스럽고 무기력한 불쌍한 사람the victim으로 만들어 버린다.

세 명의 선한 이웃들

성경에서 선한 자가 강도 만난 자에게 약과 음식을 주고 여관에서 회복하도록 도운 것과 같이 오늘날의 선한 사람the goods들도 상대방이 구할 수 없는 것들을 공급하면서 어려운 사람들을 구해준다. 이들 선한 사람들은 일종의 연결자가 되어서 기쁜 소식과 좋은 것을 필요한 자에게 나눠준다.

연결자란 단순히 필요한 것을 넘겨주는 것보다 훨씬 더 큰 뜻이다. 연결자는 필요한 사람들에게 좋은 것을 전달 하고, 그것이 그들 사이에 잘 확산 하도록 하는 사람이다. 이를 위해서 연결자 중에는 최소 세 부류의 인물들이 있어야 한다.[376] 이 세 인물로는 외부에서 그 그룹에 변화의 동력을 전달하는 변화 전달자change agent , 그룹 안에서 그 변화를 먼저 수용하는 조기 수용자early

---

376) 이 세 인물들 외에도 그룹의 각 계층과 중간단계 마다 확산을 촉진하는 확산자들도 주요 인물들이나 본문의 초점이 전달의 첫단계 이므로 여기서는 다루지 않도록 한다.

adaptor, 그리고 그 변화의 확산을 촉진하는 오피니언 리더가 있다.377

먼저 변화 전달자란 새로운 기술이나 사상을 전달하기 위해 찾아가는 외부자이다.378 이들은 변화가 필요한 사람들을 찾아가고 신뢰를 구축하고 변화의 필요를 느끼고 대안을 받아들이도록 한다.379 복음을 전하기 위해 멀리서부터 찾아오는 선교사나 유학생들에게 새로운 학문을 가르쳐 자기 나라로 전달할 수 있도록 하는 교수도 이 변화의 전달자라 할 수 있다.

두 번째 인물은 외부의 새로운 자원과 아이디어를 먼저 수용하는 얼리어답터들이다. 최근 얼리어답터라는 단어는 새로운 핸드폰을 구입하는 메니아나 새로운 품종을 도입하는 농부들에게 많이 사용한다. 하지만 얼리어답터의 범위는 이보다 훨씬 크고 오래전부터 있었다. 예를 들어 7장에서도 언급한 구약성경의 이삭은 전통적으로 목축업을 해온 집안에서 자랐으나 그는 용기 있게 농사에 손을 대어 거부가 된 얼리어답터이다. 창26:12-14 그 외에도 여리고 왕의 명령을 어기면서 이스라엘의 첩자를 보호하고 나중 이스라엘 편으로 귀순했던 라합, 새로운 나라에 정착한 요셉, 느헤미야, 에스더, 그리고 그리스와 로마 문화를 앞서 흡수했던 사도바울과 그의 팀, 그리고 그들을 도와 후원하고 동역하던 소아시아 유대인 디아스포라들 역시 얼리어답터이다.

통상적으로 얼리어답터는 정규교육 수준이 비교적 높고, 지적인 품성과 사회적 지위가 높은 편이다. 또 성품적으로는 다른 사람의 말에 귀를 기울이려 하고, 이성적이고 지적이다. 그리고 변화에 개방적이고 과학적인 것을 좋

---

377) 세가지 인물에 대해서는 다음 두권의 자료를 참조하였다. 찰스 H. 크래프트(Charles E. Kraft)저, 안영권, 이대헌 역, 『기독교 문화인류학』, 794-98; 로저스에버렛 M., 『개혁의확산』, 김영석, 강내원, 박현구 역(서울: 커뮤니케이션북스, 2005), 296-301; 337-38; 392-95.
378) 로저스, 『개혁의확산』, 392-95.
379) 이 외에도 변화의 전달자가 하는 일은 그룹이 갖고 있는 문제를 진단하고, 그룹내에 변화의 의사를 조성하고 행동으로 옮기는 방법을 설명해주고, 그룹이 그 변화를 자기 것으로 정착 시키고, 마지막에 출구전략 까지 세우는 것까지 포함 한다..

아하고 불확실한 상태에 당황하지 않고 전통적 규칙과 운명론적 사고에서 비교적 벗어난다는 특징을 보인다.[380] 이들은 기존의 통념과 관습으로부터 비교적 자유로우면서 자신이 올바르다고 생각하는 것은 용기 있게 선택할 줄 안다. 새로운 문물을 수입하거나 선교 초기에 복음을 먼저 받아들이는 현지인들이 여기에 해당한다.

세 번째 인물은 오피니언 리더이다. 이 오피니언 리더란 대중의 생각과 행동에 상당한 영향을 미치는 사람들이다.[381] 이 오피니언 리더들은 내부인으로서 평소에도 사람들에 영향을 미쳐온 인물들이다. 오피니언 리더로는 방송국 논설 위원, 유명 연예인, 정부의 관리처럼 공식적인 위치에 있는 사람도 있지만 집안의 가장, 고학력자로 신망을 받는 사람, 청년회 회장처럼 비공식적이거나 소규모 모임에서 활동하는 사람들도 오피니언 리더이다. 오피니언 리더들도 보통 사회경제적인 지위나 학력이 높고, 대중매체에 많이 노출하고, 세계주의적Cosmopolitanism 사고를 갖는다는 특징이 있다. 이러한 배경으로 인해 오피니언 리더들은 혁신적 성향이 많고 또 변화 전달자와 빈번한 교류를 갖는다.[382]

성경에서 베드로와 사도들이 교리적 문제로 유대인들과 대치할 때 바리새인 가말리엘이 중재안을 내놓자 유대인들이 기세를 수그렸던 것처럼행5: 29-40, 예루살렘 총회에서 이방인의 율법 준수 문제로 쟁론이 격화될 즈음 사도 야고보가 중재안을 내어 여론의 방향을 정리했듯이행15: 13-22 오피니언 리더 한 사람의 의견은 전체의 의견에 커다란 영향을 미친다. 만약 이 오피니언 리더들이 외부의 변화전달자가 전해준 것에 대해 긍정적이라면 사람들도 그것을 받아들여 새로운 것이 효과적으로 확산된다. 선교활동의 경우 만약

---

380) Everett M. Rogers, *Diffusion of Innovations*, 5th ed.(New York: Free Press, 2003), 288-91.
381) Ibid., 337-38.
382) Ibid.

오피니언 리더들이 외부의 선교사들을 긍정적으로 대하고 전도를 허락하는 경우 복음은 빠른 속도로 확산하겠지만 그 반대로 핍박하고 부정적인 소문을 퍼뜨리는 경우 정반대의 일이 일어난다. 이는 상업계에서도 마찬가지인데 새로 들어온 외국 제품을 오피니언 리더들이 애국주의를 앞세워 부정적인 이미지를 퍼뜨리면 그 제품은 정착하는 데 많은 난관을 겪는다.

그룹과 그룹 사이에서 좋은 것이 흐르기 위해서는 이들 변화 전달자, 얼리어답터, 오피니언 리더들이 좋은 연결을 해주어야 한다. 선한 사마리아인이 그랬던 것처럼 이들 연결자들은 자신의 좋은 것이 필요한 자에게 잘 흘러가도록 하는 연결자들이다. 이들 연결자들의 전달로 인해 불쌍한 사람들은 피조물의 존엄성을 회복하고, 새 생명을 얻고, 인생의 진정한 주인을 찾아 올바른 희망과 기쁨을 누리게 되는 것이다.

플로우 길목에 온 선한 이웃

성경에서 한 유대인 율법사가 예수께 "누가 우리의 이웃이냐?"고 물었을 때 눅 10 : 29 앞뒤 문맥으로 보아 이는 이웃의 개념이 아니라 사랑해야 할 대상이 누구인지를 묻는 말이었다. 사실 선민의식을 가진 유대인들에게 이 질문의 대답은 이미 정해진 것이었다. 그런 율법사에게 예수님이 해주신 선한 사마리아인의 예화는 단순한 미담이 아니고 이웃에 대한 패러다임을 뒤집는 말씀이었다. 유대인들은 당연히 민족과 종교가 같은 사람이어야 이웃이겠지만 예수님은 '강도 만난 자에게 자비를 베푸는 자'가 진정한 이웃이라 말씀하셨다. 율법사는 '나의 이웃이 누구인지'에 관심이 있었지만, 예수님은 반대로 '내가 누구의 이웃이 되어야' 할지를 설명하신 것이다. 눅10:36 그러면서 예수님은 누구든지 선한 이웃이 되기 위하여서는 강도 만난 자들에게 자비를 베풀라 하셨다.

예수님이 언급한 진정한 이웃은 단순한 친절을 넘어, 곤란에 처한 사람을 보고 가던 길을 멈추어 돕는 것을 말한다. 오늘날에도 이렇게 위기에 빠지고 도움이 필요한 사람들은 어디에나 있다. 그렇다면 오늘날 그리스도인은 그 사마리아인에게 무엇을 배워야 하겠는가?

첫째로 도시의 선한 이웃은 자신의 생활 공간에서 자연스럽게 선을 행하는 사람이다. 선한 사마리아인이 했던 여리고행은 오늘의 단기선교와는 매우 다른 여행이었다. 그는 비행기를 타고 가서 1주일간 사역하고 나오는 단기선교나 아침에 공원에서 도넛과 커피를 나눠주는 노숙자 사역과 같이 계획된 프로젝트를 행한 것이 아니었다. 전도와 선행을 프로젝트와 프로그램 안으로 묶어 놓은 우리들의 사역과 달리 사마리아인은 그저 길을 가던 중에 우연히 본 불쌍한 사람을 도와준 것이었다.

교회의 프로젝트를 통해 우리는 선한 일을 할 수는 있으나 그것이 우리를 선한 이웃으로 만들지는 않는다. 왜냐하면 프로젝트란 설계된 활동이고 참여자들은 정해진 순서대로 일은 하되 마음까지 주지는 않아도 일은 되기 때문이다.

아무도 보지 않던 여리고 길은 그 길을 지나는 사람들의 진정한 모습을 드러내는 장소였다. 제사장도 레위인도, 사마리아인도 이 장소에서는 가식 없이 자신의 모습대로 강도 만난 자를 대할 수 있었다. 그렇기에 사마리아인의 선행이란 인위적인 프로그램이나 계획에 따라서 만들어졌다기보다 그의 일상생활을 한 번 더 보여준 것이라 하겠다. 우리는 보통 소셜 네트워크 속에서 일하고 일상생활을 한다. 이 네트워크에서 일어나는 일들은 내 일상의 한 부분이다. 간혹 우리는 잘 알지 못하는 사람들에 선행과 전도도 하겠지만 진정 우리가 선한 이웃이 되어야 하는 곳은 바로 이 익숙한 환경과 일상생활이 있는 곳이라 하겠다.

둘째로, 선한 도시 이웃이란 사람을 불쌍히 여기는 마음동정심과 사람에게 우선순위를 갖는 사람들이다. 영화 에반 올마이티Evan Almighty에서 음식점 점원으로 나온 모건 프리먼Morgan Freeman은 식당 일로 매우 바쁜 시간인데도 절망해서 집을 나와버린 주인공 엄마에게 주의를 기울인다. 모건이 그녀에게 한 첫 말은 "실례합니다. 혹시 어디 좋지 않으세요?" "… are you all right??" 이였다. 이 질문은 절망 속에 있던 그녀가 진심으로 도움을 요청하는 버튼이 되었다. 너무나 바쁘게 음식 서빙을 하는 시간이었지만 모건은 자기 일을 멈추고 심지어 옆자리에 앉아 진지하게 그녀의 얘기를 들어주고 또 절망을 희망으로 바꾸도록 해주었다. 그리고선 "아 이젠 일어나야겠네요, 사람들이 기다려서요!"라는 말을 남기고 떠났다. 불과 1분 30초라는 짧은 시간이었으나 그 대화 덕분에 그녀는 가출을 멈추고 다시 집으로 돌아갈 수 있었다.

우리가 주변 사람에게 선행을 하지 못하는 큰 이유는 우리가 상대의 인격과 존엄성에 주목하는 습관이 약하기 때문이다. 만약 나의 일에 너무 몰입하고 있다면 아무리 작은 선행이라도 부담스러워 하게 되어 있다. 그런 사람은 여리고 가는 길의 제사장과 레위인처럼 자신에게 '너는 너무 바쁜 사람이란다. 지금 하는 일도 충분히 잘 하는 거야.' 라는 말을 반복 해준다. 반대로 상대방에게도 나와 같은 인격과 감정, 존엄성이 있다고 생각하고 불쌍히 여길 줄 아는 사람은 희생과 관심이 '일' 이 아닌 자연스러운 삶이 된다. 엡4:32; 벧전 3:8

오늘날 회사나 동네 그리고 취미 클럽같이 중간 지대에는 자비를 베풀어 줄 이웃들을 기다리는 사람들이 있다. 이들은 성경의 강도 만난 자와 달리 길가에 누워 있지도 피를 흘리지도 않는다. 모두 정상적으로 좋은 옷을 입고 아무렇지도 않은 듯이 대화하고 일을 한다. 우리는 도움이 필요한 사람을 보더라도 사생활을 존중한다는 명분과 또 복잡한 일에 끌려들고 싶지 않은 마음으로 인해 그를 돕지 않아도 되는 50가지의 이유를 금방 만들어 낼 수 있다.

불쌍히 여기는 마음은 우리를 엄청나게 용감하게 만들 뿐 아니라 이기심을 거뜬히 이겨 내게 만드는 힘이다. 용기란 강한 정신력과 체력에서 나오기보다는 그리스도께서 보시듯이 사람을 볼 때 나오는 힘이다. 사랑하는 사람에게라면 체면이나 예절을 지키다가 결정적인 충고와 설득할 기회를 놓치지는 않을 것이다.

셋째로, 강도 만난 자에 대한 고정관념과 프로그램화된 도시 선교 활동은 우리가 선한 이웃이 되는 데 장애물이 된다. 우리 마음속에 상상하는 강도 만난 자들은 주로 나와 다른 이종 그룹heterophily zone이면서 또 나와 면식도 없고 개인적 친분도 없는 사람들이다. 그래서 강도 만난 자란 길가에 쓰러지고 피 흘린 자 이어야 한다고 생각한다. 하지만 이런 고정관념은 우리 주변의 수많은 쓰러진 자를 보지 못하게 만든다. 왜냐하면 실상 진정 강도 만난 사람들은 바로 일상에서 만나는 익숙한 사람들 가운데에 있기 때문이다. 그들은 피 흐르는 상처를 말끔한 옷으로 덮고 버젓이 일상생활을 한다.

만약 강도 만난 자를 취약계층, 노숙자, 소수민족 일색에서 우리의 일상생활에서 만나는 동료로 확대한다면 오늘날의 도시 선교는 엄청난 지각변동을 맞이할 것이다. 혹시 그동안 해오던 도시 사역이 너무 프로그램 중심이고 또 불쌍한 자에 대한 정의가 너무 좁은 것은 아닌가?

넷째로, 선한 이웃이란 일상생활 속에서 신뢰를 만들어내는 사람들이다. 사람들은 신뢰하는 사람에게 호감을 느끼고 자연히 그들이 전달하는 정보도 신뢰한다. 왜냐하면 신뢰하는 사람과의 관계 자체가 정보에 중요한 매개물이 되기 때문이다.[383]

신뢰의 정의는 다양하지만, 대체로 행동과 사고의 일관성, 예측 가능성,

---

383) 도날드 스미스 저, 김에녹, 윤조엔 역, 마음으로 만나는 문화간 소통, 434-53.

적절한 능력의 보유, 공통점에서 오는 안정감 등에 관한 것이다. 신뢰는 보통 동종 그룹, 즉 낯선 사람이 아닌 우리 안에서 잘 만들어진다.[384] 왜냐하면 같은 문화권이나 유사한 정서와 같은 일상이 겹치는 사람들은 신뢰를 만들 수 있는 공감대가 잘 갖추어져 있기 때문이다.

문제는 동종 그룹에서는 강도 만난 자들이 잘 눈에 뜨이지 않는다. 일상생활에서 자주 만나고 나와는 여러 가지 복합적인 관계에 놓여 있기 때문이다. 예를 들어 직장의 동료들과 나는 매일 만나야 하고, 경쟁도 하고, 함께 팀워크도 해야 하는 관계이다. 또한 일로서 만난 관계자에게는 자신의 고통을 나누는 것도 용기가 필요하다. 그러므로 사무실, 동네의 커피숍, 배드민턴 동호회, 인터넷 동아리 같이 뚜렷한 목적을 갖고서 모이고 서로 동종 관계로 만난 사람들은 쉽게 동료들에게 자신의 상처와 치부를 드러내지 않는다. 하지만 바로 이들이 내 주변의 강도 만난 자들이다. 상자 D의 알프씨가 그렇게 오랫동안 동료 에밀의 고통을 알 수 없었듯이 도시사회의 동료들은 자기가 보여주고 싶은 것만 드러낼 수 있다. 나처럼 꿈을 이루고 신분 상승을 위해 같은 곳에서 사회생활을 하는 그 사람이 바로 함께 여리고 길을 가는 사람인 것이다.

유사 계층의 타 문화인들에게 선한 이웃 되기

다문화 · 다계층 도시에서 교회가 타민족에게 효과적으로 복음을 전할 수 있으려면 먼저 교회가 선교사를 파송해 오던 모델을 돌아볼 필요가 있다. 왜냐하면 타문화 선교사역에서 일어나는 역동성은 국내의 타민족 사역과 유사하지만, 대단히 다른 점들이 있기 때문이다.

---

384) 로저스, 개혁의확산, 325-28.

〈그림 17〉 타문화권 파송과 타 계층으로의 파송

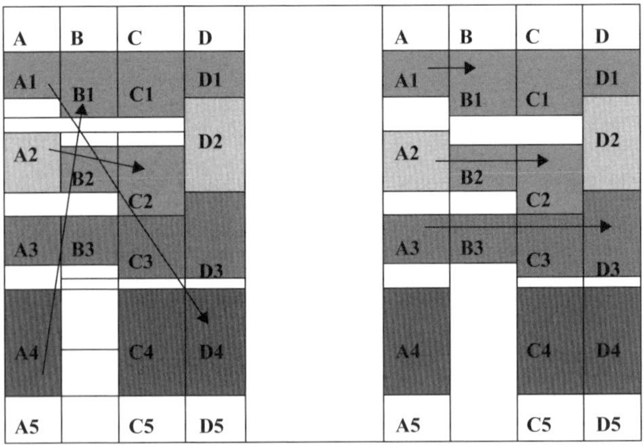

[그림: 좌측과 우측에 각각 A, B, C, D 열로 구성된 도표. 각 열은 1~5 계층으로 나뉘어 있음. 좌측 도표는 A1→B2, A2→C2, A5→D4 등으로 교차하는 화살표가 있고, 우측 도표는 A1→B1, A2→B2/C2, A3→C3/D3 등 같은 계층끼리 수평으로 연결되는 화살표가 있음]

〈그림 17〉은 교회의 전통적인 해외 타문화 선교 방식과 국내 다문화 계층에서의 도시 사역을 단순하게 비교한 개념도이다. 왼쪽의 타문화 선교 모델은 A 민족 출신의 선교사가 타 문화권 B, C, D 민족으로 간다는 것 외에 선교사와 현지인의 사회계층은 고려하지 않는 모델이다. 여기에 나온 숫자는 1번으로 갈수록 상류층이고 5번은 최하위 계층을 말한다. 각기 다른 사회계층의 출신인 A1, A2, A5 들이 B1, C2, D5를 찾아가 복음을 전한다. 이 경우 A1과 A5는 선교하기 위해 민족적 상이성과 계층 간의 격차 두 가지를 모두 극복해야 한다. 반면 A2는 문화적인 격차만 극복한다. 예를 들어 B1을 찾아간 A5는 언어 문화의 차이는 물론 생활 수준, 교육 문화 수준 등이 자신보다 훨씬 상류 계층으로 간 셈이다. 반대로 A1은 높은 계층 출신이지만 D5처럼 매우 낮은 계층을 찾아간다. 이 경우는 A1은 그야말로 성육신적인 삶을 살아야 한다.

오른쪽 도표는 같은 도시 안에서의 문화간 전도를 개념화한 것이다. 여기에서도 A 민족의 그리스도인은 같은 도시 안의 다른 민족인 B, C, D에게 찾아간다. A 안의 A1, A2, A3는 각각 사회계층적으로 유사한 B1, C2, D3를 찾아간다. 어쩌면 이 경우는 찾아간다는 표현보다 평소에 만나고 알던 사람들을 만난다고 하는 것이 더 어울린다. A1과 B1, A2와 C2, A3와 D3는 평소에 자신이 살거나 일하는 곳에서 본래부터 쉽게 만나는 관계이거나 아니면 모르는 사람이지만 비슷한 일을 하는 사람들이다. 그러므로 이 둘은 비록 다른 민족이지만 비슷한 관심과 화제를 갖는다. 학교나 직장이나 취미생활처럼 공통의 플로우가 흘러가는 곳에는 같은 관심을 두고 같은 능력과 사회적 신분을 가진 사람들이 모이게 되어 있다. 이런 환경이야말로 그리스도인들이 공감대를 많이 가진 비 그리스도인들과 자연스럽게 복음을 전할 수 있는 곳이다. 이처럼 같은 도시의 같은 계층에 속한 타민족에게 복음을 전하면 비록 언어 문화적 차이는 여전하나 이들 A 출신 그리스도인들과 B, C, D 간에는 상당히 많은 공통성을 찾을 수 있다. 어쩌면 이들 A1, 2, 3이라는 선한 이웃들은 굳이 선교사라는 호칭을 필요로 하지도 않을 것이다. 이런 점에서 도시 내의 동일 계층의 타 문화권 사역은 전통적인 타 문화권 선교와 비교해 더 많은 공감대가 형성된 상태에서 하는 사역이라 하겠다.

하지만 선교 정책을 세우는 데 있어 효율성이 과도하게 우선하면 자칫 선교의 근간을 훼손할 수가 있다. 선교사가 현지인의 계층과 다르다고 해서 선교를 하지 않거나 해외의 타문화권 사역이 치러야 할 경제적 대가가 많다고 해서 피하는 것은 예수님의 성육신적 자세에 정면으로 어긋나기 때문이다. 아무리 과학이 발전해도, 희생 없는 선교는 지금도 여전히 불가능하다. 그리고 해외 타문화 선교와 국내 타민족 사역은 같은 선상에 놓고 비교할 문제가 아니다. 그렇기 때문에 경제적 효과를 너무 중시한 나머지 비용이 많이 드는 다른 국가의 선교를 비효율적으로 간주하거나 또 그곳에서 사역하는 선교사의 희생 가치를 떨어뜨리지 않도록 주의해야 한다.

B+에 만족하는 용기

　선한 사마리아인의 고등학생 때의 성적표는 어떠했을까? 보통 성적을 B로 받은 학생은 A를 받은 사람을 부러워하고 A 받은 사람은 A+를 받은 사람을 부러워한다. 보통 A를 받던 사람이 A+로 올라가기 위해서는 B에서 B+로 가는 것보다 훨씬 더 노력해야 한다. 그러면 B+ 성적은 어떠한 성적인가? 이미 학생 시절을 일찌감치 마무리한 어른들은 학생 때 받은 B+로 인해 사회생활에 큰 손해를 보았는가? 특별한 인재를 요구하는 곳이 아니라면 세상은 B+를 받은 사람들도 충분히 살 수 있는 곳을 준비해 놓았다.

　신분 상승은 막대한 에너지를 요구하는 일이다. 그렇기에 일단 신분 상승에 뛰어들면 남을 돌아보는 여유가 나오지를 않는다. 만약 원하던 신분은 얻었으나 아무도 나를 존경도 감사도 하지 않는다면 내가 받은 A+는 얼마나 자랑스러울까? 경쟁에서 승리는 했지만 내 주변에는 쓰러져 피 흘리는 경쟁자들만 남아 있다면 나 홀로 신분 상승했다고 좋아만 할 수 있을까? 내가 받은 능력과 기회들은 모두 자신의 A+ 성취만을 위한 것이 아니다. 하나님께서 우리에게 주신 좋은 기회나 유리한 배경은 모두 우리를 세워 백성의 언약과 이방의 빛이 되게 하기 위함인 것이다. 사42:6; 행 13:47

　만약 우리가 과감히 B+에 만족하고 남은 에너지를 더 의미 있고 좋은 일을 위해 사용한다면 우리 주변에 어떤 일이 일어날까? 옛 동창을 떠올리고, 학창 시절이나 동료가 이직할 때, 교회를 옮겨야 할 때, 옛 동창을 생각할 때 나를 후회하게 만드는 것은 B+ 성적이 아니라 사람들을 더 돕지 못하고 이기적으로 살다가 사랑할 수 있는 기회들은 놓친 아쉬움 아닌가? 함께 할 수 있다는 것은 하나님께서 우리에게 사랑하고 도울 기회를 주신 것이다.

　중요하지 않은 문제에서는 과감히 B+를 선택한다면 우리는 그 에너지를 사명을 감당하고 어려운 사람을 도와 하나님께 영광되는 살 수 있는 여유를 확보하는 것이다. 즉 '우리 강한 자가 자신의 강함을 자신을 기쁘게 하는 데에만 사용하는 것이 아니라 약한 자의 약점을" 담당하는 것이다. 롬15:1-3

예수님은 '선한 이웃' 이란 생기는 것이 아니라 만들어야 하는 존재라 가르치셨다. 눅 10:26-37 즉, 이웃이란 우리가 자비를 베풂으로써 '만들어지는 존재' 인 것이다. 이뿐 아니라 주님은 우리가 본래 좋아하던 사람만을 넘어 나의 안전지대 밖에 있는 사람에게까지 이웃이 되기를 기대하셨다. "또 너희가 너희 형제에게만 문안하면 남보다 더하는 것이 무엇이냐 이방인들도 이같이 아니하느냐." 마5:47 이처럼 이웃 됨은 우리의 노력과 용기가 있어야 하는 것이다. 도시의 삶에서는 옆집 사람도, 옛 고등학생 때의 친구도, 사무실의 그 누구도 저절로 이웃이 될때 까지 기다려주지 않는다. 도시에서 이웃이란 중학생 때 옆에 앉은 친구처럼 자연히 생기는 것이 아니라 만들어야 하는 존재이다.

하나님이 우리에게 권한과 위치를 주시고 사람들과 함께 동역하게 하실 때 우리는 모든 에너지를 A+의 결과를 만드는 데 소진하지 않도록 주의해야 한다. 왜냐하면 만남은 하나님께서 주신 기회이기 때문이다. 마치 소득 안에는 십일조가 포함되어 있듯이 내가 가진 플로우 안에는 내 일만이 아니라 주변 사람들을 돕기 위한 것도 포함된 것이다.

모두 A+라는 성공을 위해 새벽부터 일어나 더 좋은 플로우를 확보하고 경쟁에서 이기려 하다 보니 강도 맞아 괴로워하는 동료를 돌볼 여유를 갖지 못하는 것은 어쩌면 당연하다. 그러면 우리 그리스도인들 마저 그 경쟁에 똑같이 뛰어들고 똑같이 전력 질주를 하는 것이 과연 옳은 것일까? 자기의 삶에 바빠 강도 만난 자를 지나쳤던 제사장과 레위인은 어쩌면 오늘날의 우리 도시 그리스도인의 모습일 수도 있겠다. 반대로 선한 사마리아인은 오늘도 여전히 우리가 지나쳐 버린 동료들을 찾아가 상처를 닦고 자기 차에 태워 응급실로

데려간다.

선교적 고찰: 변화의 촉진자인 선한 이웃

우리는 본문에서 과도한 성공에 대한 집착이 그리스도인들로 하여금 선한 이웃이 되는데 방해가 된다는 것을 배웠다. 어떤 그리스도인은 사회와 신앙 모두에서 성공하고자 멘토와 모델을 찾는다. 사역자들은 더 큰 교회를 만들고 세미나와 행사의 유명 강사가 되고자 한다. 만약 이것들이 성공 주의라는 우상 때문이라면 우리는 주님의 일과 교회를 위한다고 스스로 속는 중이다. 그럼, 이제 도시의 성도들과 교회가 선한 이웃이 되기 위해서는 어떤 일을 해야 할지를 고찰하도록 하겠다.

도시 그리스도인들의 사역: 선한 이웃 되기

선한 이웃이 되려는 첫걸음은 자신이 먼저 성공이라는 덫에 빠지지 않는 것이다. 왜냐하면 성공이라는 덫은 선한 이웃을 위한 에너지를 조금도 남기도록 허락하지 않기 때문이다.

성경은 성공에 대하여 무엇이라 하는가? 그리스도께서 바라시는 성공은 우리가 이 땅에서 A+등급을 받아 왕 노릇 하고 부러움을 받는 삶이 아니다. 만약 그렇다면 왕으로 모시려 하던 군중을 피해 떠나셨던 예수님이나 지하 감옥에서 죽음을 기다려야 했던 사도바울의 성적은 바로 F여야 한다. 그러나 누구도 이들의 삶을 성공이라 하지 않는 사람은 없다. 또한, 안정된 고향을 떠나서 평생 이동을 했던 아브라함이나 산속에서 방주를 짓던 노아는 세상 사람들은 이해정하지 않았지만 하나님은 인정하시는 삶을 살았다.

이러한 성경에서 말하는 성공을 위해서 우리는 첫째 내가 사용할 수 있는 플로우를 모두 다 나를 위해 사용하려는 유혹을 거절해야 한다. 반면 베드로 사도는 "그리스도인이란 나그네 같은 삶을 살아나면서도 왕 같은 제사장의 신분을 갖고 이방인에게 선한 행실과 아름다운 덕을 선포하여 하나님께 영광을 돌리는" 사람들이라 했다. 벧전 2:9 그리고 우리는 나그네와 이방인 같은 사람들이니 모두 육체의 정욕을 제어하라고 경고한다. 벧전 2:9 아무리 우리의 신분이 왕 같은 제사장이지만 우리는 여전히 나그네와 이방인 같은 불안한 상태이기 때문에 끊임없이 몰려오는 세속적인 유혹을 의도적으로 물리쳐야 하는 사람들이다.

선한 이웃이 되기 위한 두 번째 노력은 내가 속한 네트워크 안에서 신뢰받는 사람이 되는 것이다. 보통 함께 사회생활을 하는 사람들은 여간해서 자기의 상처를 보이지 않고 오직 신뢰할 수 있는 사람에게만 보인다.

이 신뢰trustworthy라는 단어의 의미는 "믿을 만한 가치가 있는 품격"에 대한 것이다.[385] 그러나, 신뢰라는 것은 본래 종합적이고 문화적이다 보니 그 실제적인 의미는 훨씬 더 포괄적이다. 그중에서도, 도시의 그리스도인이 주변 동료들로부터 신뢰를 얻는 데에는 다음과 같은 요인들이 이바지한다.

첫째, 진정성sincerity이 신뢰를 만든다. 진정성은 사람의 말과 행동을 투명하게 한다.[386] 이런 사람은 말이 쉽게 바뀌지 않을뿐더러 시간이 가면서 행동으로 자기 말을 증명한다. 그리고 가치와 기준이 어느 정도 일정하여 혼자 있을 때나 여럿이 있을 때 그의 행동이 크게 다르지 않다. 진정성이 많은 사람은 예측이 가능한 사람이어서 함께 일할 때 불필요한 상상과 추측에 에너지를 소모하지 않아도 된다.

---

385) Mirriam Webster Dictionary, trustworthy, https://www.merriam-webster.com/dictionary/trustworthy, access date May, 22, 2021.

386) Mirriam Webster Dictionary에는 진정성(sincerity)을 신실한 정도나 상태: 정직한 마음: 위선으로부터 먼 등으로 정의한다.(the quality or state of being sincere: honesty of mind: freedom from hypocrisy) : Mirriam Webster Dictionary, trustworthy, https://www.merriam-webster.com/dictionary/sincerity, access date Nov, 22, 2021.

둘째, 사람들은 일관적이고 올바른 생각을 가졌다고 생각하는 사람들을 신뢰한다. 이런 사람들은 유행이나 인기보다는 자신이 옳고 중요하다고 생각하는 것을 용기 있게 선택할 줄 안다. 도덕적 기준을 잘 유지하는 사람은 그 사회에서 존경받을 수밖에 없다. 또한 이들은 정의로움에 관심이 많아 주변의 불의함을 해결하기 위해 남다른 노력을 한다. 이들의 강직한 원칙성은 종종 주변 사람들을 불편하게 만들기도 한다. 동시에 사람들은 그를 함부로 하지 못하고 또 존경하고 의지하기를 원한다. 그리고 사람들은 자기 삶에 절박한 순간이 찾아오게 되면 먼저 그 존경하는 사람을 찾아오게 되어 있다. 바로 그 사람을 신뢰하기 때문이다.

셋째, 사람들은 나에게 친절한 사람을 신뢰한다.[387] 친절이란 내가 기대했던 그것보다 더 나를 배려하고 내게 안전하다는 감정을 갖도록 해주는 행위이다. 그러므로 예상하지 못한 친절을 받으면 우리는 상대방을 신뢰하고 마음을 연다. 성경은 친절함을 불쌍히 여김, 서로 용서함을 함께 언급한다. 엡 4:32 이처럼 친절이란 감정을 넘어 친절한 행동이 함께하는 것이다.

넷째, 사람들은 진리를 알고 있다고 생각하는 사람을 신뢰한다. 예를 들어 가까운 지인의 죽음이나 감동적인 영화를 감상 후 사람들은 쉽게 실존적으로 되어 영생과 하나님의 존재에 관심이 생겨난다. 또한 생활 중에 피조물의 탄식롬 8:22을 체험할 때면 사람들은 그 안에 하나님을 찾으려는 신적 갈망이 일어나고 또 그 속에 하나님을 알만한 것들이 살아나게 되는 것이다.롬 1:19 이런 절박함은 평소에 진리를 알고 있다고 생각하는 동료를 찾아와 마음을 열게 되어 있다. 왜냐하면 이런 사람은 신뢰감이 가는 사람이기 때문이다.

---

387) Oxford 영어사전에서 친절함(kindness)이란 친절과 공손한 행동, 친절한 성품이나 자세를 말한다. Oxford English Dictionary, kindness, https://www.oed.com/view/Entry/103470?redirectedFrom=kindness#eid
Merriam Webster Dictionary, kindness, https://www.merriam-webster.com/dictionary/kindness

마지막으로, 사람들은 용서와 화해하는 사람을 신뢰한다. 이 화해와 용서를 하는 사람은 주변의 존경을 받을 수밖에 없다. 왜냐하면 이 두 가지는 모두 사람의 본성을 거스르는 행위이기 때문에 보통 사람들에는 매우 어려운 일이기 때문이다. 사실 우리는 우리의 본성으로 화해를 이루기는 거의 불가능한 존재이다. 그러므로 우리는 우리의 능력이 아니라 예수님이 먼저 하나님과 인간 사이의 담을 무너뜨린 공로와 겸손때문에 용서와 화해가 가능 한 것이다. 성경에도 화평케 하는 자들이 "하나님의 아들이라 일컬음을 받을 것"마 5:9이라 하신 것처럼 사람들은 용서하는 자를 존경하고 하나님의 아들임을 보이는 일이다.

우리 그리스도인들이 도시 안의 곳곳에 보내진 것은 그만큼 우리의 생업을 통해 남을 돕고 강도 만난 자를 치유케 하시려는 하나님의 계획이 있어서이다.

도시 교회의 사역: 두 유형의 성도들을 준비함

어떤 도시를 막론하고 물이 바다 덮음 같이 모든 도시인들이 여호와를 아는 지식이 충만하게 하시려는 선교 하나님의 계획은 여전히 동일하다.히2:14 동시에 선교는 항상 상황적이기 때문에 사회가 변한다면 그만큼 교회의 선교도 변화해야 한다. 아무리 과거에 좋았더라도 오늘날 그것으로 인해 오히려 우리가 본질과 사명에서 멀어진다면 우리는 새로운 방법을 생각해야 한다.

모든 그리스도인은 "택하신 족속이요 왕 같은 제사장이요 거룩한 나라요 그의 소유가 된 백성"이다.벧전 2:9 그러므로 그리스도 안에 있는 사람들은 교회의 직분을 막론하고 형제요 자매이다.막3:35 즉, 기본적으로 모든 그리스도인은 성도saint이다. 이중 교회의 사역을 전담으로 하는 성도는 성직자의 가운을 입고 예배를 주도한다. 이들은 가운을 입은 성도the saints with gown라 할 수 있다. 그 외의 성도들은 교회에서보다 사회의 다양한 현장에서 더 많은 시간을 생업에 종사하며 살아간다. 그들은 티셔츠나 정장을 하고 주중의 거의 모든 시간을 동네나 직장에서 보낸다. 이들은 티셔츠를 입은 성도the saints with T-shirt인 셈이다. 그러므로 교회에는 가운을 입은 성도와 티셔츠를 입은 성도들이 함께 예배를 드린다.

성경에는 가운 입은 성도와 티셔츠 입은 성도를 구분하는 사례들이 있다. 사도들이 주로 기도와 말씀 사역에 집중했다면 집사는 평소에는 생업에 종사하다 교회에서는 행정과 봉사의 일을 담당했다. 행 6장 388 성경이 집사와 감독에게 요구하는 자격은 종교적·교리적 요건보다는 정돈된 개인생활, 건강한 가정, 원만한 인간관계에 더 많은 비중을 둔다. 딤전3:1-13 디도서에도 장로나 감독의 자격이 주로 일상생활에서 원만하고 삶에서 본을 보이는 것에 더 무게를 둔다. 바울은 장로와 감독들이 '미쁜 말씀의 가르침을 그대로 지키는' 사람들이여야 하는데 말 그대로 이는 교회 안에서의 사역보다는 교회에서 배운 말씀을 삶에서 행하는 것에 초점이 가 있다. 딛 1: 6-9389 이제 오늘날 도시 교회가 하나님의 선교적 비전을 감당하기 위해서 이들 두 그룹들이 어떤 역할을 감당해야 하는지를 살펴보고자 한다.

가운 입은 성도들: 교회 안의 선한 이웃들

안타깝게도 도시화는 교회와 사회 간의 간격을 벌려놓았다. 이 두 사회

---

388) 이처럼 성도를 두 그룹으로 나누는 방식은 둘 사이의 역할 분담을 개념적으로 설명하기 위한 것일 뿐이다. 이 방식을 무 비판적으로 다른 상황에 적용할때는 무리가 있을 수 있다. 또한, 성경은 이 둘 사이의 경계를 명확히 나누는 데에는 큰 관심을 두지 않는 것으로 보인다. 전담 사역자에 대한 인식과 위상 그리고 사역의 범위는 각 문화권의 기독교에 따라 많이 다르기 때문에 이러한 이분법은 절대적이지 않다. 다만 본문에서는 새로운 리더의 도래와 그에 대한 기대를 강조하기 위해 두 그룹으로 나눈 것이다.
389) 그렇다고 해서 평신도들이 교회생활을 게을리 하거나 하나님과의 관계에 우선순위를 두지 않았다는 것은 아니다. 오히려 당시 그리스도인이라는 것 하나만으로 오해와 손해를 견뎌야 했고, 그리고 사회적인 핍박은 이들의 영성이 얼마나 고결하고 강한지를 분명히 증명한다.

가 각각 다른 방향으로 발전한 결과 주로 교회 안에서 시간을 사용하는 목회자들과 밖에서 생활하는 성도들과의 괴리감이 커졌다. 이는 마치 양과 목자가 분리된 셈이다. 그렇다고 가운 입은 성도가 일반 직장에 들어가 사회생활을 해서 성도들이 삶을 이해하려는 것도 좋은 답은 아니다. 이는 지나치게 큰 대가를 요구할 뿐 아니라, 가운 입은 성도들도 자신들만이 감당해야 할 고유한 역할이 있기 때문이다.

가운 입은 성도는 그동안 지역 교회의 지도자들이 해왔던 것처럼 오늘날도 여전히 그 지역의 선한 이웃의 역할을 해야 한다. 이들은 교회의 지도자로서 교회 안의 선한 이웃의 책임을 감당해야 한다. 그들이 해야 하는 선한 일이란 무엇보다도 성도를 온전케 하며 각종 이단과 세속으로부터 교회를 지켜나가는 일이다. 가운 입은 성도는 교회가 교회로서의 정체성과 상징성을 유지하도록 하며, 지역 주민들이 서로 소통하고 활기 있게 살아가도록 돕는 허브 hub 역할을 해야 한다. 그들은 교회의 대표로서 지역 주민과 각종 사회 기관을 대해야 한다. 그 결과 가운 입은 성도들은 교회가 어두운 세상 구원의 빛을 발하는 등대의 역할을 하도록 한다.

가운 입은 성도는 교회 안의 양들을 양육하는 선한 이웃이다. 이 양육이란 한 사람이 불신자에서 신자가 되고 또 장성한 분량에 이르기까지 성장하는 모든 과정을 의미한다. 엡 4:13 목사의 1차적인 책임은 성도와 공동체를 비 성경적인 사조나 이단으로부터 보호하고 또 그들이 하나님의 말씀으로 죄를 이기고 빛의 자녀로 일상을 살아가도록 하는 데 있다.

가운 입은 성도가 하는 선한 일은 리더로서 교회 공동체를 책임지는 것이다. 이들은 대부분의 사역 시간을 주로 성경을 연구하고, 교회에서 사역자와 신자들과 함께 하는데 사용한다. 성도들은 목사님을 만나 삶을 나누고 고민을 나눌 수 있어야 한다. 또한 그들은 성직자로서 성례를 집례하고, 축제와 경조사를 주관하며 성도가 태어날 때부터 죽을 때까지 공동체와 함께 살아갈 수 있도록 해주어야 한다. 그러므로 이들은 교회 안의 성도들에게 평생의 선한 이웃이다.

마지막으로 가운 입은 성도는 새롭게 등장하는 리더, 즉 티셔츠 입은 성도를 또 다른 유형의 선한 이웃임을 인정하고 서로 좋은 협력을 할 수 있어야 한다. 따라서 각 성도가 자신의 소명에 맞는 위치에서 하나님이 보시는 시각으로 도시를 바라본다면, 교회의 모든 성도는 강도 만난 자를 찾아 나서는 선한 사마리아인이 될 수 있다.

티셔츠 입은 성도들: 일터의 선한 이웃들

교회는 티셔츠 입은 성도들이 자기 공동체에서 선한 이웃이 되도록 격려해야 한다. 여기서 말하는 공동체란 교회 주변의 마을이나 아파트 단지를 말하는 것이 아니다. 도시인들은 여전히 일터에서, 관심 그룹에서, 그리고 온라인 공간에서 많은 이웃들과 함께 지낸다. 교회는 성도들이 바로 이러한 가까이 살거나 자주 만나는 이웃들에 선한 이웃이 될 수 있도록 가르쳐야 한다.

티셔츠 입은 성도들의 첫 관심이자 훈련받아야 할 자세는 디모데 전서와 디도서에서도 가르치듯이 먼저 자기 동료와 주변으로부터 성실함을 인정받고 땀 흘려 일하고 그 결과로 가족의 안정을 책임질 수 있어야 한다. 딤전3:1-13; 딛 1: 6-9 따라서, 교회는 티셔츠 입은 성도들이 일터와 동네에서 신뢰받는 일원이 되도록 격려해야 한다. 이렇게 만들어진 신뢰는 당연히 좋은 전도의 토양이 되는 것이다. 그러기에 이들에게 이상적인 신앙생활의 모델이란 많은 시간을 교회에서 보내는 전담 사역자와는 같을 수 없다. 준 목사처럼 교회에서 많은 시간을 사용하는 것은 극히 일부에게만 해당한다는 사실도 기억해야 한다.

사실 생활속에서의 영성 운동은 이미 오래전 부터 회자되어 왔었으나 실제적으로 정착 하지는 못했다. 그 이유는 이 새로운 시도가 주로 개인 차원을 넘어서지 못했고 일상생활 속의 선한 이웃이 무엇을 어떻게 하는 것인지를 가르쳐 주지도 않았기 때문이다. 또 그 정도로 의식과 열심 있는 성도들은 이미 교회 사역이 과중하다 보니 일상생활의 선한 이웃에 대한 강조는 오히려 부담으로 다가갈 수가 있다. 게다가 성과 속을 과도하게 구분하는 이원론적 신앙, 그리고 교회의 인력·재정 확보라는 현실적 이유도 생활 영성이 정립되지 못한 원인이다. 그 결과 신실한 티셔츠 성도들은 사회보다는 지나치게 교회 중심의 삶을 살아왔다.

티셔츠 입은 성도는 교회의 전담 사역자들에 비하여 그 영적 성장 배경도 다르고 또 교회와 너무도 이질적인 생활환경에서 살아간다. 이들이 살아가는 현장이란 끊임없이 경쟁과 긴장을 하고, 종교적 가치와 문화와는 너무 다르며, 이익의 극대화가 모든 것을 정당화하는 곳이다. 이러한 곳에서 강도 만난 사람들을 도울 수 있는 선한 이웃은 그곳 현장에서 수십 년간 살아온 그곳의 티셔츠 입은 성도들이다. 목사들보다 신학적 지식도 약하고 균형도 갖추지 못했을지 모르지만, 이들은 누구보다 조직 내부의 생리와 동료들의 필요를 잘 안다. 또한 그 세계의 동료들이 존경하고 의지하려는 사람이 어떤 사람인지도 잘 안다. 도시의 교회는 이들을 자신들의 세계에서 동료들을 돕고 빛과 소금 역할을 할 수 있는 선한 이웃들로 볼 수 있어야 한다.[390]

이들 티셔츠 입은 성도는 기본적으로 교회 생활을 중시하고 성실한 성도이어야 한다. 하지만 주일날 교회 자체의 프로그램을 유지하는데 에너지를 너무 많이 사용하지 않는다. 교회는 이들이 디모데 전서와 디도서의 가르침대로 가정에서, 배드민턴 클럽에서, 동네 위원회에서, 직장동료 사이에서 선

---

390) 새로운 리더들의 조직과 구성은 4장의 Missiological Reflection 을 참고하라.

한 이웃이 되는 데에 필요한 교육을 할 수 있어야 한다. 마치 학생 선교단체가 특정 계층을 대상으로 사역하듯이 티셔츠 입은 성도들은 수없이 많은 갈래로 나누어진 현대 도시의 여러 계층과 그룹들 안으로 흩어져 빛과 소금의 역할을 한다. 모든 그룹은 자신만의 문화가 있기 때문에 그들에게 복음을 전할때는 반드시 상황화된 방식으로 해야 한다. 외부인에게는 이들 그룹 문화와 사회적 규칙이 어렵고 이해가 되지 않겠으나 이곳에서 내부자로 30년간 살아온 장로와 집사들에게는 매우 자연스럽기에 이들은 누구보다도 상황화된 복음을 갖고 선한 이웃이 될 수가 있는 것이다. 이들 그룹 속의 그리스도인들이야말로 도시의 사회적 경계선을 자연스럽게 넘어 다가갈 수 있는 사람들이다. 이들은 성공이라는 우상의 노예가 된 도시인들을 치료해 주고 쉴 곳으로 인도하는 선한 이웃이다.

교회는 이들 티셔츠 입은 새로운 리더의 출현을 기대하고 기도하면서 기다려야 한다. 교회는 이들이 교회의 프로그램을 함께 끌고 가는 것보다 훨씬 더 큰 잠재력이 있다는 것을 볼 수 있어야 한다. 나아가 티셔츠 입은 이들을 교회의 경쟁 집단으로 보기보다는 하나님 나라의 차원에서 우리의 도시를 하나님 보시기에 흡족한 곳으로 만들 파트너들로 보아야 한다. 아무리 도시가 황폐해져 간다 하더라고 하나님은 여전히 도시 곳곳에 징검다리를 만드시고 이곳을 건너갈 선교적 일꾼들을 보내주신다.

마무리
무너진 곳을 다시 연결하는 도시의 교회와 그리스도인들

 이 책에는 하나님이 우리 도시에서 어떤 일을 하고 계시는지를 알기 원하는 소망이 담겨 있다. 아담이 타락한 이후부터 하나님은 인류의 구원을 위해 선교를 시작하셨고 지금도 쉬지 않으시는 분이시다. 그러므로 하나님이 우리 주변에서 어떤 일을 하시는지를 아는 것은 하나님과 동행하고 그 사역에 동참하는 첫걸음이다.

 이 책은 독자들의 도시 이해를 돕기 위해 도시인, 도시의 그룹, 도시의 시공간, 그리고 도시의 플로우를 소셜 네트워크의 관점으로 소개했다. 이 관점이 중요한 이유는 도시가 외형을 갖추고 적절히 기능하려면 그 안에 사회적 연결망이 있어야 하기 때문이다.

 사람들 간의 연결망으로 인해 도시는 에드워드 글레이저Edward Glaeser가 그의 책 『도시의 승리』에서 말하듯이 인류의 역사를 향해 승리를 선언해도 될 정도로 위대함을 보여주었다.[391] 과학과 통신 기술의 발전은 사람들의 이동성을 혁명적으로 가속했고 작은 공동체에서만 살아오던 사람들을 무한한 연결망에 속할 수 있도록 하였다. 여기에 세계화의 힘은 이전에 그 존재도 모르던 사람들과도 연결하고 협업을 할 수 있도록 하였다. 그 결과 사람들은 무한대로 커가는 창의성과 욕구를 채우기 위해 거대한 물량과 재화를 동원한다. 이처럼 새롭게 흐르게 된 엄청난 양의 플로우들은 과거 일부 계층만 독점하던 정보의 장벽을 무너뜨리고, 사람들이 정의와 평등에 눈을 뜨게 되고, 새로운

---

391) 에드워드 글레이저(Edward Glaeser), 이진원 역, 『도시의 승리』.

자아의식과 타인에 대한 존엄성을 인식함으로써 신분과 인종의 장벽을 넘는 협업도 가능해진 것이다. 7장 이처럼 연결망의 변화는 우리의 삶과 사회를 밑판부터 바꾸는 결과를 만들어 냈다.

아이러니하게도 도시의 연결은 또 다른 단절을 가져왔다. 무한 경쟁이라는 환경과 새로운 욕구들이 만든 성공 주의는 모든 사람의 마음속에 계속 뒤지 않으면 실패한다는 강박관념을 심어주었다. 이는 도시인들로 하여금 오늘의 축복도 뒤로 하고, 자신의 존귀함도 잊고, 소중한 사람들도 뒤로 한 채 성공이라는 우상을 향해 매진하게 만든다. 그리고 이런 강박적인 성공 주의와 실패의 두려움은 사람들이 강도의 칼을 맞아 신음하는 옆 동료의 고통을 읽을 여유를 갖지 못하도록 만든다. 8장

도시의 연결된 사회에서 사람들은 수많은 사람들 틈에 살지만 실제로는 거의 단절된 삶을 살아간다. 대량 생산성과 자동화는 사람의 얼굴을 한 번도 보지 않고도 집 앞으로 배달된 식사를 받고, 하루 종일 모니터 앞에 앉아 있어도 일하는데 아무 지장을 느끼지 않는다. 식구들이 함께 식사할 기회도 줄었을 뿐 아니라 같이 앉아 있더라도 공통적인 화제도 부족하고 서로 간의 이질적인 것이 너무 많아졌다. 친척들이 같은 도시에 살아도 명절에 한 번씩 전화로만 인사하고 이웃집 사람들과도 거의 접촉하지 않는 것이 이들에게는 크게 이상하지 않다. 3장 이처럼 도시의 연결망은 사람들의 연결과 단절을 동시에 키워 놓았다.

도시인들은 이러한 단절성과 연결성 모두를 적극적으로 사용할 줄 알고 또 그것으로 자신을 위한 기회와 유익을 최대치로 끌어 올린다. 전통사회에서 사람들은 주로 선천적으로 이미 정해진 신분과 그룹에 속하여 살아왔으나 현대인들은 취미, 직장, 종교활동 등 내가 원하는 그룹을 스스로 선택할 수 있는 여유가 많아졌다. 사람들은 활동할 그룹을 자신이 선택하고 쉽게 바꿀

수 있게 되어 각자 '내 그룹 꾸러미'를 만들어 낸다. 이 '내 그룹 꾸러미'는 도시인들이 자기 삶과 미래를 선택할 수 있도록 해주는 엄청난 힘과 기회이다.4장 하지만 내가 내 삶의 중심이 되고 주변을 성공의 다딤돌로 사용하게 되면서, 우리는 '내 삶의 왕'이 되어간다. 이들은 "스스로 왕이 된 자"이기 때문에 막상 자신이 섬겨야 할 주인이 없는 것이다. 자연스럽게 자신이 소유한 막강한 힘과 기회가 누구에게서 왔는지 무엇을 위해 사용해야 하는지 알지 못한다.

도시의 풍요와 성공 신화는 이들 '스스로 왕이 된 자'들에게 넘쳐 나는 힘과 기회를 어떻게 쓰도록 유도한다. 이처럼 주어진 특권에 대한 청지기적 의식이 부족하면 이들 '스스로 왕이 된 사람들'은 그 모든 것을 자기 성공과 죄성과 무책임의 불쏘시개로 태울 수밖에 없는 것이다. 과거에는 이기적이고 파렴치한 삶이 개인적으로 은밀히 행해졌으나, 도시는 이를 공개적이고 확대대고, 구조적으로 부끄러움 없이 드러내도록 한다. 분명 현대 도시는 승리를 선포했지만, 그것이 우리의 이기심과 죄성을 없앤 것은 아니다. 오히려 도시는 사람들에게 통제하기 어려울 만큼의 힘을 나눠줬고, 사람들은 그 힘으로 더 즐겁고, 높아지고, 더 배부르며, 남의 것을 더 빼앗을 수 있게 된 것이다. 그러므로 도시는 '모든 사람이 죄를 범하였으매 하나님의 영광에 이를 수 없는' 롬 3:23-24 우리들의 실존적 한계를 잘 보여주는 곳이다.

'스스로 왕이 된 자'들이 받은 힘과 기회를 탕진한 결과는 소중한 사람들을 잃고 하나님과 동행할 기회도 놓치는 것이다. 그러므로 우리는 주어진 기회와 축복을 올바르게 사용하기 위해 스스로 왕좌에서 내려와, 그 자리에 참된 주인이 앉으시도록 해야 한다. 그리고 우리 손에 있던 도시의 특권과 기회를 새 왕께서 사용하시도록 내드려야 한다. 이것이 바로 우리의 능력을 탕진하지 않고, 쓰임 받는 기쁨을 누리며, 다시 돌아오지 않을 기회를 올바로 사용하는 길이다. 우리는 이제 나의 왕좌에서 내려와서 서로를 연결하고 강도 만난 자를 치유하고 좋은 것과 기쁜 소식을 필요한 자들에게 흘려보내야 한다.

소셜 네트워크의 변화가 그리스도인들에게 주는 선교적 도전과 기회들

본문 모든 장의 마지막에는 '이 상황에서 그리스도인이란 누구이며 무엇을 해야 하는가?'를 선교적 측면에서 다루었다. 이들 선교적 고찰을 합하여 소셜 네트워크 시대에 그리스도인들에게 닥칠 도전과 기회들을 정리하였다.

첫째로 도시의 그리스도인들이 '스스로 왕 됨'의 함정에 빠지지 않기 위해 자신의 다중 정체성을 MCH 선교적 역량으로 인식할 수 있어야 한다. 다중 카드는 그리스도인들의 영향력과 가능성을 크게 확장시켰다. 2장 자신 안에 부여받은 선교적 존재성에 대한 깨달음은 도시의 그리스도인이 이기심과 성공에 대한 유혹을 극복하고 주신 능력을 축복의 통로로 볼 수 있게 해준다. 다중카드소유자MCH였던 사도바울이 자신의 연결 능력을 통해 이방인을 위한 사도로 쓰임 받았듯이롬 11:13, 롬 15:16, 고전 9:1~2, 고전 15:8~10 하나님은 우리가 축복의 통로가 되어 수백 년 동안 지속해 왔던 계층, 민족, 성별 간의 불신을 없애고 좋은 것들을 다시 흐르게 하실 수 있는 것이다.

둘째, 도시의 불신자 전도를 위해 패러다임의 전환은 불가피하다. 이는 전도의 중심이 주일 아침 예배당에서 주중의 일상 공간으로 확산 또는 이동되는 것을 의미한다. 즉, 전도의 주요 장소가 비 그리스도인들과 리얼 게임real game을 치르는 곳으로 이동을 한다는 것이다. 전통적으로 교회는 성경 말씀을 변증과 설교라는 형태로 전해왔다. 예배에는 잘 훈련된 설교자와 정성스럽게 준비한 여러 순서가 마치 무대에서 발표하듯 진행된다. 그리고 회중은 청중석에 앉아 그 준비했던 메시지를 듣는다. 안타깝게도 오늘날에는 이런 무대와 청중이라는 구도로 진행하는 예배가 적어도 불신 자들에게는 별 영향을 미치지 못한다. 교회가 준비한 내용을 아무리 성공적으로 연출하더라도 회중석의 대부분은 이미 잘 믿는 사람들이다.

교회에 불신자가 적은 이유는 개인주의 사회에서 쉬는 날을 희생하며 교회까지 찾아와야 할 불신자도 드물고 또 온다고 하더라도 예배 형식, 용어, 분위기 같은 문화적 차이가 너무 멀어 적응하기가 대단히 어렵기 때문이다. 무엇보다 심각한 것은 이런 문화적 차이보다 소셜 네트워크의 변화이다. 과거 마을 단위로 살아갈 때는 처음 교회를 가더라도 교회 안에는 이미 마을의 친구나 친척들이 있었기에 이미 연결된 관계에서 교회 생활을 출발했다. 즉 같이 놀던 친구를 따라 더 많은 친구들이 있는 곳에서 신앙도 갖고 계속 놀 수도 있었다. 하지만 도시에서 교회를 찾은 불신자는 모든 것이 어색하고 불편하다. 아는 사람이 거의 없고 만나는 사람들과 관심, 직업, 정치적 성향 등 겹치는 것이 거의 없다. 이처럼 불신자가 진리를 찾기 위해 교회를 찾아가는 일도 드물며, 낯선 이들로 가득한 환경 속에서 문화적응까지 해야 하는 그 여정은 그들에게 너무 멀고 험하다. 이처럼 문화적 거리와 빈약한 소셜 네트워크가 교회의 문턱을 높이는 것이다.

아이러니하게도 도시의 비그리스도인들은 과거에 비해 훨씬 더 많이 기독교를 접한다. 그들은 사회생활과 대중매체를 통해 끊임없이 기독교를 접한다. 비 그리스도인들과 그리스도인들 간의 협업을 과거 어느 때보다 흔하다. 불신자들은 평소에도 하루 종일 옆자리에 앉아서 기독교인의 실제 삶을 보고 나름대로 기독교를 평가한다. 또한 기독교인들 역시 타 종교인이나 불신자 동료의 삶을 생활 속에서 관찰한다. 이는 무대 위에서 잘 준비된 설교나 예배 프로그램과 달리 말 그대로 자연 발생적인spontaneously 삶에 대한 것이다. 대부분은 동료로서 일상을 살고 협업하지만, 다른 면에서 이런 실제적 삶의 만남은 누가 참 하나님인지를 분간하는 실제적인 영적 겨룸인 셈이다. 과거 선교

지나 일부 성령 사역을 하던 곳에서 볼 수 있던 영적 싸움이 이제는 도시 곳곳에서 사무실과 공원에서 조용하게 벌어지는 것이다.

과거에는 종교 교리의 변증을 통해 영적 대결을 했지만, 이제는 삶 전체를 드러내는 방식으로 그 범위가 확대되었다. 과거의 불신자들은 무대 위에서 전문가들이 변증하는 복음을 들었지만 지금의 불신자들은 자기 어깨 너머로 우리의 삶을 들여다보면서 자기 나름대로 복음을 해석한다. 이처럼 도시에서의 전도의 장은 교회 예배당으로부터 우리의 일상생활로 번졌고 기독인과 불신 자들 간의 접촉 면적은 과거 어느 때보다도 넓어진 것이다.

셋째, 복음은 믿는 사람과 믿지 않는 사람 모두에게 기쁜 소식이 되어야 한다. 현대인은 종교나 교리 자체에는 관심이 줄어든 반면 감성적이고 합리적이며, 개인적 차원에는 더 열려 있다. 이것은 복음 자체가 힘을 잃었다는 것이 아니다. 오히려 복음은 그 범위가 너무나 넓어서 우리 삶의 어떤 영역에 대한 문제도 답을 줄 수 있는 능력이며 어떤 대안보다도 우월하고 근본적인 해결책을 주는 기쁜 소식이다.

기독교는 전통적으로 변증을 통해 전도를 해왔고 영적 성장에서 지식은 커다란 비중을 차지해 왔다. 문제는 감성적인 현대 불신자들에게 변증적 방식은 종종 그들에게 과도한 인내심을 요구하게 만든다.

삶의 현장에서 하는 리얼 게임은 성경과 논리로 상대방의 생각을 압도해서 이기는 것이 아니라 누가 참 하나님을 가진 자처럼 살고 있는지에 관한 것이다. 개인적인 것과 감성이 중요해진 시대에 현대인의 귀에 들릴 수 있는 복음은 종교나 예배 행위 보다는 좀더 일상 생활을 통해서이다. 즉, 과거의 변증이 기독교의 독특성에 초점을 두었다면, 이제는 비그리스도인과 그리스도인 모두가 공유하는 일상의 삶 가운데 진정한 기쁜 소식을 나누는 것이다.

넷째, 예수님께서 말씀하신 선한 이웃이 되기 위해 그리스도인은 자기의 속도를 늦추고 이웃을 위해 멈출 수 있는 용기를 지녀야 한다. 모든 사람들이 성공을 위해 뛰고 뒤처지면 안 된다고 믿을 때Everybody run! 7장 더 소중한 것을 얻기 위해서는 의도적으로 천천히 걸어야 가능하기 때문이다. 하루 종일 바쁘게 뛰면서 모든 에너지를 소모하는 사람은 당연히 강도 만난 옆 동료를 돌볼 여유가 없다. 강도 만난 동료를 도우려면 우리는 도시의 분주함과 넘쳐 나는 플로우 그리고 성공의 열망에서 자신을 의도적으로 한걸음 떨어뜨릴 때 가능하다. B+도 그리 나쁘지 않다는 것을 알면 우리는 그러한 용기와 여유를 돌려받을 수 가 있다.8장 B+를 택한 대가로 얻을 수 있는 것이 너무 많기 때문이다. 선한 사마리아인이 그 옆을 그냥 지나쳤던 제사장과 율법 교사와 다른 것은 강도 만난 자를 돌보고 용기 있게 B+를 선택했기 때문이다.

소셜 네트워크의 변화로 인한 교회의 선교적 도전과 기회들

본문 모든 장의 마지막에는 '이 상황에서 교회란 무엇이며 무엇을 해야 하는가?'를 선교적 측면에서 다루었다. 이들 선교적 고찰을 합하여 소셜 네트워크 시대에 교회가 알아야 할 도전과 기회들을 정리하였다.

첫째로, 도시 안의 교회church in the city는 자신의 교회를 진정 도시인들을 위한 도시 교회urban church로 전환하는 선교적 노력을 해야 한다.4장. 선교적 고찰 도시 안의 교회church in the city는 도시라는 행정 구역에 위치할 뿐, 도시인에 대한 이해가 부족한 교회이다. 다시말해 시골 교회의 구조나 방식과 크게 다르지 않은 교회이다.

이와 반대로 도시 교회는 교회가 도시인으로 이루어진 점을 진지하게 받아들인다. 이들은 도시인을 이해해야 한다는 부담을 많이 갖는다. 교회를 시작 할 때는 과거의 교회에서 배운 목회적 패턴을 답습하기보다 먼저 하나님이 우리 도시에서 무슨 일을 하시는지를 알기위해 노력해야 한다. 이는 하나님의 마음이 가 있는 곳에 우리 교회의 마음도 같이 가고, 하나님이 일하시는 그 일을 함께 일해야 한다는 생각에서이다.

    도시 안의 교회에서 도시 교회로 변혁하는 과정은 상황적이며 수신자 중심적이어야 한다. 이는 모두 복음이 역동성을 유실하지 않으면서도 변화하는 대상이 쉽게 이해하고 자기 것으로 받아들일 수 있도록 하기 위한 것이다. 이를 위해서 교회는 먼저 교회 안팎의 변화된 환경과 우리 교회가 상식적으로 운영해 오던 체계 간의 괴리감에 주의를 기울여야 한다. 왜냐하면 지금 우리가 당연하다고 생각하는 교회의 사역 방식은 현재의 도시환경을 배경으로 만들어진 것이 아니기 때문이다. 과거 수백 년 동안 유럽이나 북미 주에서의 교회란 같은 마을에 살고 문화적으로 동질적인 사람들을 영적으로 돌보고 종교 생활을 지원하는 공간이었다. 교회의 지도자는 마을 사람들과 문화적 배경은 같지만, 학력도 높고 외부와 연결할 능력도 있는 지식인이자 영적 지도자였다. 사역자들은 평소에는 교회 내부의 일과 성경 연구를 전담하고 성도들을 가르치는 일을 해왔다. 성도들은 친척들과 함께 걸어갈 수있는 거리의 교회를 출석하고 목회자는 평소에도 거리에서 성도들을 쉽게 마주칠 수 있었다. 이처럼 전통사회 안의 풍성한 공감대와 중복된 소셜 네트워크는 교회의 사역을 전인적으로 만들고, 상호 관계를 더욱 다층적으로 형성하는 토양이 되었다.

    하지만 도시 사역에서는 그러한 교회의 운영체계가 오히려 걸림돌이 된다. 사회의 소셜 네트워크 체계가 다르기 때문이다. 예를 들면, 성도들은 주일 예배 시간 외에는 일주일 내내 다른 성도들과 접촉할 기회가 별로 없다. 사역자들도 의도적으로 약속을 하지 않으면 성도들을 만나기가 어렵다. 새로운 사람이 교회를 찾아오면 교회 안의 사람들은 대부분이 처음 보는 사람들이다. 이처럼 과거의 장점이 약해진 상황은 이제 도시 안의 교회들이 속히 도시 교회로 변화해야 할 것을 절박하게 보여준다.

둘째로, 도시 교회는 복음 전도를 네트워크의 관점으로 볼 수 있어야 한다. 전통적으로 복음 전도는 개인적인 결신을 통하여 교회의 일원이 되도록 돕는 행위였다. 본문에서 여러 차례 언급한 것처럼 복음 전도도 넓은 차원에서 보면 일종의 연결하는 사역이다. 3, 4장 둘 사이가 막혀있으면 복음도 확산하기 어려울 뿐 아니라 그룹 간의 미움과 불신도 커져 그 모든 결과는 악한 자가 바라던대로 된다. 그러므로 도시 교회는 막힌 담을 무너뜨리고 우리가 상대방에게로 건너가 화해와 용서의 악수를 하도록 하시는 하나님의 열심에 주목해야 한다. 성공하기 위해 남을 믿지 말고 약자가 되지 말라는 도시 문화에서 교회는 나뉘었던 상대방과 연결하고 화해의 악수를 하는 그것이야말로 강한 교회임을 믿어야 한다.

셋째, 도시형 교회는 교회의 구조를 찾아가는 구조go structure로 전환해야 한다. 모이기를 부담스러워하는 현대인들의 추세는 도시 교회의 위기이다. 이런 트렌드는 예배 행위와 예배의 시공간이 당연히 같은 것이라고 여겼던 생각에 도전한다. 이런 신학적이면서 실질적인 도전은 예배를 일정한 시간에 예배당이라는 장소에서만 드리는 것뿐 아니라 하나님의 주권이 미치는 어떤 시공간도 '나의 신을 벗어야 하는 거룩한 곳'임에 눈을 뜨게 했다.

만약 교회의 사역이 시공간의 한계를 넘을 수 있다면 교회는 성도들과 비그리스도인들에게 자연스러운 시공간 지대로 분산하고 찾아갈 수가 있다. 6장 선교적 고찰 부분 불신자들에게 익숙한 시공간이 교회의 사역자들에게는 어색한 시공간이라면, 역으로 불신자가 교회로 오도록 하는 것이 과연 성육신적 사역이라 할 수 있겠는가? 주일날 한 장소에 있던 교회가 다른 시간에는 성도들의 직장 앞 음식점에서, 아침 10시에 엄마들이 유모차를 끌고 나오는 커피숍에서, 토요일 아침 배드민턴 클럽에서, 무한한 온라인 공간에서, 택시기사들 간의 무선 통신 안에, 금융 거리의 한쪽에 작은 기도실 등으로 이런 것이 나눠지면서 연결되는 교회라 하겠다.

넷째, 교회는 새로운 리더십으로 부상하는 티셔츠 입은 성도들을 하나님의 선교 차원에서 축복할 수 있어야 한다. 신 미전도 그룹Neo-unreached group의 출현은 그야말로 전도의 위기이다. 도시의 경제 활동집단, 전문성 그룹, 또는 관심 그룹들은 그 정체성이 매우 뚜렷하므로 그 안에서 신앙적 간증을 드러내는 것은 불편한 일로 여기기 마련이다. 또한 사역자가 성도들의 일상이나 일터를 찾아가는 것은 더욱 어려운 일이기에 도시의 사회생활 공간에서 사역자들의 종교적 영향력이 위축되는 것은 어쩔수 없는 현실이다.

교회는 이 도전을 통해 하나님이 일하시는 곳에 눈을 고정하고 새로운 패러다임에서 새로운 리더의 부상을 적극적으로 준비해야 한다. 4장, 8장 선교적 고찰 부분 즉 새로운 리더십의 등장을 준비하고 이에 걸맞은 교회의 역할을 자리매김할 수 있어야 한다. 여기에는 크게 두 가지 실제적인 정리가 있어야 한다. 그중 하나는 교회와 전문 분야의 선교단체는 서로를 경쟁 관계가 아닌 하나님 나라의 차원에서 파트너로 인정할 수 있어야 한다. 이 협력관계가 현실적으로 쉽지 않은 이유는 이 두 조직 모두 다 한정된 인적, 물적 자원 앞에서 쉽게 폐쇄적으로 되기 때문이다. 이를 해결하기 위해서는 두 조직들이 자신의 역할과 위치를 공감하고 둘 다 하나님의 선교Missio Dei를 위한 신학적 틀과 비전이 있어야 한다.

두 번째 해야 할 정리로는 새로운 리더십의 부상으로 인해 교회의 역할이 위축되어서는 안 된다. 왜냐하면 교회는 그 존재 자체가 가치이면서 더 중요한 것은 선교단체나 새로운 리더십 모두 이들은 광범위한 교회의 일원들이기 때문이다. 새로운 리더십의 등장은 교회의 어떠함이 아니라 현대 소셜 네트워크가 만들어 낸 사회에 더욱 성경적으로 적응하려는 교회의 창조적 반응이다. 어쩌면 지역 교회가 지역 사역에 더 집중할 기회가 될 것이다. 신학교를 졸업하고 전문적으로 훈련받은 인재들은 가운 입은 성도로서 교회를 지키고 지역에서 온 성도들을 양육하고 교회를 이단으로부터 보호하며 예배와 봉사의 사역에 집중해야 한다. 각자의 사역이 건강할수록 교회와 신학교와 선교단체는 창조적인 동반관계를 유지할 것이다.

본 서적은 소셜 네트워크의 변화로 인해 도시의 교회와 그리스도인들이 알아야 할 선교적 도전과 또 그것이 주는 기회를 살펴보았다. 아무리 사회가 변하여도 물이 바다 덮음 같이 모든 도시인들이 여호와를 아는 것이 편만하게 하시려는 하나님의 선교적 의지는 지금도 여전히 같다. 사 11:9 이에 우리는 하나님이 지금 우리 도시에서 어떤 일을 하고 계시는지를 알고 그 일의 동역자가 되는 데 힘써야 한다. 그럴 때 우리는 하나님의 선교Missio Dei에 동참하는 것이다.

참고 및 인용문헌

Abercrombie, Nicholas, Stephen Hill, and S. Bryan Turner. "Dictionary of Sociology." In *Dictionary of Sociology*. London: Penguin Reference, 2006.
Achor, Shirley. *Mexican Americans in a Dallas Barrio*. Tucson: University of Arizona Press, 1978.
"Affordable Housing and Social Protection Systems for All to Address Homelessness." Commission for Social Development. United Nations Economic and Social Council, 2019.
Alan, Smart, and Smart Josephine. "Urbanization and the Global Perspective." *Annual Review of Anthropology*, 2003, 263–85.
Alexandra, Maryanski. *The Social Cage: Human Nature and the Evolution of Society*. Stanford, CA.: Stanford University Press., 1992.
Alford, R. R. "Critical Evaluation of the Principles of City Classification." In *City Classification Handbook: Methods and Applications*, edited by Brian J. L. Berry, 331–59. N. Y.: John Wiley, 1972.
Allan, G.A. *A Sociology of Friendship and Kinship*. London: Allen and Unwin, 1979.
Archer, John. "Colonial Suburbs in South Asia 1700-1850, and the Spaces of Modernity." In *Visions of Suburbia*, edited by R. Silverston, 26–54. London: Routledge, 1996.
Arjun, Appadurai. "Disjuncture and Difference in the Global Cultural Economy." *Theory, Culture and Economy* 7, no. 2(1986): 295–310.
Bakhtin, M. M. "Forms of Time and of the Chronotope in the Novel: Notes towards a Historical Poetic." In *The Dialogic Imagination: Four Essays*, edited by M. M. Bakhtin and Michael Holquist, University of Texas Press Slavic series:84–258. Austin: University of Texas Press, 1981.
Banfield, E. C. *THe Moral Basis of a Backward Society*. New York: Free Press, 1958.
Barth, Karl. *Letters, 1961-1968*. Grand Rapids, Mich. : Eerdmans, 1981.
Barth, Karl, and Edwyn Clement Sir Hoskyns. *The Epistle to the Romans*. A Galaxy Book ; GB261. London: Oxford U.P., 1968.
Baskauskas, Liucija. "Multiple Identities: Adjusted Lithuanian Refugees in Los Angeles." *Urban Anthropology* 6, no. 2(1977): 141–54.
Bauman, Zygmunt. *Consuming Life*. First Edition. Cambridge ; Malden, MA: Polity Press, 2007.
Beavans, Stephen B. *Models of Contextual Theology*. Marknoll, New York: Orbis Book, 2000.
Beavans, Stephen B, and Roger Schroeder. *Prophetic Dialogue: Reflections on Christian Mission Today*. Maryknoll, NY.: Orbis Books, 2011.
Becci, Irene, Marian Burchardt, and José Casanova. *Topographies of Faith:*

Religion in Urban Spaces. 1 online resource(229 pages) vols. International Studies in Religion and Society ; v. 17. Leiden ; Brill, 2013. http://booksandjournals.brillonline.com/content/9789004249073.

Beck, Ulrich 1944-2015, and Ciaran(Ciaran P.) Cronin. *The Cosmopolitan Vision*. Cambridge, UK ; Polity, 2006.

Bell, David R., and Mary Douglas. "Natural Symbols: Explorations in Cosmology." *The Philosophical Quarterly The Philosophical Quarterly* 22, no. 88(1972): 280.

Bennett, Andy, and Richard A. Peterson, eds. *Music Scenes: Local, Translocal and Virtual*. Nashville, TN: Vanderbilt University Press, 2004.

Berkhof, Handrikus. *Christian Faith: An Introduction to the Study of the Faith*. Grand Rapids: MI: Eerdmans, 1979.

Berry, Brian J. L., and Adam Okulicz-Kozaryn. "An Urban-Rural Happiness Gradient." *Urban Geography* 32, no. 6(2011): 871–83.

Berryman, Phillip., and Phillip. Berryman. *Religion in the Megacity: Catholic and Protestant Portraits from Latin America*. Maryknoll, N.Y.: Orbis Books, 1996.

Bestor, Theodore C. "Supply-Side Sushi: Commodity, Market, and the Global City." *American Anthropologist* 103, no. 1(2001): 76–95.

Bicchieri, Cristina. *Norms in the Wild : How to Diagnose, Measure, and Change Social Norms*. New York, NY: Oxford University Press, 2017.

Bicchieri, Cristina, Ryan Muldoon, and Alessandro Sontuoso. "Social Norm." Standard Encyclopedia of Philosophy, March 1, 2011. https://plato.stanford.edu/entries/social-norms/#Bib.

Bicchieri, Cristina, and Erte Xiao. "Do the Right Thing: But Only If Others Do So." *Journal of Behavioral Decision Making* 22, no. 2(2009): 191–208.

Bohannan, Paul. *Social Anthropology*. New York: Holt Rinehart and Winston, 1963.

Boissevain, Jeremy. *Friends of Friends; Networks, Manipulators and Coalitions*. Pavilion Series Social Anthropology. Oxford: Blackwell, 1974.

Bonhoeffer, Dietrich, Christian Gremmels, Eberhard Bethge, Renate. Bethge, Ilse Tödt, and John W. De Gruchy. *Letters and Papers from Prison*. 1st English ed. 1 online resource(xxiii, 750 pages) vols. Dietrich Bonhoeffer Works ; v. 8. Minneapolis, Minn.: Fortress Press, 2010.

Bourdieu, Pierre. "Distinction: A Social Critique of the Judgment of Taste." In *Handbook of Theory and Research for the Sociology of Education*, translated by Richard Nice, 241–58. New York: Greenwood Press, 1986.

Brueggemann, Walter. *The Land: Place as Gift, Promise, and Challenge in Biblical Faith*. Overtures to Biblical Theology; [1]. Philadelphia: Fortress Press, 1977.

Burgess, Ernest W. "The Growth of the City: An Introduction to a Research Project." In *The City*, edited by Robert Ezra Park, E. W. Burgess, and Roderick Duncan McKenzie, 47–62. Chicago: University of Chicago Press, 1925.

Burnett, David. *Clash of Worlds*. Eastbourne: Monarch, 1990.

Butterworth, D. "A Study of the Urbanization Process Among Mixtec Migrants

from Tilantongo to Mexico City." In *Peasnats in Cities*, edited by W. Magnin, Reprinted., 98–113. Boston: Houghton Mifflin, 1970.
Calhoun, John B. "Population Density and Social Pathology." *Scientific American* 206, no. 2(1962): 139–49.
Caplow, Theodore, Howard M. Bahr, Bruce A. Chadwick, Reuben Hill, and Marget Holms Williamson. *Middletown Families: Fifty Years of Change and Continuity*. New York: Bantam, 1982.
Capra, Rachel T. A., Mary L. Rigdon, and Tanya S. Rosenblat, eds. "Game-Theoretic Accounts of Social Norms." In *Handbook of Experimental Game Theory*, 241–55. Cheltenham: Edward Elgar Publishing, 2020.
Castells, Manuel. *The Rise of the Network Society*. 2nd ed. Vol. 1. Information Age. Malden, Mass.: Blackwell Publishers, 2000.
———. *The Rise of the Network Society*. 2nd ed. Vol. v. 1. Information Age. Oxford ; Malden Mass: Blackwell Publishers, 2010.
Clinard, M. B. "Deviation Behavior: Urban-Rural Contrasts." In *Metropolis : Values in Conflict.*, edited by C. E. Elias, J. Gillies, and S. Reimer, 237–44. Belmont CA: Wadsworth Pub., 1964.
Cohen, S. D. "Environmental Load and the Allocation of Attention." In *Advances in Environmental Psychology. Volume 1, The Urban Environment*, edited by Andrew. Baum and Jerome E. Singer, 3rd ed., 1–30. Hillsdale, N.J.: Erlbaum, 1978.
Colombo, Enzo, and Paola Rebughini. "The Children of Immigrants in Italy: A New Generation of Italians?" In *Multiple Identities: Migrants, Ethnicity, and Membership*, edited by Paul Spickard, 188–212. Bloomington, IN: Indiana University Press, n.d.
Conn, Harvie M. *Eternal Word and Changing Worlds: Theology, Anthropology, and Mission in Trialogue*. Phillipsburg, NJ.: P&R Publishing., 1984.
Conn, Harvie M., and Manuel Ortiz. *Urban Ministry: The Kingdom, the City & the People of God*. Downers Grove Ill: InterVarsity Press, 2001.
Connerton, Paul. *How Societies Remember*. Themes in the Social Sciences. Cambridge [England]: Cambridge University Press, 1989.
Conrad, Phillip Kottak. *Cultural Anthropology*. 13th edition. Boston: McGraw-Hill Humanities, 2009.
Cooley, Charles Horton. *Human Nature and the Social Order*. New York: Charles Scribner's Sons, 1902.
Cornell, Stephen. "Discovered Identities and American Indian Supratribalism." In *We Are a People: Narrative and Multiplicity in Constructing Ethnic Identity*, edited by Paul Spickard and Jeffry W. Burroughs, 98–123. Philadelphia: Temple University Press, 2000.
Cox, Harvey Gallagher. *The Secular City: Secularization and Urbanization in Theological Perspective*. Princeton: Princeton University Press, 2013.
Crang, Mike. "Rhythms of the City: Temporalised Space and Motion." In *TimeSpace: Geographies of Temporality*, edited by Jon. May and N. J. Thrift, 187–207. Critical Geographies : CG ; 13. London: Routledge, Taylor & Francis Group, 2001.
———. "Time: Space." In *Spaces of Geographical Thought: Deconstructing

Human Geography's Binaries, edited by Paul J. Cloke and Ron. Johnston, 199–220. Society and Space Series. London ; SAGE Publications, 2005.

Crenshaw, Kimberle. "Demarginalizing the Intersection of Race and Sex: A Black Feminist Critique of Antidiscrimination Doctrine, Feminist Theory and Antiracist Politics." University of Chicago: University of Chicago Legal Forum, 1989.

Cresswell, Tim. *Place: A Short Introduction*. Hoboken : Wiley, 2013.

Crowe, P. "Social Networks in an Urban Context." In *Western European Cities in Crisis*, edited by M.C. Romanos, 67–80. Lexington MA: Lexington Press, 1979.

Day, Christopher. *Places of the Soul: Architecture and Environmental Design as a Healing Art*. Pbk. ed. London: Aquarian/Thorsons, 1990.

Degenhard, J. "Statista." *Number of Smartphone Users Worldwide from 2014-2029*(blog), December 12, 2024. https://www.statista.com/forecasts/1143723/smartphone-users-in-the-world.

Devos, T., and M. R. Banaji. "American = White?" *Journal of Personality and Social Psychology* 88, no. 3(2005): 447–66.

Diel, Kathi, Sonja Grelle, and Wilhelm Hofmann. "A Motivational Framework of Social Comparison." *Journal of Personality and Social Psychology* 120(2021): 1415–30. https://doi.org/10.1037/pspa0000204.

Douglas, Mary. "Cultural Bias: Royal Anthropological Institute Occasional Paper." Royal Anthropological Institute, 1978.

Dublin, L. *Suicide*. N. Y.: Roland, 1963.

Eames, Edwin, and Judith Goode. *Anthropology of the City: An Introduction to Urban Anthropology*. Prentice-Hall Series in Anthropology. Englewood Cliffs N J: Prentice-Hall, 1977.

Ellul, Jacques 1912-1994., and Jacques 1912-1994. Ellul. *The Meaning of the City*. Grand Rapids, MI.: Eerdmans, 1970.

Ferraro, Gary P. *Cultural Anthropology : An Applied Perspective*. Minneapolis/St. Paul: West, 1995.

Fischer, Claude S. *The Urban Experience*. 2nd ed. San Diego: Harcourt Brace Jovanovich, 1984.

———. *To Dwell among Friends : Personal Networks in Town and City*. Chicago: University of Chicago Press, 1982.

Flanagan, William G. *Contemporary Urban Sociology*. Cambridge; New York: Cambridge University Press, 1993.

———. *Urban Sociology : Images and Structure*. 2nd ed. Boston: Allyn and Bacon, 2002.

———. *Urban Sociology: Images and Structure*. 5th ed. Rowman & Littlefield Publisher, 2010.

Foster, G. M. "Interpersonal Relations In Peasant Society." *Human Organization* 19(61 1960): 174–84.

Foucault, Michel. *Power/Knowledge: Selected Interviews & Other Writings 1972-1977*. Edited by Colin Gordon. Translated by Colin Gordon, Leo Marshall, John Mepham, and Kate Soper. New York: Pantheon Books, 1980.

Frankenberg, Ronald. *Communities in Britain : Social Life in Town and Country*.

Modern Revivals in Sociology. Aldershot: Gregg Revivals, 1994.
Fraser, Matthew, and Soumitra Dutta. *Throwing Sheep in the Boardroom: How Online Social Networking Will Transform Your Life, Work and World.* Chichester, England ; Hoboken, NJ: Wiley, 2008.
Geoffrey, Brennan, Lina Eriksson, Robert E. Goodin, and Nicholas Southwood. *Explaining Norms.* N. Y.: Oxford University Press, 2013.
Gergen, Kenneth. "Multiple Identity: The Healthy, Happy Human Being Wears Many Masks." *Psychology Today* 12, no. May(1972): 31–35.
Gibbs, J. P. "Suicide." In *Contemporary Social Problems*, edited by R. K. Merton and R. Nisbet, 271–312. N.Y.: Harcourt Brace Jovanovich, 1971.
Gibson, William. *Neuromancer.* Reprint. Ace, 1987.
Giedion, Sigfried. *Space, Time and Architecture: The Growth of a New Tradition.* Cambridge, MA: Harvard University Press, 1974.
Gillette, Maris Boyd. *Between Mecca and Beijing : Modernization and Consumption among Urban Chinese Muslims.* Stanford Calif: Stanford University Press, 2000.
Gilliland, Dean S. *Pauline Theology & Mission Practice.* Jos Plateau State Nigeria: Albishir Bookshops(Nig) Ltd., 1983.
———. *The World Among Us: Contextualizing Theology for Mission Today.* Dallas, TX: Word Publishing, 1989.
Goffman, Erving. *Relations in Public.* New York: Basic Book Inc., 1972.
Gordon, Milton M. "Toward a General Theory of Racial and Ethnic Group Relations." In *Ethnicity*, edited by Nathan Glazer and Daniel Moynihan, 84–110. Cambridge, MA: Harvard University Press, 1975.
Gorringe, Timothy. *A Theology of the Built Environment: Justice, Empowerment, Redemption.* Cambridge, U.K.: Cambridge University Press, 2002.
Gottdiener, Mark, and Leslie Budd. *Key Concepts in Urban Studies.* London; Thousand Oaks, CA.: SAGE Publications, 2005.
Gottdiener, Mark, Randolph Hohle, and Colby King. *The New Urban Sociology.* 6th ed. N.Y.: Routledge, Taylor & Francis Group, 2019.
Gottdiener, Mark, and Ray Hutchison. *The New Urban Sociology.* 3rd ed. Boulder, Colo.: Westview Press, 2006.
———. *The New Urban Sociology.* 4th ed. Boulder, Colo.: Westview Press, 2011.
Gould, Harold. "Lucknow Rickshawallas: The Social Organization of an Occupational Category." *International Journal of Comparative Sociology* 6(1965): 27–47.
Greeley, Andrew M. *Ethnicity in the United States: A Preliminary Reconnaissance.* New York: Wiley, 1974.
Greenway, Roger S., and Timothy M. Monsma. *Cities: Missions' New Frontier.* 2nd ed. Grand Rapids, MI: Baker Books, 2000.
Gregory, Steven. *Black Corona: Race and the Politics of Place in an Urban Community.* Princeton, N.J.: Princeton University Press, 1998.
Gruebner, Oliver, Michael A Rapp, Mazda Adli, Ulrike Kluge, Sandro Galea, and Andreas Heinz. "Cities and Mental Health." *Deutsches Arzteblatt International* 114, no. 8(2017): 121–27.
Gulick, John. *The Humanity of Cities: An Introduction to Urban Societies.* Granby

Mass: Bergin & Garvey, 1989.

———. "Urban Anthropology." In *Handbook of Social and Cultural Anthropology*, edited by J.J. Honigman, 979–1029. Chicago: Rand-McNally College Publishing Company, 1973.

Gunnarsson, Serine. "Doing Belonging: Young Women of Middle Eastern Backgrounds in Sweden." In *Multiple Identities: Migrants, Ethnicity, and Membership*, edited by Spickard, Paul, 88–113. Bloomington, IN: Indiana University Press, n.d.

Habermas, Jürgen. *The Structural Transformation of the Public Sphere: An Inquiry into a Category of Bourgeois Society*. Cambridge, MA: The MIT Press, 1991.

Halbwachs, Maurice, Francis J. Ditter, and Vida Yazdi Ditter. *The Collective Memory*. 1st ed. Harper Colophon Books ; CN/800. New York: Harper & Row, 1980.

Hamman, Robin. "Introduction to Virtual Communities." Cybersociology: Magazine for Social-scientific Researches of Cyberspace, November 20, 1997. http://www.cybersociology.com/files/2_1_hamman.html.

Hancock, Mary, and Smriti Srinivas. "Spaces of Modernity: Religion and the Urban in Asia and Africa." *International Journal of Urban and Relgional Research* 32(2008): 617–30.

Hannerz, Ulf. *Exploring the City: Inquiries toward an Urban Anthropology*. New York: Columbia University Press, 1980.

———. *Soulside : Inquiries into Ghetto Culture and Community*. New York: Columbia University Press, 1969.

Hansen, Drew D. *The Dream : Martin Luther King, Jr., and the Speech That Inspired a Nation*. 1st ed. New York: Ecco, 2003.

Harvey, David. *The Urban Experience*. Baltimore: Johns Hopkins University Press, 1989.

Havens, Betty., Madelyn Hall, Gina Sylvestre, and Tyler Jivan. "Social Isolation and Loneliness: Differences between Older Rural and Urban Manitobans." *Canadian Journal on Aging* 23, no. 2(Sum 2004): 129–40.

Hays, K. Michael. *Architecture Theory since 1968*. Cambridge, Massachusetts: The MIT Press, 2015.

Hechter, Michael, and Karl-Dieter Opp. *Social Norms*. New York: Russell Sage Foundation, 2001.

Helliwell, John F., Hugh Shiplett, Christopher P. Barrington-Leigh, and National Bureau of Economic Research. *How Happy Are Your Neighbours? : Variation in Life Satisfaction among 1200 Canadian Neighbourhoods and Communities*. NBER Working Paper Series ; No. 24592. Cambridge, Mass.: National Bureau of Economic Research, 2018.

Hiebert, Paul G. *Anthropological Insights for Missionaries*. Grand Rapids, Mich.: Baker Book House, 1985.

Hiebert, Paul G. "Cultural Differences and the Communication of the Gospel." In *Perspectives on the World Christian Movement: A Reader*, edited by Ralph D. Winter and Steven C. Hawthorne, 373–83. Pasadena, Calif.: William Carey Library, 1999.

Hiebert, Paul G., and Eloise Hiebert Meneses. *Incarnational Ministry: Planting Churches in Band, Tribal, Peasant, and Urban Societies*. Grand Rapids, Mich.: Baker Books, 1995.

Hill Collins, Patricia., Memphis State University. Center for Research on Women., and Research Clearinghouse and Curriculum Integration Project on Women of Color and Southern Women. *Toward a New Vision : Race, Class and Gender as Categories of Analysis and Connection*. Memphis, TN: Research Clearinghouse and Curriculum Integration Project, Center for Research on Women, 1989.

Hitching, Bob. *McDonalds, Minarets and Modernity : The Anatomy of the Emerging Secular Muslim World*. Sevenoaks Kent U K: Spear Publications, 1996.

Hollander, Jocelyn A. "Vulnerability and Dangerousness: The Construction of Gender through Conversation about Violence." *Gender and Society* 15, no. 1(2001): 83–109.

Horowitz, Donald L. "Ethnic Identity." In *Ethnicity*, edited by Nathan Glazer and Daniel Moynihan, 111–40. Cambridge, MA: Harvard University Press, 1975.

House, James S., and Sharon Wolf. "Effects of Urban Residence on Interpersonal Trust and Helping Behavior." *Journal of Personality and Social Psychology* 36, no. 9(1978): 1029–43.

Ingold, Tim. "Toward an Ecology of Materials." *Annual Review of Anthropology* 41(2012): 427–42.

Iorizzo, Luciano J., and Salvatore Mondello. *The Italian Americans*. Revised. Boston: Twayne, 1980.

Jacobsen, Eric O. *Sidewalks in the Kingdom: New Urbanism and the Christian Faith*. The Christian Practice of Everyday Life. Grand Rapids, MI: Brazos Press, 2003.

Jacobson, David. *Itinerant Townsmen*. Menlo Park, CA: Cummings Publishing Co., 1973.

Jacqueline, Mithum. "Cooperation and Solidarity as Survival Necessities in a Black Urban Community." *Urban Anthropology* 2(1973): 25–34.

Jaffe, Rivke, and Anouk de Koning. *Introducing Urban Anthropology*, 2016.

Kaldor, Peter., and Peter. Kaldor. *Who Goes Where?: Who Doesn't Care?* Homebush West, N.S.W.: Lancer, 1987.

Kang, Myungsoo. *Dijitel Sidae Community Hualyong Junliak.(Strategy for Community Building in the Digital Age)* Kyung Gee, Korea: Korea Academic Information, 2006.

Kim, Enoch J. "A New Entrance Gate in Urban Minorities: Chinese Muslim Minority, the Hui People Case." *Missiology: An International Review* 39, no. 3(2011): 353–71.

———. "Receptor-Oriented Communication for Hui Muslims in China: With Special Reference to Church Planting." Fuller Theological Seminary, 2009.

Kim, Enoch Jinsik. *Mission Strategy in the City: Cultivation of Inter-Ethnic Common Grounds*. Eugene OR: Pickwick Publication, 2017.

———. *Receptor-Oriented Communication for Hui Muslims in China: With Special Reference to Church Planting*. Vol. 34. American Society of

Missiology Monograph Series. Eugene OR: Pickwick Publication, 2018.

———. "'Us' or 'Me'? Modernization and Social Networks among China's Urban Hui." In *Longing for Community: Church, Ummah, or Somewhere In Between?*, edited by David Greenlee, 93–103. Pasadena, CA: William Carey Library, 2013.

Knight, John, and Ramani Gunatilaka. "Rural-Urban Migration and Happiness in China." In *World Happiness Report 2018*, edited by Richard Lavard, John F. Helliwell, and Jeffrey Sachs, Chapter 4. New York, NY : Sustainable Development Solutions Network, 2018.

Koyama, T. "Rural-Urban Comparisons of Kinship Relations in Japan." In *Families in East and West*, edited by R. Hill and R. Konig, 318–37. Paris: Mouton, 1970.

Kraft, Charles H. *Christianity in Culture : A Study in Dynamic Biblical Theologizing in Cross-Cultural Perspective*. Maryknoll N Y: Orbis Books, 1979.

Kricheldorf, Hans Rytger 1942-. *Getting It Right in Science and Medicine : Can Science Progress through Errors? Fallacies and Facts*. Switzerland: Springer, 2016.

Kuyper, Abraham 1837-1920. "Sphere Sovereignity." In *Abraham Kuyper: A Centennial Reader*, edited by James D. 1949- Bratt. Grand Rapids, Mich.: Eerdmans, 1998.

Lafayette H., Bunnell. *Discovery of the Yosemite, and the Indian War of 1851*. New York, Chicago: F. H. Revell Co., 1892.

Lapinski, M. K., and R. N. Rimal. "An Explication of Social Norms." *Communication Theory* 15, no. 2(2005): 127–47.

Latane, B., and J. M. Darley. "Bystander 'apathy'." *American Scientist* 58(1969): 244–68.

Lefebvre, Henri. *The Production of Space*. Translated by Donald Nicholson-Smith. Cambridge, MA: Balil Blackwell Inc., 1991.

Lemasters, E. E. *Blue Collar Aristocrats: Life-Styles at a Working-Class at a Tavern*. Madison: University of Wisconsin Press, 1976.

Leong, David P., and Soong-Chan Rah. *Race and Place: How Urban Geography Shapes the Journey to Reconciliation*. Downers Grove, IL: InterVarsity Press, 2017.

Levitt, P., and Schiller Gulick. "Transnational Perspectives on Migration: Conceptualizing Simultaneity." *Internationl Migration Review* 38, no. 3(2004): 1002–39.

Lindberg, Leon. "Economic Governance and the Analysis of Structural Change in the American Economy." In *Governance of American Economy: Structural Analysis in the Social Sciences*, edited by John L. Campbell, J. R. Hollingsworth, and L. N. Lindberg, 3–34. Cambridge: Cambridge University Press, 1991.

Lingenfelter, Sherwood. *Transforming Culture : A Challenge for Christian Mission*. 2. Grand Rapids Mich: Baker Books, 1998.

Litwak, Eugene. "Occupational Mobility and Extended Family Cohesion." *American Sociological Review* 25(1960): 9–21.

Litwak, Eugene, and Ivan Szelenyi. "Primary Group Structures and Their Functions: Kin, Neighbors and Friends." *American Sociological Review* 34(1969): 465–81.

Lod, S.M. *Theorizing the City: The New Urban Anthropology Reader*. New Brunswick, NJ.: Rutgers University Press, 1999.

Low, Setha M. *On the Plaza : The Politics of Public Space and Culture*. 1st ed. Austin: University of Texas Press, 2000.

———. "Spatiality: The Rebirth of Urban Anthropology through Studies of Urban Space." In *A Companion to Urban Anthropology*, edited by Donald Macon Nonini, 15–27. Chichester, West Sussex: Wiley-Blackwell, 2014.

Lynch, Owen. *The Politics of Untouchability*. New York: Columbia University Press, 1969.

Mahler, Sarah J., and Patricia R. Pessar. "Gender Matters: Ethnographers Bring Gender from the Periphery toward the Core of Migration Studies." *IMRE International Migration Review* 40, no. 1(2006): 27–63.

Mangalam, J. J., and Harry K. Schwarzweller. "Some Theoretical Guidelines toward a Sociology of Migration." *Intemigrrevi International Migration Review* 4, no. 2(1970): 5–21.

Mangin, William. "Squatter Settlements." *Scientific American* 217, no. 4(1967): 21–29.

Mangin, William, Comp. *Peasants in Cities: Readings in the Anthropology of Urbanization*. Boston: Houghton Mifflin Co, 1970.

———. "Sociological, Cultural, and Political Characteristics of Some Urban Migrants in Peru." In *Urban Anthropology: Cross-Cultural Studies of Urbanization*, edited by Aidan Southall, 315–50. Oxford [England]: Oxford University Press, 1973.

Marcus, George E. "Ethnography in/of the World System: The Emergence of Multi-Sited Ethnography." *Annual Review of Anthropology* 24(1995): 95.

Massey, Douglas S., and Nancy A. Denton. *American Apartheid : Segregation and the Making of the Underclass*. Cambridge, Mass.: Harvard University Press, 1993.

McDonogh, Gary W. "Flow." In *A Companion to Urban Anthropology*, edited by Donald Macon Nonini, 28–45. Chichester, West Sussex: Wiley-Blackwell, 2014.

McKenzie, Roderick Duncan. *The Metropolitan Community*. New York; London: McGraw-Hill Book Co., 1933.

McLuhan, Herbert Marshall. *Understanding Media : The Extensions of Man*. 4. print. London: The MIT Press, 1964.

Merton, R. K. "Social Structure and Anomi." In *Social Theory and Social Structure*, 185–214. N. Y.: Free Press, 1980.

Michaelson, William M. *Man and His Urban Environment: A Sociological Approach*. Revisions. Reading, MA.: Addison-Wesley, 1976.

Mitchell, Don. *The Right to the City: Social Justice and the Fight for Public Space*. New York: Guilford Press, 2003.

Mulíček, Ondřej, Robert Osman, and Daniel Seidenglanz. "Urban Rhythms: A Chronotopic Approach to Urban Timespace." *Time & Society* 24, no.

3(January 1, 2014): 304–25.
Mumford, Lewis. *The City in History: Its Origins, Its Transformations, and Its Prospects*. New York: Harcourt, Brace & World, 1961.
Munger, Robert Boyd 1910-, and Robert Boyd 1910- Munger. *My Heart-- Christ's Home*. Rev. ed. Downers Grove, Ill.: Inter-Varsity Press, 1986.
Munn, Nancy D. "Excluded Spaces: The Figure in the Australian Aboriginal Landscape" 22, no. 3(1996): 446–65.
Myers, Bryant L. *Engaging Globalization: The Poor, Christian Mission, and Our Hyperconnected World*. Mission in Global Community. Grand Rapids, Michigan: Baker Academic, a division of Baker Publishing Group, 2017.
"National Bureau of Stastics of China." Council Census Office, 2002. http://www.stats.gov.cn/english/Statisticaldata/AnnualData/.
Nelson, Joan M. *Access to Power : Politics and the Urban Poor in Developing Nations*. Princeton, NJ : Princeton University Press, 2017.
Newberry, Jan. "Women's Ways of Walking: Gender and Urban Space in Java." In *Gender in an Urban World*, edited by Judith N. DeSena. Research in Urban Sociology ; v. 9. Bingley: Emerald JAI, 2008.
Newman, Peter. *Cities as Sustainable Ecosystems : Principles and Practices*. Washington DC: Island Press, 2008.
Nida, Eugene Albert. *Message and Mission; the Communication of the Christian Faith*. [1st]. New York: Harper, 1960.
Niebuhr, H. Richard(Helmut Richard), 1894-1962., and H. Richard(Helmut Richard) Niebuhr 1894-1962. *Radical Monotheism and Western Culture: With Supplementary Essays*. Library of Theological Ethics. Louisville, Ky.: Westminster/John Knox Press, 1993.
Noel, Donald. "A Theory of the Origin of Ethnic Stratification." *Social Problems* 16, no. 2(1968): 157–72.
Oishi, Nana. *Women in Motion : Globalization, State Policies, and Labor Migration in Asia*. 1 online resource(xviii, 238 pages) : illustrations vols. Stanford, Calif. : Stanford University Press, 2005.
Oldenburg, Ray. *The Great Good Place : Cafés, Coffee Shops, Bookstores, Bars, Hair Salons, and Other Hangouts at the Heart of a Community*. Cambridge: Da Capo Press, 1999.
Olson, D. H. "Circulplex Model of Marital and Family Systems: Assessing Family Functioning." In *Normal Family Processes*, edited by F. Walsh, 104–37. New York: Guilford Press, 1993.
Orun, A. M., and Xiangming Chen. *The World of Cities: Places in Comparative and Historical Perspective*. Malden, MA: Wiley-Blanckwell, 2003.
Palen, J. John. *The Urban World*. New York: McGraw-Hill, 1992.
Park, Robert Ezra, and E. W. Burgess. *Introduction to the Science of Sociology Including the Original Index to Basic Sociological Concepts*. Chicago: University of Chicago Press, 1969.
Parratt, John. *A Guide to Doing Theology*. Vol. 35. SPCK International Study Guide. London: Spck, 2000.
Pellow, Deborah. *Setting Boundaries : The Anthropology of Spatial and Social Organization*. Westport, Conn.: Bergin & Garvey, 1996.

Pellow, Deborah, and Denise Lawrence-Zuniga. "Built Structures and Planning." In *A Companion to Urban Anthropology*, edited by Donald Macon Nonini, 85–102. Chichester, West Sussex: Wiley-Blackwell, 2014.

Pescosolido, Bernice A., and Beth A. Rubin. "The Web of Group Affiliations Revisited: Social Life, Postmodernism, and Sociology." *American Sociological Review* 65, no. February(2000): 52–76.

Peters, Ronald Edward. *Urban Ministry : An Introduction*. Nashville, TN : Abingdon Press, 2007.

Pierre, J. "Models of Urban Governance: The Institutional Dimension of Urban Politics." *Urban Affairs Review* 34, no. 3(1999): 372–96.

Piper, Nicola, and Mina Roces. *Wife or Worker? : Asian Women and Migration*. Lanham, Md.: Rowman & Littlefield Publishers, 2003.

Pollock, Griselda. *Vision and Difference: Feminity, Feminism and Histories of Art*. Routledge, 1988.

Rastas, Anna. "Ethnic Identities and Transnational Subjectivities." In *Multiple Identities: Migrants, Ethnicity, and Membership*, edited by Spickard, Paul, 41–60. Bloomington, IN: Indiana University Press, n.d.

Read, Cressida Jervis. "Urban Pollution: Cultural Meanings, Social Practices - Edited by Eveline Dürr & Rivke Jaffe." *Journal of the Royal Anthropological Institute* 18, no. 2(2012).

Rebecca Sapp. "Family Conflict and Family Cohesion: Their Relationship to Youths' Problem Behaviors." University of Tennessee, 2003.

Reginald, Bibby. *Fragmented Gods*. Toronto: Irwin, 1987.

Robson, William Alexander. *Great Cities of the World; Their Government, Politics and Planning*. London: Allen and Unwin, 1954.

Rockefeller, Stuart Alexander. *Starting from Quirpini : The Travels and Places of a Bolivian People*. Bloomington : Indiana University Press, 2010.

Rogers, Everett M. *Diffusion of Innovations*. 5th ed. New York: Free Press, 2003.

Rufenacht, Christina. "2000 Technology Strengthens Family Bonds." *Women in Business* 52, no. 1(2000): 46.

Safa, Helen. "The Social Isolation of the Urban Poor: Life in a Puertorican Sahnty Town." In *Among the Poor*, edited by Isaac Deutscher and E. Thompson. New York: Basic Book Inc., 1968.

Schultz, Emily A., and Robert H. Lavenda. *Cultural Anthropology: A Perspective on the Human Condition*. St. Paul: West Publishing Company, 1987.

Schwarzweller, Harry K., James S. Brown, and J. J. Mangalam. *Mountain Families in Transition; a Case Study of Appalachian Migration*. University Park: Pennsylvania State University Press, 1971.

Sennett, Richard. *Classic Essays on the Culture of Cities*. New York: Appleton-Century-Crofts, 1969.

———. "The Public Realm." In *The Blackwell City Reader*, edited by Gary. Bridge and Sophie. Watson, 2nd ed., 267–72. Chichester, West Sussex, U.K.: Wiley-Blackwell, 2010.

———. *The Uses of Disorder: Personal Identity & City Life*. 1 online resource(xvii, 198 pages) vols. New York: W.W. Norton, 1992.

Shaw, Daniel R. *Transculturation: The Cultural Factor in Translation and Other*

Communication Tasks. Pasadena Calif: William Carey Library, 1988.
Shulman, N. "Urban Social Networks." University of Toronto, 1972.
Simmel, Georg. "The Metropolis and Mental Life." In *Classic Essays of the Culture of Cities*, edited by Richard Sennett, 47–60. New York: Appleton-Century-Crofts, 1965.
Smart, Alan, and Filippo M. Zerilli. "Extralegality." In *A Companion to Urban Anthropology*, edited by Donald Macon Nonini, 222–38. Chichester, West Sussex: Wiley-Blackwell, 2014.
Smith, Donald K. *Creating Understanding: A Handbook for Christian Communication across Cultural Landscapes*. Grand Rapids, Mich.: Zondervan, 1992.
Spain, Daphne. "Gendered Spaces and the Public Realm." In *Gender in an Urban World*, 9–28. Emerald Publishing Limited, 2008.
Spradley, James P., and David W. McCurdy. *Anthropology, the Cultural Perspective*. New York: Wiley, 1980.
Stokols, Daniel. "The Experience of Crowding in Primary and Secondary Environments." *Environment and Behavior* 8, no. 1(1976): 49–86.
Streeck, Wolfgang, and Philippe Schmitter. "Market, State, Community, and Association?: The Prospective Contribution of Interest Governance to Social Order." In *Private Interest Government: Beyond Market and the State*, edited by Wolfgang Streeck and Philippe Schmitter. London: London, 1985.
Sundstorm, E. "Crowding as a Sequential Process: Review of Research on the Effects of Population Density on Humans." In *Human Responses to Crowding*, edited by A. Baum and Y. M. Epstein, 32–116. Hillsdale, N.J.: Lawrence Erlbaum, 1978.
Suttles, Gerald D. *The Man-Made City: The Land-Use Confidence Game in Chicago*. Chicago: University of Chicago Press, 1990.
Swyngedouw, Erik. *Social Power and the Urbanization of Water: Flows of Power*. Oxford Geographical and Environmental Studies. Oxford ; Oxford University Press, 2004.
Thomas, William Isaac, and Morris Janowitz. *On Social Organization and Social Personality: Selected Papers*. Chicago: University of Chicago Press, 1966.
Tillich, Paul. *On Art and Architecture*. New York : Crossroad, 1987.
Timms, Duncan. *The Urban Mosaic; Towards a Theory of Residential Differentiation*. Cambridge, England: University Press, 1971.
Todaro, Michael P. "Urbanization in Developing Nations: Trends, Prospects, and Policies." In *Urban Development in the Third World*, edited by Pradip K. Ghosh, 7–26. Westport, Conn.: Greenwood Press, 1979.
Torsello, D. *The New Environmentalism? Civil Society and Corruption in the Enlarged EU*. Farnham: Ashgate, 2012.
Travis, J. Grosser, Lopez-Kidwell Virginie, and Labianca Giuseppe. "A Social Network Analysis of Positive and Negative Gossip in Organizational Life." *Group & Organization Management* 35, no. 2(2010): 177–212.
Truong, Thanh-Dam, and Des Gasper. "Trans-Local Livelihoods and Connections." *Gender, Technology and Development* 12, no. 3(2008): 285–302.

United Nations. "The Millennium Development Goals Report 2015." New York: United Nations, 2015.
"Urban and Rural Victimization." 2017 National Crime Victims' Rights Week Resource Guide: Crime and Victimization Fact Sheets. Washington, DC.: Office for Victims of Crime, the Office of Justice Programs, U.S. Department of Justice, 2017. https://www.ncjrs.gov/ovc_archives/ncvrw/2017/index.html.
U.S. Department of Commerce. "America's Families and Living Arrangements: 2010." *United States Census Bureau*(blog), 2010. https://www.census.gov/population/www/socdemo/hh-fam/cps2010.html.
Useem, J., and R. Useem. "The Interfaces of a Binational Third Culture: A Study of the American Community in India." *Journal of Social Issues* 23, no. 1(1967): 130–43.
Ven, Cornelis van de. *Space in Architecture: The Evolution of a New Idea in the Theory and History of the Modern Movements*. Assen : Van Gorcum, 1980.
Voss, Barbara L. "Domesticating Imperialism: Sexual Politics and the Archaeology of Empire." *American Anthropologist* 110, no. 2(2008): 191–203.
Wallace, Anthony F., C. *Revitalizations and Mazeway: Essays on Culture Change*. Edited by Robert S. Grumet. University of Nebraska Press, 2003.
Wallach, Joel, and Gale Metcalf. *Working with American: A Practical Guide to Business Success for Asian Managers*. McGwor-Hill Book Co Ltd., 1995.
Wallman, S. "Identity Options." In *Minorities: Community and Identity*, edited by C. Fried, 69–78. Berlin, Heidelberg, N.Y. Tokyo, Springer-Verlag: Dahlem Konferenzen, 1983.
Ward, Janet. "Mayors Want Homelessness Back on National Agenda." *The American City & County* 115, no. 2(2000).
Warner, W. Lloyd, and Paul S. Lunt. *The Status System of a Modern Community*. New Haven; London: Yale University Press; H. Milford, Oxford University Press, 1942.
Watson, James. "Restaurants and Remittances; Chinese Emigrant Workers in London." In *Anthropologist in Cities*, edited by G. Foster and R. Kemper, 201–11. Boston: Little, Brown and Co., 1974.
Wellman, Barry. *Networks in the Global Village: Life in Contemporary Communities*. Boulder Colo: Westview Press, 1999.
Whyte, Martin King. *China's Revolutions and Intergenerational Relations*. Vol. v. 96. Michigan Monographs in Chinese Studies,. Ann Arbor: Center for Chinese Studies University of Michigan, 2003.
Wilson, Ara. "Sexuality." In *A Companion to Urban Anthropology*, edited by Donald Macon Nonini, 193–209. Chichester, West Sussex: Wiley-Blackwell, 2014.
———. *The Intimate Economies of Bangkok : Tomboys, Tycoons, and Avon Ladies in the Global City*. 1 online resource vols. Berkeley: University of California Press, 2004.
Winders, J. "Seeing Immigrants: Institutional Visibility and Immigrant Incorporation in New Immigrant Destinations." *Ann. Am. Acad. Polit. Soc. Sci. Annals of the American Academy of Political and Social Science* 641,

no. 1(2012): 58–78.
Wirth, Louis. *The Ghetto*. Chicago, IL.: The University of Chicago press, 1928.
———. "Urbanism as a Way of Life." *American Journal of Sociology* 44, no. 1(1938): 1–24.
Wolterstorff, Nicholas P. *Art in Action: Towards a Christian Aesthetic*. New Ed edition. Grand Rapids: Paternoster Press, 1997.
Wylie, Laurence 1909-1995. *Village in the Vaucluse,*. 2d ed., enl. Cambridge: Harvard University Press, 1964.
Yang, Philip Q. *Ethnic Studies : Issues and Approaches*. Albany: State University of New York Press, 2000.
Youmans, E. G. "The Rural Aged." *Annals*, no. 429(1977): 81–90.
Young, Iris Marion. *City Life and Difference*. Princeton University Press, 1990.
Young, Michael Dunlop, and Peter Willmott. *Family and Kinship in East London*. Reports of the Institute of Community Studies, 1. Glencoe, Ill.: Free Press, 1957.
Zang, Xiaowei, Jonathan N. Lipman, and Matthew McKeever. "Ethnicity and Urban Life in China: A Comparative Study of Hui Muslims and Han Chinese." *The China Journal*, no. 60(2008): 205.
Zubrinsky, Camille Charles. "The Dynamics of Racial Residential Segregation." *Annual Review of Sociology*, no. 29(2003): 167–207.

김에녹.『도시선교전략: 민족 간의 공감대에 주목하라』. 서울: 죠이북스, 2019.
노춘희, 김일태.『도시학 개론』. Revised. 서울: 형설, 2004.
도날드 스미스 저, 김에녹, 윤조엔 역.『마음으로 만나는 문화간 소통: 서로간 이해를 통해 사역하는 기독교적 접근』. Pasadena CA: Creating Understanding, 2016.
로저스에버렛 M.『개혁의 확산』, 김영석, 강내원, 박현구 역. 서울: 커뮤니케이션북스, 2005.
매튜 프레이저, 수미트라 두타.『소셜 네트워크 E혁명』. 서울: 행간, 2008.
박상필.『NGO 학』. 서울: 아르케, 2011.
박종찬. "선교신학에서의 디아코니아에 대한 가치."『선교신학』62(May 31, 2021): 160 85. http://db.koreascholar.com/article.aspx?code=407248.
서이종.『인터넷 커뮤니티와 한국사회』. 도서출판 한울, 2002.
에드워드 글레이저(Edward Glaeser), 이진원 역.『도시의 승리: 도시는 어떻게 인간을 더 풍요롭고 더 행복하게 만들었나?』서울: 해냄, 2021.
유현준.『도시는 무엇으로 사는가: 도시를 보는 열다섯 가지 인문적 시선 : 특별기념판』. 서울: 을유 문화사, 2018.
정병관.『복음혁명을 주도하는 도시교회성장학』. 서울: 총신대학교출판부, 2009.
찰스 E. 벤 엥겐(Charles E. Van Engen)저, 임윤택 역.『하나님의 선교적 교회(*God's Missionary People: Rethinking the Purpose of the Local Church*)』. 서울: CLC(기독교문서선교회), 2014.
찰스 H. 크라프트 저, 박영호 역.『기독교 커뮤니케이션론』. 서울: 기독교문서선교회, 2001.
찰스 H. 크래프트(Charles E. Kraft)저, 안영권, 이대헌 역.『기독교 문화인류학』. 서울: 기독교문서선교회, 2005.

폴 히버트.『선교와 문화인류학』. Translated by 김동화, 이종도, 이현모, 정흥호. 서울: 죠이선교회 출판부, 1996.
폴 히버트와 메네시스 엘로이스 히버트저, 이대헌과 안영권 공역.『성육신적 선교사역: 교회사역을 위한 선교현장 이해』. 기독교 문서선교회, 1998.
하비 칸, 매누엘 오르티즈.『도시목회와 선교』, 한화룡 역. 서울: 기독교문서선교회, 2001.
하비 콕스저, 이상률 역.『세속도시』. 서울: 문예출판, 2010.
한완상, 한균자.『인간과 사회』. 서울: 한국 방송통신 대학교 출판부, 2011.

색인

2차 그룹 112, 134
MCH 78, 82, 83, 87, 276

가상공간 146, 170, 171, 172, 212
가상사회의 시민들 172
가운 입은 성도 268, 269, 270, 283
가족 24, 25, 34, 46, 57, 60, 72, 90, 91, 92, 93, 94, 95, 96, 97, 99, 100, 112, 130, 131, 133, 134, 151, 159, 160, 175, 179, 180, 191, 195, 196, 197, 199, 200, 210, 222, 230, 270
가죽부대 131
갈등을 찾아가는 교회 210
개인주의 37, 39, 41, 61, 66, 95, 96, 196, 200, 228, 251, 277
거버넌스 110
건조환경 146
결정론 29, 40, 41, 48, 52, 56, 118, 119, 123
계층 9, 17, 19, 26, 33, 34, 41, 73, 74, 81, 87, 98, 100, 101, 102, 108, 109, 115, 121, 123, 139, 146, 147, 164, 166, 181, 182, 186, 187, 188, 189, 195, 198, 207, 218, 227, 228, 229, 230, 231, 233, 234, 235, 236, 240, 241, 242, 243, 244, 245, 249, 250, 251, 252, 258, 259, 260, 261, 272, 273, 276
고립 20, 44, 55, 56, 58, 130, 188, 189, 190
공공장소 36, 39, 131, 157, 158, 159, 160, 161, 164, 167, 172, 178, 179, 180, 192, 205, 210, 211, 212, 299, 300
관계망 15, 16, 21, 47, 68, 72, 75, 170
교차성 9, 199, 203, 204, 205, 206, 207, 210
구성론자 119, 120, 123
구성주의 40, 119
구원의 서정 135, 136
구획 정책 184, 187
국가 정책 109
권력의 분화 110
근교 9, 45, 46, 48

낯선 사람 20, 23, 24, 25, 27, 35, 36, 38, 39, 41, 42, 44, 45, 46, 51, 59, 146, 169, 199, 201, 202, 206, 216, 251, 252, 259
내 그룹 꾸러미 125, 126, 127, 133, 275

다원화 222
다중 정체성 19, 69, 79, 80, 81, 82, 276
다중카드소지자/MCH 9, 69, 78, 82, 83, 84, 85, 86, 87, 206
단절 17, 23, 29, 30, 35, 41, 46, 47, 52, 55, 56, 57, 59, 62, 114, 124, 129, 144, 175, 177, 181, 182, 188, 189, 190, 192, 193, 194, 197, 198, 199, 208, 209, 211, 229, 231, 274
대량 주택 건설 196
대중 문화 34, 35
도시교회 86, 133, 297
도시 사역자 15, 26
도시 안의 교회 22, 279, 280, 281
도시의 교차점 199, 201, 202
도시의 그룹 10, 20, 88, 90, 93, 118, 119, 120, 121, 122, 125, 129, 130, 131, 132, 273

도시의 성자 59, 60, 61, 62, 63
도시의 승리 61, 273, 297
도시의 이웃 102, 103, 104
도시의 장소 156, 157, 187
도시의 친구 101
도시인 11, 15, 16, 17, 18, 19, 20, 21, 22,
　　　23, 24, 25, 26, 27, 28, 29, 30,
　　　31, 32, 33, 34, 35, 36, 37, 38,
　　　39, 40, 41, 42, 43, 44, 45, 46,
　　　47, 49, 51, 52, 53, 54, 55, 56,
　　　57, 58, 59, 60, 61, 62, 63, 64,
　　　66, 67, 68, 69, 70, 71, 72, 73,
　　　74, 75, 76, 77, 79, 82, 83, 84,
　　　90, 92, 93, 94, 95, 96, 97, 98,
　　　99, 100, 102, 103, 104, 108, 113,
　　　115, 116, 117, 118, 125, 127,
　　　128, 132, 133, 136, 146, 148,
　　　156, 158, 159, 160, 178, 182,
　　　191, 196, 198, 199, 200, 202,
　　　203, 205, 206, 210, 218, 226,
　　　235, 240, 241, 242, 243, 244,
　　　245, 248, 249, 251, 252, 267,
　　　270, 272, 273, 274, 275, 279,
　　　283
도시인류학 20, 32
도시 재개발 26
도시형 교회 114, 115, 281
도시형 사역 15, 16, 17, 68, 132
도시형 양육 115, 118, 135, 136, 137
디아코니아 213, 297

막힌 담 22, 202, 206, 207, 208, 281
무너진 담 181
무력감 20, 25, 44, 55, 56, 59, 60
무자녀 가족 95
문화인류학 29, 30, 147, 253, 297, 298
문화적 동화 105
물류와 재화 220
민족 그룹 92, 93, 105, 107, 108, 204

민족촌 102, 106, 190, 191, 192, 225, 233

바큇살 구조 9, 126
반 공공 장소 178, 179, 180, 211, 212
방과후 학교 94
불신자 전도 276
비영리기구 109
비정부기구 109

사회계층 108, 123, 207, 227, 228, 229,
　　　　 230, 233, 234, 235, 241, 242,
　　　　 249, 250, 260
사회 공간적 22, 153, 156, 160, 173
사회 시간적 22, 160
사회 인류학 10, 15, 29
사회적 규범 48
사회적 기준 42, 50, 51, 128, 129, 130
사회적 시간 150, 152, 172
사회적 자리매김 187
새로운 리더십 19, 282
생각과 유행 221
선한 사마리아인 17, 22, 39, 247, 255,
　　　　　　　 256, 262, 263, 270, 279
선한 이웃 22, 112, 114, 215, 248, 249,
　　　　　 252, 255, 256, 258, 259, 261,
　　　　　 263, 264, 265, 268, 269, 270,
　　　　　 271, 272, 278
성과 속 148, 157, 161, 163, 164, 271
성별 중심의 공간 167
성스러운 장소 157, 161, 162, 174
성자 59, 60, 61, 62, 63
세계관 조각 30, 59
세계화 14, 189, 192, 221, 222, 223, 224,
　　　 227, 240, 250, 251, 273
세속적 장소 161, 162
세속주의 14, 17, 60, 130
소비주의 20, 33, 34
소셜 네트워크 4, 5, 10, 17, 18, 27, 68, 72,
　　　　　　 74, 81, 120, 171, 172, 194, 226,

227, 230, 240, 256, 273, 276,
277, 279, 280, 283, 297
수신자 중심 17, 280
스스로 왕 된 자 275
스스로 왕이 된 자 275
스트레스 20, 44, 46, 47, 48, 49, 50, 51,
52, 55, 64
승자들의 단절 189
시공간 10, 17, 20, 21, 22, 144, 146, 147,
151, 152, 155, 157, 161, 167,
169, 171, 175, 176, 181, 207,
226, 227, 273, 281
시민사회 109
시카고 학파 29, 40, 41, 118, 119
신 미전도 그룹 21, 118, 128, 129, 130,
131, 231, 282
실패하기 241

연결됨 43, 46, 59, 141, 180, 225, 227
연결망 16, 30, 45, 57, 68, 69, 109, 130,
225, 226, 227, 235, 250, 273,
274
연결성 21, 32, 59, 75, 221, 274
연결자 62, 84, 85, 131, 139, 209, 252,
255
영적 친구 102
예수님의 비유 132
오피니언 리더 253, 254, 255
온라인 그룹 93, 110, 111, 134, 135
용광로 이론 118
용서와 화해 207, 267
유사 계층 259
유사 관심자 104
유사성 그룹 108, 111, 251
일탈 20, 29, 41, 42, 43, 59, 169, 251

자리매김 34, 35, 187, 232, 233, 236, 237,
282
자발적 108, 109, 110, 235, 239

자발적인 참여와 연대 110
자율과 평등 110
장소 매김 35, 135, 145, 183, 184, 185,
187, 198, 207
장애사역 4, 5
재연결 52, 62, 87
정보의 통로 122
정체성의 유지 105
젠트리피케이션 194, 196, 210
조각난 미로 31
조손가족 94, 95
좀 아는 친구 102
중간지대 199, 202, 207, 210
지속가능한 사역 140
지역성 그룹 100, 102, 105, 134

참여자 중심 110
찾아가는 구조 281
최저 생계비 82
친척 57, 58, 71, 91, 92, 93, 94, 96, 97,
98, 100, 101, 102, 110, 115, 122,
127, 131, 133, 134, 274, 277,
280

티셔츠 입은 성도 22, 268, 270, 271, 272,
282

패자들의 단절 190
플로우 경로 250, 251

하나님의 선교 14, 20, 27, 67, 114, 133,
268, 282, 283, 297
하나님의 섭리 19, 21, 88, 90, 112, 133,
243
하위문화 35, 40, 51, 119, 120, 121, 124
하위문화학파 119
핵가족(94
협업 75, 110, 158, 172, 226, 273, 274,
277

화해와 용서 17, 182, 202, 203, 206, 208,
        209, 212, 213, 267, 281
확장된 사람 150, 173